本书为国家社会科学基金青年项目结项成果（项目

日本女性道德观衍变研究

王慧荣 著

山东大学出版社

图书在版编目(CIP)数据

日本女性道德观衍变研究/王慧荣著．—济南：山东大学出版社，2019.9

ISBN 978-7-5607-6418-4

Ⅰ.①日…　Ⅱ.①王…　Ⅲ.①女性-道德观念-研究-日本　Ⅳ.①B82

中国版本图书馆 CIP 数据核字(2019)第 192737 号

责任编辑：王桂琴　肖淑辉
封面设计：张　荔

出版发行：山东大学出版社
社　址　山东省济南市山大南路 20 号
邮　编　250100
电　话　市场部(0531)88363008
经　销：新华书店
印　刷：济南龙玺印刷有限公司
规　格：720 毫米×1000 毫米　1/16
10.5 印张　189 千字
版　次：2019 年 9 月第 1 版
印　次：2019 年 9 月第 1 次印刷
定　价：33.00 元

前　言

在中国古代社会，关于女性道德行为的规范可以追溯到《礼记·内则》，其中记载的“男女居室、事父母舅姑之法”是关于卿大夫家庭内部的礼仪制度，其内容有一部分是关于女子如何孝敬公婆、如何侍奉丈夫、如何严守男女之别等的详细规定，被后世称作“隆母仪、敦妇顺”[①]的要典。而专门以女性为对象的女训的编撰则始于西汉刘向的《列女传》。汉成帝永始元年（公元前16年），刘向“采取《诗》《书》所载贤妃、贞妇，兴国显家可法则，及孽嬖乱亡者，序次为《列女传》”[②]，其目的是希望树立妇德典范的楷模，鞭笞祸乱朝政的“红颜祸水”，并以此劝谏皇帝整肃朝纲，遏制外戚、女主专权。《列女传》中的人物根据妇德条目编排，依次分为“母仪传”“贤明传”“仁智传”“贞顺传”“节义传”“辩通传”和“孽嬖传”。及至东汉，班固之妹、著名才女班昭考虑到族中女子“方当适人，而不渐训诲，不闻妇礼，惧失容他门，取耻宗族”，故而“闲做女诫七章，愿诸女各写一通，庶有补益，裨助汝身”[③]。全书共分为“卑弱”“夫妇”“敬慎”“妇行”“专心”“曲从”“和叔妹”七个章节。刘向的《列女传》和班昭的《女诫》分别开创了中国古代人物故事型女训和道德说教型女训的先河。以这两部作品为代表的儒家女训作品作为女子道德教育的经典教材，不仅规范和约束了中国封建社会广大女子的道德行为，还远播东瀛，对日本封建社会乃至近代社会的女性道德观念的形成产生了深远影响。可以说，在日本历史上，女性道德观的衍变历程就是日本人不断吸收、借鉴儒家妇道伦理，并最终将其本土化的过程。

在日本古代贵族社会，婚姻的主要形态是男方到女方家落户的招婿婚，女性在生产劳动和婚姻生活中均居于主导地位。因此，以男尊女卑为基本出发点，以贞专顺从、“三从四德”为核心的儒家妇道伦理尚未对日本社会产生影响，

① （清）清世祖：《内训衍义·序》，载文津阁《四库全书》第719册，商务印书馆2005年版。
② 杨坚编：《二十五史精华》第1册，岳麓书社1989年版，第197页。
③ （南朝宋）范晔：《后汉书》卷八四《列女传·曹世叔妻》，中华书局1965年版，第2786页。

优雅温婉、多才多艺的名媛闺秀才是贵族社会理想的女性形象。进入中世武家社会以后，女性的社会地位逐渐下降，出现了“贞女”“节妇”的观念。然而在中世武家社会，女德观念尚处于起始阶段，儒家的妇道伦理开始对日本社会产生影响。但此时日本社会佛教盛行，儒家妇道伦理处于佛教女性观附庸的地位，从而形成了中世独特“五障三从”观。到了近世，特别是在江户时代，随着儒学被德川幕府尊崇为官学，儒家妇道伦理在日本社会得以普及，上至武士、贵族阶层，下至一般庶民，都推崇儒家的“三从四德”之道。随着日本本土女训的编撰和普及，儒家妇道伦理实现了日本本土化，且其影响一直延续到近代。明治维新以后，为了适应近代国家发展的需要，日本提出了塑造良妻贤母的理念，女子不仅要具备必要的知识修养和国民意识，还要恪守传统的儒家妇道。随着良妻贤母主义教育的普及，强调贞节、柔顺等德目的儒家妇道伦理也日益深入人心。

综观历史可以发现，尽管儒家伦理在日本女性道德观的形成与演变过程中发挥了不可替代的重要作用，但由于日本的社会结构及发展历史与中国不尽相同，因此在吸收借鉴儒家妇道伦理的过程中，日本的女性道德观也表现出了一些自身的特色。这主要表现在两个方面：

其一，在日本的女性道德观中没有出现极端的贞烈观念。要求女子保守贞操是儒家妇道伦理中的核心内容之一。在中国历史上，直到唐代为止，妇女改嫁还可以得到社会的认可，贞节观念尚未演变成丈夫死后妻子必殉死、丈夫未死妻子先殉死的愚贞愚烈。宋明以来，儒学家们倡导饿死事极小，失节事极大，严禁寡妇再嫁失节。正史的列女传中充斥着为了贞节、礼教而殉身的女性的悲惨事迹。相比之下，日本贞节观念的产生要远远晚于中国。直到12世纪末的平安时代结束为止，贞节观念尚未出现。进入中世以后，随着嫁娶婚的确立，人们才开始关注女性的贞操问题，到了中世末期，坚守贞操、不事二夫的贞节观才逐渐成为武家女性的道德规范之一。进入江户时代以后，贞节观念普及到了庶民阶层中，“一朝出嫁，终生守节”的观念受到推崇，甚至在倡导文明开化的近代，也要求女子保守贞操，践行妇德。但值得注意的是，由于日本近世以来形成的“家”制度，比起血统的延续来，家业的传承更受重视，所以在日本历史上贞节观念并没有演化成极端的贞烈观。

其二，在日本的女性道德观中没有形成“女子无才便是德”的观念。长期以来，“女子无才便是德”的观念一直禁锢着中国封建社会的女性，使得生活在旧社会的绝大多数女子目不识丁。而在饱受中国儒家文化浸润的日本，“女子无才便是德”的观念并没有被吸收进来。在日本，早在古代贵族社会就提倡让女子接受和歌、书法等才学教育。虽然这种教育着十分功利的政治目的，但也在客观上提高了贵族女性的文化水平。进入武家社会以后，武士阶层也仿效贵族阶层重视女子才艺的做法，让女子读书、识字，学习和歌、音乐等文艺才能。即使到了儒家妇德观念备受推崇的近世，人们在宣扬妇德的同时也不排斥女子学习文化。在日本近世，教授读书、写字、算术等知识的庶民教育机构——寺子屋中也不乏女子的身影。据统计，幕末日本女子的识字率已经达到了15%。[①] 到了近代，日本更是高举“洗从来女子不学之弊”的旗帜，优先发展女子学校教育，力求将女子塑造成具备必要的文化知识，堪当子女之良师和丈夫之辅弼的良妻贤母。良妻贤母的养成在提高近代日本国民的整体素质、增强国家的实力方面发挥了巨大的作用。毋庸置疑，女子文化水平的提高是近代日本能够迅速崛起的重要原因之一。日本的经验告诉我们，摆脱“女子无才便是德”的传统观念的影响，提高女子的文化修养和智力水平是社会发展、国家富强的重要保证。

本书将按照历史发展顺序，以儒家女训在日本各个历史时期的传播状况为切入点，较为系统地研究日本女性道德观的发展衍变历程。全书正文内容共分四章：

第一章分析了在日本古代母权制与父权制并存的社会现状下，中国女训东传的历史状况以及《列女传》对《源氏物语》《唐物语》等文学作品的影响，并对当时日本社会重女才而轻女德的思想观念在女子教育领域的具体体现进行了分析。

第二章探讨了日本中世父权制确立以后，随着女德观念的初兴，中国女训作品对《源平盛衰记》《十训抄》等文学作品的影响，同时还考察了中世日本女训德才兼顾的特点，并且作为具体的个案，分析了《乳母之文》《女训抄》两部代表作的内容及特点。

第三章论述了在近世幕藩体制和家族制度下，儒家妇道伦理得以繁荣发展的社会背景下，《列女传》《女诫》《女四书》等中国女训作品随着中日间频繁的书籍贸易传入日本并广泛传播的盛况。此外还探讨了日本人模仿中国女训创作本国女训的情况，着重分析了日本女训中的儒家女性观，指出近世日本并不像封建时代的中国社会那样过分强调妇女的节烈观念。在此基础上，阐明了儒家女训被用于庶民教育，最终实现儒教妇道伦理日本本土化的观点。

第四章阐述了在近代家族制度下，日本主流女性伦理观念——良妻贤母观的确立及其内涵，考察了女训作品在良妻贤母主义教育中所发挥的作用。

本书既注重对历史史料的解读与考证，也尽可能关注儒家女训对各时期日本文学作品的影响。研究涉及时间跨度大，而且使用了大量的日文古典资料。这既需要研究者掌握历史学、文学等学科的研究理论和方法，也要求研究者有

① ［美］赖肖尔：《日本人》，孟胜德、刘文涛译，上海译文出版社1980年版，第180页。

扎实的日文古文阅读能力。受笔者的个人能力、理论功底以及现有资料等方面的限制，书中分析偏重于文本的介绍和历史的实证研究，也存在着一些不足之处。如本书以儒家女训在日本的流传为中心进行考察，所以对儒家女训东传之前日本女性道德观的发展衍变情况没有涉及。另外，未能对所有的日本女训文本一一考察，尤其是关于儒家女训对近世文学作品的影响考察不足，对于中、日女性道德观的比较以及中国女性问题的反思方面也涉及的不多。

本书是笔者主持的国家社科基金青年项目“日本女性道德观的衍变——以中国女训作品在日本的传播为中心”的结项成果。该项目通过结项验收之后，笔者又结合评审专家的意见，对书稿进行了反复修改。尽管如此，笔者仍深感学术功底的薄弱，书中难免有疏漏与谬误之处。愿以此就教于学界同行与读者。

山东大学出版社的编辑王桂琴、肖淑辉为本书的出版付出了辛苦劳动，在此谨致以深深的谢意！

王慧荣
2019年7月25日

目　录

第一章　古代贵族社会:重女才而轻女德

在日本古代社会,一直延续着原始社会以来尊重母权的传统,女性拥有较高的社会地位,母权制与父权制长期并存。因此,此时期儒家女训虽然已经传入日本,却并没有受到广泛关注,只有《列女传》等少数作品被宫廷女性阅读,并对当时文学作品的创作产生了一定的影响。在当时的贵族社会里,人们并不太关注女德的涵养,而是更加重视对女子才艺技能的培养。这与同时期中国封建社会大力宣扬"三从四德"的状况截然不同。

第一节　母权制与父权制的并存

日本有句名言"原始社会,女性是太阳",歌颂了原始社会女性的崇高地位。在人类历史发展的初级阶段,女性在生产生活中居于主导地位。随着生产力的发展,人类逐渐从自然采集过渡到了农业、畜牧业生产,男性在生产活动中的地位越来越重要,最终母权制完全让位于父权制,恩格斯在《家庭、私有制和国家的起源》一书中,将这一过程称作"女性的具有世界意义的失败"①。就日本而言,其历史发展的特殊性,致使母权制向父权制的过渡迟迟未能完成,直到进入律令时代,父权制才在中国文化的影响下,随着律令的制定而得以创建。与此同时,母权制并未完全退出历史舞台,在奈良、平安时代一直保留着尊重母权的传统。

一、律令制下父权制的构建

在日本历史上,直到公元前3世纪,仍处于母系氏族社会阶段,而在同时期的中国已经进入了封建社会。因此与中国相比,日本父权制的确立极为滞后。

---

① 《马克思恩格斯选集》第4卷,人民出版社2012年版,第66页。

那么究竟日本父权制的萌芽源于何时呢？在日本古神话中有这样一个故事：佐久夜毗卖与天神迩迩艺命结婚后，仅有一夜之情便怀孕了，天神于是怀疑“那不是我的孩子，一定是国神的孩子”。佐久夜毗卖便发誓：所怀的如果是国神的孩子就不能顺利生产，如果是天神的孩子就能顺产。结果她顺利分娩了一个男婴，证实了这个孩子就是天神的儿子。[①] 这个故事说明在很早之前日本就产生了父系血缘观念。考古研究表明，在日本山口县土井浜遗址发掘出土的弥生时代（公元前 3 世纪～3 世纪）早期墓葬中，男性的陪葬品较多，而且幼儿随男性埋葬。[②] 据此，有学者认为这是刚刚由母系氏族公社过渡到父系氏族公社的墓葬，并由此断定在弥生时代日本就出现了父权制大家庭。[③] 是否可以依据这一个考古案例就断定日本的父权制在弥生时代就已经形成，这还值得商榷，但至少表明在弥生时代，日本的一些地区已经产生了父系血统的观念。

大和时代（3 世纪末～7 世纪末）是日本列岛征伐不断、逐渐走向统一的时期。据史书记载，大和国家“东征毛人五十五国，西服众夷六十六国，渡平海北九十五国”[④]，反映了日本古代国家形成过程中的征伐状况。在战斗中男子身体矫健，较之女子更加孔武有力，骁勇善战，从而树立了他们的英雄主义形象，使得其作用受到更多的尊敬与重视。因此男性在部落中的地位日益提高，人们对父系血缘的重视在逐渐增强，出现了父子连称的现象。在埼玉县稻荷山古坟中出土的大和时代的铁剑的铭文中发现了父子七代连称的例子。从婚姻形态来看，大和时代盛行访妻婚，这是母系氏族族外婚的延续，女性在婚姻中居于主导地位。在访妻婚下，子女虽然跟随母亲居住，但是其世系却已经按照父系来计算。[⑤] 这种“父系母所”的现象是古代日本父权制开始发轫的明证之一。由于受到母权制的制约，日本的父权制虽然已经萌芽，但却发展缓慢。

大化元年（645），日本发生了大化改新，统治者为了使本国能够跻身于东亚强国之列，积极学习中国先进的政治、文化制度，力图以中国为蓝本，造就一个中央集权制国家。其中一项重要措施就是废除土地私有，编制户籍，实施班田授受制。为此，大化元年八月颁布了“男女之法”。该法令规定国民分为良民和奴婢，良民夫妇所生子女入父籍，良民男子与女婢所生子女入母籍，良民女子与男奴所生子女入父籍，奴婢夫妇所生子女入母籍。[⑥] 该法令旨在划分良民与贱

① 参见[日]安万侣：《古事记》，周作人译，国际文化出版公司 1990 年版，第 47～48 页。

② 参见[日]见佐真原：《农业的开始和阶级社会的形成》，载《岩波讲座日本历史》第 1 卷，岩波书店 1975 年版，第 169 页。

③ 参见吴廷璆主编：《日本史》，南开大学出版社 1994 年版，第 16 页。

④ （梁）沈约：《宋书》卷九七《夷蛮传》，中华书局 1974 年版，第 2395 页。

⑤ 参见[日]高群逸枝：《日本婚姻史》，至文堂 1990 年版，第 43 页。

⑥ 参见[日]坂本太郎等校注：《日本书纪》，岩波书店 1978 年版，第 275～277 页。

民的身份，严格区分身份等级，为建造户籍提供依据。从其内容来看，它确保了良民父系血统的纯正性，其意图在于模仿中国构建父权制家庭。在其公布以后，过去持母姓的人纷纷改姓，可见“男女之法”对于日本父权制的发展壮大起到了一定的推动作用。因此，它甚至被有的学者称作日本“父权制确立的宣言”[①]。670年，天智天皇下令编制了日本最早的全国性户籍——“庚午年籍”，其中遵照“男女之法”的精神，首次将贱民纳入户籍登记的对象。689年，日本又编制了“庚寅年籍”，进一步明确了良民和贱民之间的身份等级，强化了对良民父系血统的控制。身份等级制度和全国性户籍制度的建立，从制度层面上确保了日本父权制家庭的地位，也为班田授受制的实施奠定了基础，促进了当时日本中央集权制的建立和父权制的发展。

大化改新之后，日本开始仿照中国制定律令制度。日本律令的制定最早始于天智天皇时期(668～671年在位)由藤原镰足等人奉敕命编撰的《近江令》。天武天皇时期(673～686年在位)又编撰了《飞鸟净御原令》。这两部法令都没有律，且早已亡佚不可考。日本历史上第一部完整的律令法典是《大宝律令》，由刑部亲王、藤原不比等等人奉持统上皇和文武天皇之命，于大宝元年(701)编撰而成，共有律6卷约500条，令11卷约1000条。其内容在《飞鸟净御原令》的基础上，又借鉴了唐代的《永徽律令》，遗憾的是，其原文也没有被保存下来。在《大宝律令》颁布实施十七年以后，养老二年(718)，元正天皇(715～724年在位)下令由藤原不比等等人修改《大宝律令》，制定了《养老律令》。该法令共有律10卷，令10卷，于757年开始实施。其律令原文也已经散佚，但是从现存的关于其令文的注释书《令义解》(883年由清原夏野、菅原清公编撰)中，可以大致了解其内容。《养老律令》是日本最后一次编撰律令，也是日本古代最为完备的律令，其结构及内容都模仿了唐代的律令，同时依据日本的现状作了适当筛选。在日本历史上，自大化改新后的约3个世纪被称作“律令时代”，这是日本不断借鉴和学习唐朝先进的政治制度，创建以天皇为核心的中央集权政治体制的时期。从女性史角度而言，则是日本的父权制随着律令的制定与实施被不断建构，并逐步得以法制化的时期。律令制下的家长一般是男性尊长，因此对家长权的维护就是对父权的维护，主要体现在以下几个方面：

首先，律令赋予家长在财产处置方面的权威。律令中要求子孙后代必须与祖父母、父母同居共财，否则便犯了“八虐”之一的不孝罪。而在世代同居状态下，子孙后辈如果随意分割财产或者另立门户，则要受到“徒二年”的惩戒。[②] 同时，《养老令·杂令》“家长在”条中还明确规定：“凡家长在，子孙弟侄等家族成

① 参见[日]大竹秀男:《家与女性的历史》，弘文堂1977年版，第40页。

② 参见[日]井上光贞等校注:《律令》，岩波书店1994年版，第18页。

员未经家长允许，不可私自典卖奴婢、牲畜、田宅以其他财物。如未获许可私自买卖，则依律科罪”[①]；具体惩罚措施依据户婚律的“凡同居卑幼私辄用财”条规定，要“五端笞十，五端加一等，罪止仗一百”[②]。律令对家长财产处置权的维护，为家长在家族内树立权威奠定了必要的经济基础。

其次，律令赋予家长决定子女婚姻的权利。《养老令·户令》“嫁女条”中规定“凡嫁女，皆先由祖父母、父母、伯叔父姑、兄弟、外祖父母次及舅从母、从母兄弟、若舅从母、从父兄弟不同居共财及无此亲者，并任女所欲为婚主”[③]。也就是说，在律令制下，人们的婚姻必须由祖父母、父母等尊长主导，并不能自主决定。此外，婚姻仪式的举办也许遵从家长的意愿。《养老令·仪制令》“祖父母条”中明确规定：当祖父母、父母患重病或有牢狱时不得行婚嫁之礼，不过“若祖父母、父母有命令成礼”，就可以行婚礼，但是不可以举办婚宴。[④] 由此看来，在律令的规定中，从结婚对象的选定到结婚典礼的举办，家长都有最终的决定权。

再次，律令赋予家长教导子女的权利。日本《养老律令》模仿唐律专设“子孙违反教令条”，规定子孙若违反家长教令将被判处两年徒刑。而家长将违反教令的子孙殴打致死，量刑从轻；过失致死则无罪。[⑤] 不仅如此，日本的律令中也将不孝列为“八虐”之一，处罚十分严厉。如对于控告、告发祖父母、父母者处以绞刑；对于以魇昧之术诅咒祖父母、父母者处以三年徒刑[⑥]；对于“闻祖父母父母丧，匿不举哀”者以及居丧期间而嫁娶者，均处以两年徒刑等。[⑦] 同时，还规定子孙因过失杀死祖父母、父母而获刑，或因控告祖父母、父母而获绞刑者，都不能减赎，还将丧失世袭祖荫的特权。不孝罪、违犯教令罪的设立为家长绝对权威的树立提供了法律和制度上的保障。

值得注意的是，日本律令的制定绝大部分是源自对先进的中国文化的照搬，与其社会现实严重脱节，因此我们并不能仅通过法律条文就断定：在律令时代日本的父权制已经完全战胜了母权制。然而，这样一个以维护父权家长制为主要内容的律令的颁布，其本身就是父权制得以强化的一个标志。现实生活中，作为家长的乡户主和部分房户主大都实行从夫而居，世系均按父系计算，这

---

① ［日］井上光贞等校注：《律令》，岩波书店 1994 年版，第 479 页。
② ［日］井上光贞等校注：《律令》，岩波书店 1994 年版，第 108 页。
③ ［日］井上光贞等校注：《律令》，岩波书店 1994 年版，第 233 页。
④ 参见［日］井上光贞等校注：《律令》，岩波书店 1994 年版，第 348 页。
⑤ 参见李卓：《中日家族制度比较研究》，人民出版社 2004 年版，第 347 页。
⑥ 参见［日］井上光贞等校注：《律令》，岩波书店 1994 年版，第 18 页。
⑦ 参见李卓：《中日家族制度比较研究》，人民出版社 2004 年版，第 347 页。

足以说明律令时代父权制有了很大程度的发展。[1] 经过相当长时期的发展，直到进入中世以后，随着嫁娶婚成为主要的婚姻形态，日本的父权制才完全替代了母权制。

在古代日本，随着父权制的产生和发展，男尊女卑的观念也在悄然形成。《古事记》所记载的日本的创世神话中有这样的情节：天地形成之初，在高天原（即天上界）上，男神伊邪那岐与其妹女神伊邪那美相约共绕"天之御柱"，男神左巡、女神右巡，相遇处结为夫妻。既而分巡相遇，女神先开口说："美哉，可爱之少年！"男神应道："妍哉，可爱之少女！"遂相交合，产下了怪胎水蛭子。天神指示说是因为女人先说话不吉利。于是又重新由男神先开口，才生下了日本列岛和日本的诸神。[2] 这个神话蕴藏的内涵是：在认识世界、改造世界的过程，女性的主观能动性并不能被认可，只有夫唱妇随才能使万物和谐。显然，这是对"男主女从、男尊女卑"观念的宣扬。在日本古代社会，男尊女卑观念的出现与外来思想的影响有着密不可分的关系。据《日本书纪》记载，在应神天皇时期，《论语》等儒家典籍经由百济传入日本，钦明天皇时期佛经、佛像也从百济传入日本。佛教观念中视女子为孽障，并认为女子不如男子，使人们形成了女子天生劣质的观念。儒家则以阴阳乾坤之说为依据，分别赋予男女以天地、阳阴、乾坤、刚柔、强弱、尊卑等意义，强调女性的天生卑弱和对男性的绝对从属。儒教和佛教传入日本后，都受到了统治者的极力提倡，其贱视女性的观念也必然会随之传播开来。在圣德太子执政期间，曾经明令要"笃敬三宝"，他还带头兴建佛寺，讲读佛经。大化改新以后，日本模仿唐律制定的律令中也始终贯穿着男尊女卑的原则，这主要体现在如下几个方面：

第一，引入了"七出"之条，赋予男子休妻的特权。"七出"原是儒家制定的丈夫与妻子解除婚姻的礼制。最早见于《大戴礼记·本命》："妇有七去，不顺父母去，无子去，淫去，妒去，有恶疾去，多言去，盗窃去。"从唐代开始"七出"之条被正式纳入律法中。《唐律·户婚令》中规定的"七出"依次为：一无子，二淫佚，三不事舅姑，四口舌，五盗窃，六妒忌，七有恶疾。"七出"之条赋予男子单方面解除婚姻的特权，将女子被置于卑弱的地位。它是中国封建社会父权家长制的产物，其主旨是为了维护以男性家长为中心的家族伦理和家族利益。这样一个带有明显的男尊女卑色彩的法律条文被原原本本地复制到了日本的律令中。《养老令·户令》"七出条"中规定："凡欲弃妻者，当有'七出'之状。一曰无子，二曰淫佚，三曰不事舅姑，四曰口舌，五曰盗窃，六曰妒忌，七曰有恶疾。皆由夫

---

① 参见李卓：《家统一尊——中日父权家长制比较》，载李卓主编《家族文化与传统文化》，天津人民出版社2000年版，第72页。

② ［日］安万侣：《古事记》，周作人译，国际文化出版公司1990年版，第5～9页。

手书休书弃之。尊亲、近亲同署。若不能书，可画指为证。”[①]除了“七出”之条外，日本律令中还仿照唐律设立了“三不去”的条件，即“合出妻，尚有‘三不去’。一曰经持舅姑之丧，二曰娶时贱后贵，三曰有所受无所归”[②]。也就是说即使妻子有“七出”之状，但存在“三不去”的情形，则不能休妻。这三条是对男子休妻的限制，但法律同时还规定“义绝、淫佚、恶疾者不拘此令”，实际对男子休妻的限制范围缩小到了五种。“三不去”的规定与其说是对女性权益的保护，毋宁说是为了维护封建家族秩序。

“七出”“三不去”之条被引入日本的律令以后，对当时的日本也产生了一定的影响。在《万叶集》中收录了一组奈良时代著名歌人大伴家持任越中守期间教谕部下尾张少咋的和歌。尾张少咋时任越中国的史生之职，在大伴家持手下掌管文书之职。因为他与当地一个名叫佐夫流的歌妓过从甚密，招致非议，流言蜚语甚至惊动了他的上司。为此大伴家持特意作了长歌一首、短歌三首来规诫尾张少咋的行为。在这组和歌的序言中引用了“七出”“三不去”之条：[③]

教喻史生尾张少咋歌一首并短歌

七出例云，

但犯一条，即合出之。无七出辄弃者、徒一年半。

三不去云，

虽犯七出，不合弃之。违者仗一百。唯犯奸恶疾得弃之。

两妻例云，

有妻更娶者徒一年。女家仗一百。离之。

诏书云，

愍赐义夫节妇。

谨案，先件数条，建法之基，化道之源也。然则义夫之道，情存无别，一家同财。岂有忘旧爱新之志哉。所以缀作数行之歌，令悔弃旧之惑。

序言中大伴家持主要引用了当时日本律令中“七出”“三不去”以及义夫节妇的条例来规劝尾张少咋，可谓晓之以理。而序言之下所作的和歌旨在唤起尾张少咋对独守在都城的妻子的思念之情，如其中一首短歌写道“奈良都城里、娇妻翘

---

① [日]井上光贞等校注：《律令》，岩波书店 1994 年版，第 234 页。

② [日]井上光贞等校注：《律令》，岩波书店 1994 年版，第 234 页。

③ [日]佐竹昭广、山田英雄等校注：《新日本古典文学大系 4・万叶集四》，岩波书店 2003 年版，第 232～233 页。

首盼君归、尔行情何堪"[1],可谓动之以情。然而遗憾的是,尾张少咋并未听取上司的规劝,他与歌妓之间的绯闻终于传到了京城奈良的妻子耳中。其妻子闻讯便星夜兼程来到越中,闹得沸沸扬扬,最终以闹剧收场。通过此事件不难看出,日本律令中的义夫节妇之道、"七出""三不去"的规定与日本当时的社会现状并不适应,因此并不具备很强的法律约束力。然而,大伴家持以律令之文来规诫尾张少咋这个行为本身就意味着至少在一小部分人特别是向往唐朝先进文化的知识分子中,已经开始自觉地以中国封建社会的义夫节妇之道来要求自己了。

第二,以父系血统的传承为原则制定五等亲制度,使男性地位凌驾于女性之上。日本律令模仿唐朝的五服制,也将亲属范围分为五个等级。《养老令·仪制令》"五等亲条"中规定:

> 凡五等亲者,以父母、养父母、夫、子为一等。祖父母、嫡母、继母、伯叔父姑、兄弟、姊妹、夫之父母、妻、妾、侄、孙、子之妇为二等。曾祖父母、伯叔妇、夫之侄、从父兄弟姊妹、异父兄弟姊妹、夫之祖父母、夫之伯叔父姑、侄之妇、同居之继父、夫前妻妾之子为三等。高祖父母、从祖祖父姑、从祖伯叔父姑、夫之兄弟姊妹、兄弟之妻妾、再从兄弟姊妹、外祖父母、舅姨、兄弟之孙、从父兄弟之子、外甥、曾孙、孙之妇、妻妾前夫之子为四等。妻妾之父母、姑之子、舅之子、姨之子、玄孙、外孙、女婿为五等。[2]

从以上令文中不难看出男女地位的悬殊。从夫妻的角度来看,丈夫为一等亲,而妻子为二等亲;丈夫之父母为二等亲,而妻子之父母为五等亲;丈夫前妻之子为三等亲,而妻子前夫之子为四等亲;丈夫的祖父母及兄弟姊妹为四等亲;而妻子的祖父母及兄弟姊妹不在亲族之列。可见,妻子在亲等关系中明显处于从属地位。从子女的角度来看,母亲的地位低于父亲,具体表现为:父亲的父母即祖父母为二等亲,而母亲的父母即外祖父母仅为五等亲;父亲的兄弟姐妹即伯叔父姑均为二等亲,而母亲的兄弟姐妹即舅姨则为四等亲。从祖父辈来讲,男性后代的地位明显高于女性后代,具体体现是:儿子的配偶即子之妇为二等亲,而女儿的配偶即女婿为五等亲;儿子的儿子即孙子为二等亲,而女儿的儿子即外孙为五等亲。在五等亲制下,亲属关系的亲疏远近及等级划分都遵循以父系血缘传承为中心的男性本位原则。从男性角度而言,五等亲包含了高祖—曾祖—祖父—父亲—本人(男)—儿子—孙子—曾孙—玄孙在内的九代人。在这个亲属关系网内,女性以配偶的身份(妻或妾)位列其中,完全处于从属地位。

---

① [日]佐竹昭广、山田英雄等校注:《新日本古典文学大系4·万叶集四》,岩波书店2003年版,第234页。

② [日]井上光贞等校注:《律令》,岩波书店1994年版,第349～350页。

五等亲制对亲属等级的划分可以说是中国五服制的翻版。五服制是以亲属居丧期间所穿着丧服的类别来区分亲属关系的等级，亲者服重，疏者服轻，依次递减，服丧时间也随亲属等级依次递减。但是在日本的律令中，服丧期限与亲属等级并不完全一致。《养老令·丧葬令》"服纪条"中规定：

> 凡服丧者，为君、父母及夫、本主一年。为祖父母、养父母五个月。为曾祖父母、外祖父母、伯叔父姑、妻、兄弟姊妹、夫之父母、嫡子三个月。为高祖父母、舅姨、嫡母、继母、同居继父、异父兄弟姊妹、诸子、嫡孙一个月。为诸孙、从父兄弟姊妹、兄弟之子七日。①

与"五等亲条"相比，"服纪条"中将母系亲属外祖父母由四等亲升至三等；将父方亲属伯叔父姑由二等亲降到了三等，并将夫之祖父母、夫之伯叔父姑、从祖祖父姑、从祖伯叔父姑、夫之兄弟姊妹等父系亲属删去，大大缩减了父系亲属的范围。这种变动可以说是结合当时古代日本社会亲属关系的现状进行必要的调整。② 其目的在于提高母系亲属的地位，缩小母系亲属与父系亲属之间存在的差距。尽管如此，从性别差异的比较来看，妻子要为去世的丈夫服丧一年，而丈夫只需为去世的妻子服丧三个月；妻子要为丈夫的父母服丧三个月，而丈夫不需为妻子的父母服丧。子女为父系的祖父母服丧五个月，而为母系的外祖父母服丧三个月。在丧葬礼仪方面，男尊女卑的状况也是显而易见的。

第三，继承上遵循男子优先的原则。古代日本的继承分为身份爵位的继承和财产的继承，二者是分开的。关于前者，《养老令·继嗣令》"继嗣条"中规定：

> 凡三位以上继嗣皆由嫡子相承。若无嫡子或嫡子有罪疾，则立嫡孙。无嫡孙则立嫡子之同母弟。无同母弟则立庶子。无庶子则立嫡孙同母弟，嫡孙无同母弟，立庶孙。四位以下唯立嫡子……③

根据位阶不同，继承人的选择范围略有差别，三位以上可祖荫三代，而四位以下只能由子辈继承。不论哪一种，女子都无权继承爵位，更无资格在朝廷的行政机构中任职。在律令制下，中央设神祇官和太政官，太政官下设中务、式部、治部、民部、兵部、刑部、大藏、宫内八省，各省之下设职、寮、司等下级机关，地方设国、郡、里等行政机构。这些中央及地方行政机构均由男性任职，只有在后宫或上级贵族家庭内才有女官的踪影。关于财产继承，根据《养老令·户令》"应分条"的规定，"嫡母、继母及嫡子各二分"，"庶子一分"；"其姑及姊妹在室者，各减

① [日]井上光贞等校注：《律令》，岩波书店1994年版，第439页。
② [日]成清弘和：《日本古代的家族·亲族》，岩田书店2001年版，第100页。
③ [日]井上光贞等校注：《律令》，岩波书店1994年版，第281页。

男子之半”。[①] 与完全无缘继承爵位的情况不同，律令赋予女子一定的财产继承权，但其所继承的份额比不上男子。

第四，制定学制，赋予贵族男子受教育的特权。古代日本模仿中国建立了大学寮、国学等官办学校。关于学生的入学资格，在《养老令·学令》“大学生条”中有明确规定：

> 凡大学生，取五位以上子孙及东西史部之子为之。若八位以上子情愿者听。国学生取郡司子弟为之。[②]

这些学校所招收的学生仅限于年龄在13～16岁的贵族男子，他们可以通过在学校学习儒家经典而步入仕途。而贵族女子则没有入学的资格，只能在家庭中接受教育。这种男女有别的教育正是由于受到男尊女卑观念的影响所致。

总之，在日本古代社会，律令的制定加速了父权制的发展，同时也助长了男尊女卑观念的滋长。从法律地位来看，此时的女性是不及男性的。然而必须指出的是，大化改新之后，日本父权制并不是在生产力水平的提高下形成的自下而上的发展，而是在生产力水平发展还不够发达的情况下对唐朝制度的自上而下的模仿。与其说是此时的父权制及男尊女卑观念发展了，毋宁说是被构建了。这就必然会产生法律与现实不相适应的状况，其结果是父权制的产生与发展并不以母权制的消亡为前提，二者在很长时间内一直并存。所以在古代日本，尽管父权制已经产生并不断发展，但依旧保持了很多尊重母权的传统。

二、母权观念下的女性地位

在日本古代社会，虽然父权制已经确立，且随着律令的制定与实施被逐步强化，但是日本历史发展的特殊性使得人们尊重母权的传统被最大限度地保留下来。由于日本列岛四面环海，地理环境闭塞，造成这个孤立的岛国生产力发展极为缓慢。直到公元前3世纪时，日本仍然处于尚未开化的蒙昧时期，人们以采集和狩猎、捕鱼为生。这一阶段在日本历史上被称为绳纹时代。从公元前3世纪开始，日本进入弥生时代，来自中国大陆的水稻耕作技术及铁器、青铜器的传入，大大促进了生产力的发展。在大陆文化的直接影响下，日本列岛终于跨过原始农业这一漫长的过程，快速进入农耕社会，并出现了众多的部落国家。在东汉班固的《汉书·地理志》中讲道：“乐浪海中有倭人，分为百余国，以岁时来献见云。”[③]这里所讲的正是弥生时代后期的情况。当时日本列岛上出现了众

① ［日］井上光贞等校注：《律令》，岩波书店1994年版，第232页。
② ［日］井上光贞等校注：《律令》，岩波书店1994年版，第232页。
③ 参见王铁钧：《日本学研究史识二十五史巡礼》，江西高校出版社2004年版，第11页。

多的部落国家，日本古代国家就是在这些部落国家之间相互征伐的基础上发展而来的。大约到2世纪时，邪马台国征服了北九州一代约30个部落国[①]，成为当时实力最强大的部落国。邪马台国的最高统治者是女王卑弥呼。据《三国志・魏书・倭人传》记载："其国本亦以男子为王，住七八十年，倭国乱，相攻伐历年，乃共立以女子为王，名曰卑弥呼。"[②]而卑弥呼在位七十余年，不仅实现了国家的长治久安，而且在外交上颇有作为，她分别于239年、243年及247年，三次派遣使臣来魏国，而魏国也曾派使臣赴日。卑弥呼死后，邪马台国曾立男子为王，但是这个男王难以服众，导致各种势力相互诛杀，内乱再起。在这种情况下，与卑弥呼有血缘关系的另一位少女台与被推举为女王，局势才稳定下来。邪马台国被很多学者视作日本古代国家的起源，反映了日本自原始社会向奴隶制社会过渡时期的状况。卑弥呼、台与等女首领的存在告诉我们，在日本早期国家形成的过程中，传统的母系氏族制度并没有受到剧烈冲击，依旧保持着较强的生命力。

到了3世纪末，以奈良为中心的近畿地区兴起了一个大的部落国——大和国，到4世纪末至5世纪初时，大和国统一了日本，建立了统一的国家政权。经过仅仅几百年的时间，日本便完成了从原始社会向阶级社会的转变。这种跨越式发展一方面快速缩短了与先进国家之间的差距，另一方面也难免将原始社会母系制的传统匆匆带入了新的社会结构中。这种情况被有的学者形象地比喻为"带着原始社会自然的血缘关系的脐带进入阶级社会"[③]。由于母系制的残存，在大和时代(3世纪末～7世纪中)，尊重母权的观念也一直延续了下来。古日语称父母为"母父"(おもちち)，以母在前；称夫妻为"妻夫"(めおと)，以妻在前；称兄妹"妹兄"(いもせ)，以妹在前，都是女先男后。此外，"御祖"(おや)一词，其最初的意思是人们对母亲的尊称。[④] 最能反映这一时期尊重母权状况的是访妻婚的长期存在。

访妻婚是一种刚刚脱离原始群婚状态的对偶婚，盛行于大和时代，并一直延续到平安时代，在日本历史上流行了1000多年。在访妻婚下，夫妻双方没有形成固定的同居模式，通过男方夜间到女方家走访来维系婚姻关系。"访妻"在日语中写作"妻問"(ツマドイ)，夫妻双方在妻子家居住的房间称作"妻屋"(ツマヤ)。这两个词汇频繁出现在《古事记》《日本书纪》及《万叶集》等古代作品

---

① 参见[日]尾藤正英等编《日本史B》，东京书籍1999年版，第18页。

② (晋)陈寿：《三国志》，中州古籍出版社1996年版，第379页。

③ 李卓：《家族制度与日本的近代化》，天津人民出版社1997年版，第18页。

④ 参见李卓：《家统一尊——中日父权家长制比较》，载李卓主编《家族文化与传统文化》，天津人民出版社2000年版，第66～68页。

中。《古事记》《日本书纪》中也记载了很多男王访女王的故事。在这些故事里，男王通过"访"，与某个氏族部落的女王结为夫妻，然后由妻子在本氏族部落内养育子女，并由其父亲指定其中一人作为该氏族首领的继承人。[①] 这些故事反映了在古代国家统一过程中的一种现象，即通过访妻婚进行联姻，达到征服疆域的政治目的。在日本山口大学的《万叶集》检索系统中以"妻問"为关键词进行检索，共计有 32 项，以"妻屋"为关键词进行检索共有 9 项。透过这些资料我们可以发现，访妻婚具有如下特点：

第一，访妻婚的成立以双方当事人的意愿为前提，男女交往自由，人们并没有贞节观。访妻婚脱胎于原始社会的母系氏族族外婚，男女双方的结合很自由。在《万叶集》中收录了在举行"歌垣"时男方向女方求婚的很多恋歌。"歌垣"是古代日本的青年男女在每年的春、秋两季，聚集在山岗上或集市中，一起唱歌跳舞，互赠和歌进行示爱、求婚的活动。"众声相召唤、青年女与男、齐聚相邀约、共赴歌垣会、他人之妻妇、我欲与之好、吾身之妻妇、他人亦可邀。"这是《万叶集》第九卷中收录的奈良歌人高桥虫麻吕描述筑波山的"歌垣"盛况的和歌。通过这首和歌可以看出，举行"歌垣"时男女交往很开放，即使已婚依然可以自由选择自己的恋人，结为夫妻。婚姻关系的成立与解除，均以男女双方是否相互喜欢为前提。人们没有贞操意识，也没有"婚外恋""通奸"等概念。《隋书·东夷传》"倭国"中记载的"女多男少，婚嫁不取同姓，男女相悦者即为婚……妇人不淫妒"，就是指访妻婚下男女自由结合的情况。

第二，在婚姻关系的缔结中，女方居于主导地位。在《古事记》中记载了这样一段故事：大国主神有许多兄弟，他们都想同稻羽的八上比卖结婚，于是便一起去稻羽求婚，但八上比卖对他们说："我不听你们的话，我愿意嫁给大穴牟识神。"[②]最终八上比卖按照自己的意愿与大穴牟迟神，即大国主神结婚。这个故事说明，女子本人是否同意，是婚姻成立的关键。当男子向意中人求婚并取得对方的同意后，女子会把求婚的男子介绍给自己的家人，特别是自己的父母，征求其意见。《古事记》中大国主神与须势里毗卖的婚姻经历了女方父亲须佐之命男的种种严苛的考验。[③] 而同样是征求家长的意见，迩迩艺命则比较幸运。他遇见木花之佐久夜毗卖后问道："我想和你结婚，你看怎样呢?"木花之佐久夜毗卖答道："我不能回答。我父亲大山津见神将会回答你。"于是便带他去见自己的父亲。大山津见神非常喜欢迩迩艺命，不但赞同他们的婚事，还将大女儿

---

① 参见李卓:《中日家族制度比较研究》，人民出版社 2004 年版，第 22 页。

② ［日］安万侣:《古事记》，邹有恒、吕元明译，人民文学出版社 1979 年版，第 27 页。

③ 参见［日］安万侣:《古事记》，邹有恒、吕元明译，人民文学出版社 1979 年版，第 28～29 页。

石长比卖一并许给迩迩艺命。[①] 从这些故事中可以知道，女方家长的意见对于婚姻也是有一定的影响。

第三，子女的抚养权归母亲。在访妻婚下，夫妻双方并没有实现“同居共爨”，女性在婚后仍居住在娘家，婚后所生的子女也随母亲居住。《古事记》中有这样的故事，垂仁天皇皇后沙本毗卖的哥哥沙本毗古王欲谋害天皇，遭到天皇发兵讨伐。沙本毗古王建起稻城[②]抵抗。皇后抑制不住对哥哥的思念，遂离开天皇，偷偷逃入稻城。当时皇后已有身孕，天皇顾念皇后，将稻城围而不攻。三年后，天皇发兵进攻，皇后将王子放在稻城外面，请求天皇抚养之。天皇仍割舍不下对皇后的情意，坚持要请皇后为王子起名字，因为“凡儿子都由母亲命名”。皇后给孩子起了名字以后，天皇又派人询问怎样养育孩子，皇后回答说：“给找个好乳娘和保姆，这样就能抚育得很好。”[③]天皇也听从了皇后的意见。这个故事表明在古代日本子女由母亲来负责养育，孩子的名字由母亲来定，体现了人们对母亲抚养权的认可和尊重。

大化改新之后，日本制定了律令，积极致力于父权制的建构，但在现实生活中人们尊重母权的传统并没有消失，当时的女性依然拥有较高的社会地位，这主要表现如下几个方面：

首先，女性在婚姻上拥有一定的主导权。大化改新以后，婚姻形态也随着时间的推移有所改变，在原先男方不定期到女方家造访的访妻婚的基础上，出现了男方到女方家定居的招婿婚，这种婚姻形态盛行于奈良、平安时代。招婿婚下，女子在婚姻的缔结和解除方面保有一定的自主权。婚姻关系的成立以男女双方情投意合为前提，如果妻子不再让丈夫入门、或丈夫不再来访都意味着婚姻关系的终结。与访妻婚不同的是，招婿婚下女方的父母在女儿婚姻中的发言权逐渐被认可。从奈良时代开始，在男女双方交往的过程中，女方的母亲开始对女儿进行监督，双方的结合需要获得女方母亲的默许和认可。到了平安时代初期，女方的父亲也开始对女儿的婚事进行监督。作为求婚者，男子也开始有意识地考虑女方父母的意见，甚至出现了越过女方直接向其父母求婚的情况。[④] 到了平安时代中期，招婿婚的发展日益成熟，婚姻仪式发展为地道的“女娶男嫁”形式，女方父母正式从幕后走到台前，在女儿在婚礼中扮演起重要的角色。婚礼首先要由女方父亲代替女儿向男方求婚；随后再由男方派文使到女方家求婚；文使将女方表示同意的文书带回后，当夜男方家便派人以松明火把为

① 参见[日]安万侣：《古事记》，邹有恒、吕元明译，人民文学出版社 1979 年版，第 50 页。
② 稻城是日本古代的临时防御工事，在家屋周围用稻草围成墙垣，用以防弓箭。
③ [日]安万侣：《古事记》，邹有恒、吕元明译，人民文学出版社 1979 年版，第 95 页。
④ 参见[日]高群逸枝：《日本婚姻史》，至文堂 1990 年版，第 74～75 页。

先导,将女婿送到女方家;女方家则要组织近亲中的年轻人持脂烛迎接女婿,用松明火把点燃脂烛,再用脂烛点燃室内灯笼,三日后,将灯笼之火与女家炉灶之火混合;新郎进入居室后,新娘父母取其脱下的鞋,与鞋同寝,翌日早晨归还女婿,三日后此鞋被收入新娘的柜子中,意在祈愿女婿每夜都来与新娘同住;女婿脱衣就寝后,新娘的母亲摸黑为其盖上被衾,并与一对新人同宿三日,象征着女儿与父母永久同住。以上新婚之夜举行的仪式被称为“新枕”,翌日早晨,新郎回家后还要再派使者与新娘相约再会,以示情意浓厚。从“新枕”开始,女婿要到女方家中同居三夜,然后举行“露显”仪式,包括吃“三日饼”(由女方家做糯米糕给女婿吃)、与妻子家人见面等。[①] 在整个婚礼中,男方的父母并未出现,这表明招婿婚中女方仍然居于主导地位。女方的父母虽然对女儿的婚姻有发言权,但并没有决定权,这与律令中的规定有很大的出入。

其次,女性拥有一定的经济实力。正如上节所述,在律令制下,虽然女子无权继承爵位,但在奴婢、田地、金钱等财产继承上,还保留了“男子之半”的继承权。不仅在法律上的财产权得到保障,在现实生活中,夫妻双方并没有实现财产共有,女性可以拥有属于自己的财产,有些女性的财产数额甚至还超过了丈夫。如在古代的户籍文书记载,美浓国的国造大庭户户主有奴 22 人,户主之妻有奴婢 34 人;美浓国的县造吉事户中只有户主的母亲有奴婢 13 人。不仅国造、县造等地方贵族妇女拥有自己的财产,在普通农民家庭中也是如此。筑前国川边里某户中只有户主之母有奴婢 8 人,山城国出云千依户中只有户主弟弟之妻有奴婢 1 人;同一地区的麻吕户中户主有奴婢 3 人,户主之母有 1 人,户主弟弟之妻有 11 人;该地区某户中户主有奴婢 4 人,其姐有 5 人;等等。诸如此类的记载还有很多。[②] 这些资料中,户主的母亲、户主的妻子、户主的姐姐、户主弟弟的妻子等妇女拥有的财产都超过了户主。对于属于自己的财产,女性也拥有经营、管理的权利。在描述奈良时代庶民生活的文学作品《日本灵异集》中有这样一个故事,讃岐国美贵郡大领之妻田中真人广虫女是一个拥有马牛、女婢、稻谷、金钱、田地等众多财产的女富豪。她不但利用自己的财产放高利贷,同时还在买卖稻谷、酒的时候缺斤短两、谋取暴利。由于她为富不仁,很多人变得倾家荡产、流离失所。在其病重临终时,因为害怕因果报应,所以又让其丈夫和儿子给东大寺捐赠了 70 头牛、30 匹马、20 町田和四千束稻子,并免除了所有债务人的欠债。这个故事表明,古代日本的女性可以按照自己的意愿自由地管理、经营、处置财产。由于具有一定的经济实力,她们不必依附于丈夫生存,从根本上保证了女性在家庭生活中具有较高的地位。

---

① 参见[日]高群逸枝:《日本婚姻史》,至文堂 1990 年版,第 112～118 页。

② 参见[日]高群逸枝:《日本婚姻史》,至文堂 1990 年版,第 91～92 页。

再次，日本古代保留了女性执政的传统。592 年，第一位女帝推古天皇继位，而中国唯一的女帝"大周皇帝"武则天登基时间是 690 年，朝鲜半岛的新罗善德女王继位时间是 632 年。不仅日本女帝继位的时间早于中国和新罗，而且日本的女帝人数之多在世界史上也属罕见。从 6 世纪末到 8 世纪初，日本共出现了八代女帝，她们分别是推古(在位 592～628)、皇极(在位 642～645)、齐明(皇极重祚，在位 655～661)、持统(在位 690～697)、元明(在位 707～715)、元正(在位 715～724)、孝谦(在位 749～758)、称德(孝谦重祚，在位 764～770)。其中持统天皇的政绩尤为突出。她本名鸬野赞良皇女，是天智天皇之女、天武天皇的皇后、文武天皇的祖母。《日本书纪》中评价其"虽帝王女，而好礼节俭，有母仪德"，且具备卓越的政治才能，不但"佐天皇定天下"，还"每于侍执之时，辄言及政事"，辅助天皇治理国家。[①] 天武天皇逝后，她继承皇位，697 年扶植孙子文武天皇登基，并辅佐其治理天下，成为日本历史上第一位女太上皇。在她秉政期间，模仿唐制编定庚寅户籍，制定《大宝律令》，同时还仿照唐朝都城长安建造了藤原京，积极致力于中央集权体制的建设，强化天皇的权威。女帝秉政为推动社会的发展做出了很大贡献，她们执政的时期被后世称作"女帝的世纪"。进入平安时代以后，随着中国儒家文化的影响日益加强，男尊女卑观念得以进一步发展，日本再也没有出现过女帝，但是女性参与政治统治的传统并没就此中断，天皇的生母仍然可以以国母的身份参与国家的政治活动。[②]

最后，女性在文学领域异常活跃，颇有建树。在古代贵族社会，涌现出众多多才多艺的女子，她们创作出了大量优秀的作品，对日本文化的发展也做出了突出贡献。就汉文学而言，平安时代初期曾经出现了宫女姬大伴氏、有智子内亲王、尼和氏、宫女惟氏等一些"闺秀诗人"。其中尤以嵯峨天皇的皇女有智子内亲王博学多才。据《续日本后纪》记载，她"颇通史汉，善著诗文"[③]，曾以《春日山庄诗》[④]获得"授三品""封百户"的赏赐。"闺秀诗人"的出现，打破了汉文学由男子一统天下的局面，为当时的文坛平添了一道靓丽、清新的风景。在和文学方面，更是才女辈出，涌现出了紫式部、清少纳言、赤染卫门、和泉式部、藤原道纲母、小野小町等一大批极具才华的名门闺秀。她们主要使用由汉字演化而来的假名进行创作，推动了日本文字的本土化发展进程。今天人们所使用的假名文字正是在这一时期发展定型的。在"物语""和歌""随笔""日记"等文艺创作

---

① [日]坂本太郎等校注:《日本古典文学大系 68・日本书纪下》，岩波书店 1978 年版，第 485 页。

② 参见[日]综合女性史研究会编:《史料中看到的日本女性的历史》，吉川弘文馆 2000 年版，第 8～9 页。

③ [日]综合女性史研究会编:《史料中看到的日本女性的历史》，吉川弘文馆 2000 年版，第 48 页。

④ 《春日山庄诗》:寂寂幽庄水树里，仙舆一降一池塘。栖林孤鸟识春泽，隐涧寒花见日光。泉声近报初雷响，山色高晴暮雨行。从此更知恩泽渥，生涯何以答穹苍。

方面，她们也颇有建树，创作出了《源氏物语》《枕草子》《蜻蛉日记》《和泉式部日记》《更级日记》等许多脍炙人口的优秀作品，其中《源氏物语》和《枕草子》则分别代表了日本物语文学和随笔文学的最高成就，成为平安时代贵族文学的主流。平安时代可以说是日本历史上女性文学最为辉煌的时期之一，以至于人们将这一时期称作女性文学的时期。

综上所述，在日本古代社会，父权制虽然很早就已经出现，但是却一直未能占据主导地位。由于日本历史发展的特殊性，母权制在很大程度上得以保留，制约着父权制的发展。由于母权尊重观念的延续，女性地位较高。此时以男尊女卑为基本出发点，强调妻子对丈夫绝对服从的中国儒家女训虽然已经传入日本，但是由于与当时的社会现状不相适应，这些女训没有像中国那样被用作女子教育的教材，也没有被广泛地阅读和传播。那么中国女训究竟是何时传入日本，对古代日本产生了怎样的影响呢？这将是下一节探讨的重点。

第二节　中国女训的传入及影响

一、遣唐使与女训作品的东传

在中国古代，专门以女子为教育对象的道德训诫作品最早出现在汉代。汉成帝永始元年（公元前16年），刘向编撰了《列女传》[①]，全书收录了上自远古下至西汉的女性传记共计百余篇，按照妇德条目依次分为“母仪传”“贤明传”“仁智传”“贞顺传”“节义传”“辩通传”和“孽嬖传”七个篇章，目的是通过讲述人物故事来宣扬封建妇德，这种编撰体例开创了中国人物故事型女训的先河。《列女传》的影响甚广，早在西汉末年便已经流传到了西北边陲的疏勒河流域。[②] 在问世几十年后，东汉时班固之妹班昭即曹大家开始对《列女传》进行注解、改编。此后，人们开始反复进行校注、整理和仿作。在《隋书·经籍志》“史部”中收录的《列女传》就有10种：

《列女传》十五卷，刘向撰，曹大家注

《列女传》七卷，赵母注

《列女传》八卷，高氏撰

《列女传颂》一卷，刘歆撰

《列女传颂》一卷，曹植撰

---

① 张涛：《〈列女传〉在北宋中期以前的流传》，载《殷都学刊》1993年第2期。

② 郑晓霞、林佳郁编：《列女传汇编》，北京图书馆出版社2007年版，“序”第3页。

《列女传赞》一卷，缪袭撰
《列女后传》十卷，项原撰
《列女传》六卷，皇甫谧撰
《列女传》七卷，綦毋邃撰
《列女传要录》三卷①

《新唐书》卷五十八《艺文志二》中收录了11种：

刘向《列女传》十五卷，曹大家注
皇甫谧《列女传》六卷
綦毋邃《列女传》七卷
刘熙《列女传》八卷
赵母《列女传》七卷
项宗《列女后传》十卷
曹植《列女传颂》一卷
孙夫人《列女传序赞》一卷
杜预《列女记》十卷
魏征《列女传略》七卷
武后《列女传》一百卷②

进入宋代以后，先后有苏颂、王回、蔡骥等人又对班昭注本进行整理，恢复了八卷本的体例，命名为《古列女传》，同时还增加了《续列女传》一卷，这种体例被一直延续了下来。明代刊刻的《列女传》数量众多，其中尤以嘉靖三十一年（1552）黄鲁曾刻本及万历三十四年（1606）黄嘉育刻本等流传较广。此外，还有汪氏的《列女传》、解缙等人编辑的《古今列女传》、冯梦龙的《古今列女传演义》等仿作流行。及至清代又出现了三种注本，即王照圆的《列女传补注》、梁端的《列女传校注》及萧道管的《列女传集注》。清代的同类型作品有刘开的《广列女传》、汪宪的《列女传》等。除了以上诸多校勘、仿作的作品之外，自范晔撰《后汉书》始，历朝历代的正史中都设有"列女传"，专门记载当朝的节妇烈女的事迹。统观这些形形色色的列女传作品，可以发现随着时代的变迁，刘向笔下以"母仪""贤明""仁智""贞顺""节义""辩通"等德行而受到颂扬的多姿多彩的"列女"逐渐衍变成了保全贞操而以身殉节的"烈女"，这种衍变以宋、元为界，体现了中国古代女性价值观由多元向单一的转变。

① （唐）长孙无忌等：《隋书》卷三三《经籍志》，中华书局1985年版，第52～53页。
② （宋）欧阳修、宋祁：《新唐书》卷五八《艺文志二》，中华书局1975年版，第1486～1487页。

在中国女训作品中,与刘向《列女传》齐名的便是班昭撰写的《女诫》。这是中国历史上首部专门论述妇德伦理的著作,全书共分为"卑弱""夫妇""敬慎""妇行""专心""曲从""和叔妹"七个章节,从维护封建礼教的角度出发,系统论述了儒家三从四德的妇道伦理。《女诫》开创了中国道德说教型女训的先河,构建了封建妇德的总纲领,自问世以后便被奉为经典,一直传承下来,成为千百年来的封建社会女子教育中必不可少的教材。《女诫》之后,后世还出现了一大批类似的女德说教书,其中流传广泛、影响较大的有唐代郑氏的《女孝经》、宋氏姐妹的《女论语》,宋代司马光的《家范》,明代王相之母刘氏的《女范捷录》、陆氏的《温氏母训》《女儿经》(作者不详)、王相的《女四书》,清代陆圻的《新妇谱》《改良女儿经》(作者不详)、《闺门女儿经》(作者不详)《闺门千字文》(作者不详)、廖免骄的《醒闺篇》等。在中国古代社会,以《列女传》和《女诫》为代表的女训作品在维护封建体制、建构妇女道德方面发挥了重要作用。不仅如此,它们还远播东瀛,对日本封建社会的女子教育和妇女生活产生了很大影响。

中国女训作品的创作最早可追溯至汉代,这一时期大致相当于日本的弥生时代(前3世纪~3世纪)。当时日本尚处于原始社会的晚期,日本列岛部落林立,既无统一的国家,也没有产生文字。中日交流以铁器、铜器等生产工具及水稻耕作等生产技术为主,并未发现有关文献典籍东传的记载,故而中国女训在其产生之初便东传的可能性极低。那么,中国女训是何时传入日本的呢?要回答这个问题,就有必要将其放在中国典籍东传的大背景下进行考察。目前现存的关于中国典籍传入日本的最早的文字记录见于《古事记》中卷的"应神天皇"之五"吉野国主之歌和百济"中:

> 天皇又命令百济国说:"如有贤人,则贡上。"按照命令贡上来的人,名叫和迩吉师,随同这个人一同贡上《论语》十卷,《千字文》一卷,共十一卷。[①]

从这段文献中可知,应神天皇时期(公元4世纪末~5世纪初)中国典籍经由朝鲜半岛传入日本,而"和迩吉师"即王仁,则是将中国典籍带入日本的第一人。[②]不过值得注意的是,应神天皇是一位传说中的天皇,而日本历史有确切的天皇纪年始于6世纪初,即继体天皇元年(507),这就意味着中国典籍东传日本从传说时代进入有较为可信的文献及实物资料的时代是在6世纪以后。据此来看,《列女传》《女诫》等中国女训东传日本,大体有如下两种可能性:

第一,南北朝时期经由朝鲜半岛东传。公元4世纪末至5世纪初,日本列岛实现统一,进入大和时代。国家的统一为日本吸收中国文化创造了有利条

① [日]安万侣:《古事记》,邹有恒、吕元明译,人民文学出版社1979年版,第127页。
② 参见严绍璗编:《日藏汉籍善本书录》,中华书局2007年版,第2082页。

件。这一时期日本积极致力于成为中国册封体制下的属国。据中国史书记载，413～502年，日本的五代倭王，即第一代瓒、第二代珍、第三代济、第四代兴、第五代武，曾先后13次向中国的东晋以及南朝的宋、齐、梁朝贡，请求册封。[①] 通过册封，大和朝廷不仅借助中国的权威加强了其东亚的政治势力，也从中国获得了大量物质和先进技术用于发展自身的经济。另外，为了适应国内政治、经济建设的需求，日本还通过吸纳大陆移民的方式积极汲取中国文化。

南北朝时期，中国战乱频仍，人们为了躲避动乱纷纷逃亡。朝鲜半岛南部的百济等地因为地理上接近中国，聚集了大量迁徙来的移民，其中不乏掌握先进思想文化和技术的人才。这些人在百济国任官后被派往日本，将众多的中国典籍带入了日本。上文提到的王仁携《论语》《千字文》来日便是一例，继王仁之后，不断有百济的五经博士赴日本传授中国典籍。据《日本书纪》记载，继体天皇七年(513)6月，段杨尔来日；继体天皇十年(516)9月，百济又派汉人高安茂到日代替了段杨尔；钦明天皇十五年(554)2月，王柳贵到日本代替了马丁安。五经博士是百济模仿中国设立的学官，主要传授《诗》《书》《礼》《易》《春秋》等儒学典籍，由居住在百济的汉人及其后裔担任。随着百济不断向日本派遣五经博士，儒家的典籍也源源不断地经由朝鲜半岛传入日本。不仅如此，钦明天皇年间，随同王柳贵一同赴日的还有易经博士王道良、历博士王保孙、采药师潘量丰等人，他们也为日本带来了医药、占卜、历法、算术等方面的书籍。[②] 据此或可推测，中国女训典籍很有可能在南北朝时期随着人口的大规模迁移，经由朝鲜半岛传入了日本。只是这种推测尚缺乏具体的文献或实物资料的佐证。

第二，隋唐时期由来华使节团直接带入日本。长期以来中国典籍主要是经由朝鲜半岛传入日本的，隋朝统一中国以后，中日文化交流揭开了新的篇章。607年，日本首次向隋朝派遣了以小野妹子为代表的使节团，史称“遣隋使”，由此开通了中日之间直接进行文化交流的海上通道。到了唐代，随着经济的发展和文化的繁荣，中日交往更加频繁。为了移植和吸取先进的中国文化，日本多次派遣使节团来唐。这些使节团除了政府的使臣以外，还有很多前来求学的留学生和学问僧，他们来访的目的之一就是访求中国典籍，中国的史书中对此也有明确的记载。如《宋史·日本传》中就记载：长安元年(701)，日本“遣粟田真人入唐求书籍，律师道慈求经”[③]。《旧唐书·日本传》也记载：“开元初，又遣使来朝……所得锡资，尽市文籍，泛海而还。”[④]通过遣唐使的不断访求和执着努

① 参见吴廷璆主编：《日本史》，南开大学出版社1994年版，第30～31页。

② 参见吴廷璆主编：《日本史》，南开大学出版社1994年版，第40页。

③ (元)脱脱等：《宋史》卷四九一，吉林人民出版社1995年版，第9706页。

④ (后晋)刘昫：《旧唐书》卷一九九，吉林人民出版社1995年版，第3406页。

力，为数众多的中国典籍被源源不断地运回日本，《列女传》《女诫》等女训也极有可能在这一期间传入了日本。关于这一推断有如下佐证：

首先，在正仓院古文书“神龟四年神龟五年写经料纸账”的记载中出现了《列女传》的书名。[①] 据此可知，日本圣武天皇神龟年间(724～729)，《列女传》已经被人们传抄。

更为重要的是，9世纪后期的日本汉籍目录学著作《日本国见在书目录》中对《列女传》《女诫》等女训作品做了详细著录。《日本国见在书目录》原名《本朝见在书目录》，是日本现存最早的一部汉籍目录学著作，编者是阳成天皇的文学侍从、大学寮大学头藤原佐世。他奉天皇之命整理天皇的个人藏书处以及图书寮、校书殿等国家公务机构中的汉籍，遂撰成此目录，成书时间大约在日本平安时代的贞观末年至元庆元年间(876～884，即中国唐僖宗乾符三年到中和四年)。[②] 其编撰模仿中国经、史、子、集之四部体例，依次分为“一易家”“二尚书家”“三诗家”“四礼家”“五乐家”“六春秋家”“七孝经家”“八论语家”“九异说家”“十小学家”“十一正史家”“十二古史家”“十三杂史家”“十四霸史家”“十五起居注家”“十六旧事家”“十七职官家”“十八仪注家”“十九刑法家”“廿杂传家”“廿一土地家”“廿二谱系家”“廿三簿录家”“廿四儒家”“廿五道家”“廿六法家”“廿七名家”“廿八墨家”“廿九纵横家”“卅杂家”“卅一农家”“卅二小说家”“卅三兵家”“卅四天文家”“卅五历数家”“卅六五行家”“卅七医方家”“卅八楚辞家”“卅九别集家”“卌总集家”共计四十类目。目录中所著录的汉籍共计1568种，17209卷，大体相当于隋唐典籍的半数之多，较为全面地反映了9世纪后期日本官方汉籍收藏的实际情况。在“七孝经家”中收录了：

《女孝经》一卷，班婕妤撰

在“廿杂传家”中收录的女训有：

《列女传》十五卷，刘向撰，曹大家注
《列女传颂》一卷，刘歆撰
《列女传略》七卷，魏征撰
《列女传赞》二卷，
《列女传图》十二卷，
《列女传抄》二卷，

---

① 参见[日]东京大学史料编纂所编：《大日本古文书》编年之一，东京大学出版会1987年版，第382页。

② 参见严绍璗：《汉籍在日本的流布研究》，江苏古籍出版社2000年版，第94页。

《贞形传》一卷，
《哲妇传》一卷，
《女诫》一卷，曹大家撰
《妒记》二卷

此处所著录的十五卷本《列女传》正是隋唐时期流行的版本。西汉时期刘向所撰《列女传》原为八卷本（包括传记七卷和颂一卷），这在《汉书·楚元王传》中有明确记载："向以为王教由内及外，自近者始，故取《诗》《书》所载贤妃贞妇，兴国显家可法则，及孽嬖乱亡者，序次为《列女传》，凡八篇，以戒天子。"及至东汉，班固之妹班昭即曹大家在为《列女传》作注的同时，对其篇章结构进行了重大调整，将原来的传七卷分为上下，并补入陈婴母及东汉以降十六事，成十四卷，再合其颂一卷，共为十五卷。自东汉直至隋唐时期，班昭所注的十五卷本一直流行，而原来的八卷本则逐渐亡佚。《隋书·经籍志》史部杂传类中著录："列女传十五卷，刘向撰，曹大家注"，《新唐书·艺文志二》中收录了"凡女训十七家，二十四部，三百八十二卷"，其中第一项便是"刘向《列女传》，曹大家注"。试将《日本国见在书目录》中的信息与《隋书》《新唐书》加以对比，如表1-1所示：

表1-1　《日本国见在书目录》与《隋书》《新唐书》中女训作品著录对比表

《日本国见在书目录》	《隋书·经籍志》①	《新唐书·艺文志二》②
《列女传》十五卷，刘向撰，曹大家注	《列女传》十五卷，刘向撰，曹大家注	刘向《列女传》十五卷，曹大家注
《女诫》一卷，曹大家撰	曹大家《女诫》一卷	曹大家《女诫》一卷
《妒记》二卷	《妒记》二卷，虞通之撰	虞通之《妒记》二卷
《列女传赞》二卷	《列女传赞》一卷，缪袭撰	孙夫人《列女传序赞》一卷
《列女传颂》一卷，刘歆撰	《列女传颂》一卷，刘歆撰	无
《列女传略》七卷，魏征撰	无	魏征《列女传略》七卷
《列女传抄》二卷	无	无
《贞形传》一卷	无	无
《哲妇传》一卷	无	无
《列女传图》十二卷	无	无
《女孝经》一卷，班婕妤撰	无	无

通过比对不难看出，在《日本国见在书目录》收录的11部女训作品中，只有刘向《列女传》和曹大家《女诫》这两部作品与《隋书》《新唐书》的收录信息完全

① （唐）长孙无忌等：《隋书经籍志》卷二、卷四，中华书局1985年版，第52～53、123页。
② （宋）欧阳修、宋祁：《新唐书》卷五八《艺文志二》，中华书局1975年版，第1486～1487页。

吻合。此外，《妒记》《列女传赞》《列女传颂》《列女传略》这 4 部作品在隋唐的书目中也有收录。而其余的 5 部作品，即《列女传抄》《贞形传》《哲妇传》《列女传图》《女孝经》均不见于隋唐书志之中。不过，《列女传图》和《女孝经》在中国历史上尚有一些记载。

关于《列女传图》，据刘向在《七略别录》中所言"画之于屏风四堵"可知，其最初是画在屏风上的观赏画。及至晋代，著名画家顾恺之曾经绘有长卷的《列女传图》。唐裴孝源的《贞观公私画史》中收录了隋室旧藏绘画 293 卷，其中就有卫协的《列女图》一卷，陈公恩的《列女传仁智图》《列女传贞节图》各一卷，王广的《列女传仁智图》一卷。[①] 这些绘图中都附有简单的文字说明，起到帮助观者理解画面故事情节的辅助作用。据国内学者考证，《日本国见在书目录》中所辑录的《列女传图》是顾恺之所绘的《列女传图》的摹本。[②]

关于《女孝经》，唐朝散郎侯莫陈邈妻郑氏所撰的《女孝经》在《旧唐书·经籍志》和《新唐书·艺文志》中均无著录，直到《宋史·艺文志》中才著录曰："《女孝经》一卷，侯莫陈邈妻郑氏撰。"而在《日本国见在书目录》中的《女孝经》标注是班婕妤撰，在《汉书·外戚传·孝成班婕妤传》中并未有班婕妤撰写过《女孝经》的记载，其他的历史资料中亦未有只言片语涉及于此。班婕妤乃是班昭的祖姑，所以日本的目录著者极有可能是将班昭误作班婕妤。更因为后人也曾将班昭所撰的《女诫》称作《女孝经》[③]，因此《日本国见在书目录》所记的《女孝经》有可能就是《女诫》。然而《女诫》在日本的目录中也有著录，且二者被分著于两处，《女孝经》在"七孝经家"中，而《女诫》在"廿杂传家"中。据此，有学者便对"《女孝经》即为《女诫》"的观点存疑。

笔者认为，将二者分著两处或许是由于当时的日本人对班昭其人其著知之甚少的缘故。因为目录中的《女诫》作者标注为"曹大家"，而当时的日本人对于曹大家是何许人并不是很清楚，对于"班婕妤""班昭""曹大家"之间的关系亦不甚明了，同时在当时的社会条件下，人们对于《女诫》的内容也并不关注，所以才导致了同一作者的同一部书被分著两处。

另外一种可能性是"班婕妤撰"虽为"班昭撰"之谬误，但传入日本的《女孝经》并非《女诫》，而就是唐代郑氏所撰的《女孝经》。郑氏《女孝经》仿照《孝经》体例而作，"仿《孝经》分十八章，章首皆假班大家以立言，进表所谓不敢自专，因以班大家为主，其文甚明"[④]，显然郑氏所撰的《女孝经》是假托曹大家之名而作，

---

① 参见何志明、潘运告编：《唐五代画论》，湖南美术出版社 1997 年版，第 12～22 页。

② 参见孙猛：《日本国见在书目录详考》，上海古籍出版社 2015 年版，第 820 页。

③ 杨欣：《〈女孝经〉东传日本考略》，载《文献》2009 年第 2 期，第 118～119 页。

④ 《四库全书总目》卷九五《子训》，中华书局 1987 年影印版，第 801 页。

采取曹大家与诸女问答的形式来讲述女德，每章都有“大家曰”，所以在其流传过程中被误传为是曹大家班昭所作也是有可能的。还有一个重要的原因是《女孝经》原本是郑氏写给被册封为永王妃的侄女的修身书，在《进女孝经表》中讲道撰写《女孝经》的原委：“妾侄女特蒙天恩，策为永王妃。以少长闺闱，未娴诗礼，至于经诰，触事面墙，夙夜忧惶，战惧交集。今戒以为妇之道。”[①]永王李璘是唐玄宗之子，开元十三年(725)，四岁的李璘被封为永王，若按照唐代礼制男子一般二十岁行加冠礼之后方可成婚来推算，郑氏撰《女孝经》应该是在741年之后。然而仅仅过了十余年，到757年时，永王李璘便因谋反被剿灭，郑氏作为永王妃的嫡系亲属或许也受到牵连。由此，《女孝经》作为谋逆罪人的著作自然也会受到牵连，在唐代的流传中极有可能被隐去真实的作者身份，而采取其假托曹大家之名的办法。

综上所述，尽管《日本国见在书目录》中的女训与《隋书》和《唐书》并不完全吻合，但也足以证明在平安时代中期《列女传》《女诫》等儒家女训经典之作已经东传了。此外日本的书目在“十一正史家”中还收录了《后汉书》《晋书》《魏书》《隋书》等史书，在这些史书中都设有“列女传”，记载了那些符合主流价值观的女性的事迹，这些具有教化女子、彰显妇德的功效的内容自然也随之传入日本了。

二、《列女传》与《源氏物语》

中国女训东传之时正值日本的平安时代，当时并未得到广泛传播。因为学习汉籍是贵族阶层尤其是贵族男子的特权，汉字的阅读理解对女性而言比较困难，只有少数贵族女性具备阅读汉籍的素养。加之当时出版技术尚不发达，庶民阶层更是无从接触汉籍。所以，有条件阅读并且能够读懂中国女训的人少之又少。更主要的原因是中国女训的内容，尤其是《女诫》为代表的道德说教类女训的内容与当时日本社会不相适应。正如前文所述，平安时代的日本婚姻形态是丈夫到妻子家落户的招婿婚，女性在家庭生活和婚姻生活中均居于主导地位，在生产活动中也是主力。在贵族社会，女子教育的目标是培养多才多艺的闺秀才女，因此教育内容以书法、和歌、音乐等才艺技能为主，很少强调三从四德、贞节柔顺等妇德伦理。《女诫》《列女传》等作为中国儒家女训的典范之作，其根本出发点是宣扬男尊女卑道德观念、维护以男性为中心的封建家族制度，这与当时日本的社会现状相去甚远。因此，中国女训在平安时代的影响力十分有限，既没有被人们广泛习知，也没有发挥其训诫女子、宣扬妇德之功效。尽管

① 苏者聪选注：《中国历代妇女作品选》，上海古籍出版社1987年版，第482页。

如此,《列女传》等作品以及正史中的《列女传》类事迹,因其本身既是训诫女子的女训,同时也是讲述女性故事的传记类读物,因此极有可能被当时有一定汉学修养的宫廷贵族女性当作一般的文学传记作品来阅读。紫式部便是这样一位既有机会接触《列女传》作品,又具有相当的汉学修养,能够读懂这些作品的宫廷女性,其长篇小说《源氏物语》一定程度上受到了《列女传》等作品的影响。

紫式部是平安时代中期的杰出才女,出身于具有家学渊源的中层贵族家庭。其曾祖父藤原兼辅、祖父藤原雅正均是三十六歌仙之一,不但擅长和歌,也工于汉诗,久负盛名。其父亲藤原为时也是一名学者、汉诗人,以文学、历史见长,尤其推崇白居易的诗,曾经梦中与白居易交游,并作诗曰:"两地闻名追慕多,疑问何日不讴歌。系情长望遐方月,入梦终逾万里波。露胆虽随天晓隔,风姿未与图形讹。仲尼昔梦周公久,圣智未言时代过。"[①]紫式部母亲早亡,一直跟父亲生活在一起,自幼耳濡目染,对汉诗文产生了浓厚的兴趣。她在《紫式部日记》中回忆起幼年时学习汉诗文的情景时写道:"那个式部丞(紫式部的哥哥——笔者注,下文同)幼童之时,每学《史记》,(我)便随同旁听,他尚不能诵读或已遗忘的地方,(我)已然奇迹般地熟读成诵。醉心汉籍的父亲常暗自嗟叹:可惜不是男儿身!"[②]天资聪慧加之良好的家学环境,造就了一位能诗善文的才女。

因其才女之名,有学者推测早在永延元年(987)便担任了权倾朝野的大贵族藤原道长家的女官。[③] 宽弘二年(1005),道长的荐举她担任一条天皇的中宫、藤原道长的长女彰子的女官兼家庭教师,开始了约七年的宫廷生活。道长之所以在众多女官侍从中选中了她,正是看中了其优秀的才能。当时的一条天皇喜好汉诗,后宫之中为了争宠,亦有崇尚汉学之风。皇后定子是关白藤原道隆之女。她先于彰子入宫,又通晓白居易的诗,身边还有当时著名的才女清少纳言为侍从,所以深得天皇的欢心。彰子入宫以后,藤原道长为了使自己的女儿获得天皇的宠幸,以谋求更大的政治利益,必须要为女儿物色一位才华横溢的侍从女官。紫式部便是他选定的合适人选,而她也不负重托,入宫之后不久便开始教彰子读《白氏文集》。这样一位才华横溢的才女,阅读《列女传》的能力毋庸置疑,以其身处皇宫、备受重视的地位而言,要想读到《列女传》也并非难事;以其博学多识、通晓史书而论,《列女传》或许也是她涉猎的汉籍之一。然而目前并没有紫式部阅读过《列女传》作品的直接证据,只能从《源氏物语》中挖掘这方

① 转引自高文汉:《中日古代汉文学比较研究》,山东教育出版社 1999 年版,第 395 页。

② [日]综合女性史研究会编:《史料中看到的日本女性的历史》,吉川弘文馆 2000 年版,第 40 页。

③ 参见[日]德满澄雄:《紫式部是鹰司殿伦子的女官吗》,载九州大学国语国文学会编《语文研究》第 62 号,1986 年,第 1～12 页。

面的信息。

日本学者田中隆昭已经作了这方面的尝试，他认为《源氏物语》以女性列传为纲的写作体例：第二卷“帚木”中有关贤妇的评论、第三卷“空蝉”中对主人公空蝉的贞节形象的塑造、第六卷“末摘花”中对主人公末摘花的节义形象的塑造等均受到了《列女传》的影响。[①] 受其启发，在此将试着结合平安时代的社会背景，就《列女传》等作品中所阐释的儒家女性观在《源氏物语》中的受容做一探讨。

在《源氏物语》第二卷“帚木”中，源公子与头中将、左马头、藤式部丞四人在雨夜对女子进行等级品评，就选择理想的终身伴侣发表各自的观点，这一段被视作全书女性观的总论。笔者认为“雨夜品评”的主妇论与儒家女性观有相吻合之处，这主要体现在关于主妇的职责上。《源氏物语》中提出男女的角色分工各有不同，“就男子而论：辅助朝廷，能为天下柱石而安民治国。”[②]而女子则“在一个狭小的家庭之中”，担任主妇。这正是中国儒家所倡导的性别分工：“女正位乎内，男正位乎外。男女正，天地之大义也。”女性的职责是“无攸遂，在中馈”[③]，也就是说男女按照性别进行分工，男性的职责是的治“外”，治理国家、从事生产；女性的职责是主“内”，料理家政，担当主妇。关于主妇的标准，班昭在《女诫》中将归纳为四行：妇德、妇言、妇容、妇功。“妇德不必才明绝异也”；“清闲贞静，守节整齐，行己有耻，动静有法，是谓妇德”；“妇言不必辩口利辞也”；“择词而说，不道恶语，时然后言，不厌于人，是谓妇言”；“妇容不必颜色美丽也”；“盥洗尘秽，服饰鲜洁，沐浴以时，身不垢辱，是谓妇容”。“妇功不必工巧过人也”，“专心纺绩，不好戏笑，洁齐酒食，以奉宾客，是谓妇功”。[④]《源氏物语》中关于主妇的职责，虽然不像班昭的四德这样成系统，但与儒家女训强调的“四德”也有很多接近的地方，基本涵盖了德行、才识、容貌、女红这几个方面。

具体来看，紫式部主要借左马头之口阐述了理想的主妇形象。主妇的职责“最重要者乃忠实勤勉，为丈夫做贤内助”。所谓的贤内助，一方面要有足够的才识处理家政事物，“无论琐碎之事或重大之事，同她商量，她总有高明见解”；另一方面，还要有高超的女工手艺，“讲到洗染，她的本领不亚于装点秋林的立田姬，讲到缝纫她的妙手不劣于银河岸边的织女”。关于才艺情趣，则“不须过分风雅，闲情逸趣之事，不解亦无妨”，以免轻薄多情，显然也是注重主妇的德行

---

① 参见[日]田中隆昭：《源氏物语——历史与虚构》，勉正社 1993 年版，第 76～77 页。

② 本节中引用的《源氏物语》原文均出自丰子恺译本，人民文学出版社 1999 年版，第 22～40 页，以下亦同。

③ 《周易·家人》，载陈戊国点校《四书五经》（上），岳麓书社 2014 年版，第 172 页。

④ 苏者聪选注：《中国历代妇女作品选》，上海古籍出版社 1987 年版，第 480 页。

的；但也不可“蓬首垢面、不修边幅”，成为一个“只知道柴米油盐等家常杂务”“毫无风趣的管家婆”。关于出身及容貌，“不讲门第高下，更不谈容貌美丑，但求其人性情不甚乖僻，为人忠厚诚实，稳重温和，便可信赖为终身伴侣”，这与班昭的“妇容”之论有着异曲同工之妙。至于提到主妇的出身门第，这显然是当时日本社会现实的写照。当时日本存在着爵位世袭的传统，人们非常重视门第出身，男子希望与门第高的女子联姻，为自己谋得更好的仕途前景。紫式部出身中层贵族，其本人也是因为家道中落，才在近三十岁时，与比自己大二十几岁的山城守藤原宣孝结婚。她在此提出“不讲门第高下”的观点，自然是为与自己类似的、出身不够高贵的中下层贵族女性鸣不平。通过以上分析可以看出，紫式部的主妇论既有与儒家女性观相吻合的地方，也有作者出身于中层贵族女性而带来的影响。

“雨夜品评”还涉及了“贤妇”的故事。这是一个与藤式部丞交往过的“贤女”，颇有才学，“书牍写得极好，一个假名也不用，全用汉字，措辞冠冕堂皇，潇洒不俗”，“国家大事也谈得来，私人生活、处世之道方面也有高明见解。讲到才学，直教半通不通的博士惭愧无地”。对于藤式部丞“照料得非常周到：枕上私语，也都是关于我身求学之事以及将来为官作宰的知识。凡人生大事，她都教我”。这样的“贤女”与《列女传》“贤明传”中的贤女很类似，所谓“贤明”，在《列女传》小序中是这样界定的：“惟若贤明，廉正以方，动作有节，言成文章。咸晓事理，知世纪纲。循法兴居，终日无殃。”也就是说，儒家主张的贤妇既有才学，又通晓事理纲纪，能够协助丈夫安家兴邦、出人头地。《列女传》中辑录的符合贤明标准的女性有：周宣姜后劝谏宣王勤于朝政，终于使周室中兴；齐国丞相车夫的妻子，以道义匡正夫君，使他由骄纵变为谦恭，最终成为齐国大夫；等等。然而对于这样的贤女，藤式部丞却感觉“不宜为妻”，其他如头中将、左马头等则更是嫌恶，感觉“还不如乖乖地和鬼做伴”。这可以看作作者紫式部对儒家式贤妇的戏谑和否定。

之所以这样，是缘于紫式部本人的才学观。她在作品中写道：“我并不是说做女子的不应该有关于世间公私一切事情的知识。我的意思是：不必特地钻研学问。”因为“一个女子潜心钻研‘三史五经’等深奥的学问，反而没有情趣。”这里所谓的“学问”就是指“三史五经”，即《史记》《前汉书》《后汉书》及《诗经》《书经》《易经》《春秋》《礼记》等汉籍。也就是说，紫式部并不反对女子学习必要的知识，但不赞同女子深入钻研被视作男子学问的汉籍，更不赞同女子在人前夸耀自己的汉学修养。这种观点恰恰符合平安时代中期人们关于女子学习汉籍的主流认识。当时学习汉籍、研究汉学被视作男子的特权，女子学习汉籍虽然并没有被禁止，但招致的多是负面的评价，甚至有学习汉籍会遭遇不幸的看法。

《紫式部日记》中就有这方面的记述，她在丈夫去世后，百无聊赖，在翻阅丈夫收藏的汉籍时，被身边的女官们指责："您这样不怕薄命么！女人家何必读那些书。"正是缘于这种主流价值观的影响，紫式部自身虽然博学多才，通晓汉籍，但她并不因此而感到自豪，反而特意在人前隐藏自己的学识。她因为读汉籍被冠以"女翰林"的绰号，《紫式部日记》中记录了她为此被同僚女官讥讽为"不详之才"时的做法："我不肯说出读汉文书籍的事，甚至连看也不看，可是却渐渐地传出一些闲话。不管人们怎么传，怎么说，多可憎，多可笑，那屏风上写着的汉诗，我只做视而不见。"[①]由此看来，紫式部对《列女传》中那样凭借自己的才识来教导、规劝丈夫的贤女持否定态度也就不足为奇了。综上所述，紫式部在创作《源氏物语》时，虽然没有直接借鉴《列女传》等女训的故事，但是其对儒家女训中所倡导的女性观也并非一无所知。可以推测，在她学习、阅读汉籍的过程中，或许也涉猎了中国的列女传故事。

三、《唐物语》中的《列女传》

如果说刘向《列女传》对紫式部及其作品《源氏物语》的影响是隐性的话，那么《唐物语》的出现则可以确切地证明"列女传"类的故事确实对平安时代的文学产生了影响。《唐物语》是一部以中国的人物故事为蓝本创作的和歌物语式的说话故事集。作者不详，成书时间大约在平安时代末期至镰仓时代初期。全书共由二十七个短篇故事组成，故事的主人公上自尧舜时代，下迄唐代，均是中国古代历史中的名人轶事。其中，有两个故事取材于中国的"列女传"类文献：其一是第十三篇"思慕尧帝的后妃娥皇、女英泪洒绿竹"，引自刘向的《列女传》；另一个是第二十三篇"隐瑜之妻不愿背弃前夫自缢而亡"，引自《后汉书·列女传》。[②] 在中国古代，这两个故事均是被当作妇德的典范而千古传颂。那么在《唐物语》中她们是否还是保留了妇德典范的形象呢？下面便就此分别进行考察。

首先来看第十三篇"思慕尧帝的后妃娥皇、女英泪洒绿竹"的具体内容，此篇篇幅短小，全文如下：

> 古时有位帝王叫尧，治理国家颇有建树，受到世人交口称赞。尧帝有两位后妃名叫娥皇、女英，他对二人宠爱异常，一视同仁，就像红色与紫色难分优劣一般。如此岁月流逝，然而太平之世常有，人之寿命无常。尧帝不幸薨于湘浦之后，二妃悲恸欲绝、涕泪交流。泪水溅到绿竹上竟然染出

---

① 转引自高文汉：《中日古代文学比较研究》，山东教育出版社1999年版，第397页。

② 参见[日]有吉惠美子：《唐物语论——以翻译技巧为中心》，载《香椎泻》1960年第6期。

了斑点。

这正是——思君情深恸不已,涕泪长流染绿竹。

原来古时男女之情爱竟如此深厚。[①]

在古代中国的神话传说中,娥皇、女英本是尧帝的女儿,尧将二人嫁给舜为后妃。这里娥皇、女英被说成是尧的后妃,显然是将尧、舜混淆了,可见作者对于娥皇、女英的事迹也并非十分熟悉。《唐物语》的这篇故事取材于中国的《列女传》和《博物志》。《列女传》曰:"有虞二妃者,帝尧之二女也。长娥皇,次女英。"娥皇、女英的故事在中国的《书经·虞书》《史记·五帝本纪》《孟子·万章上》《楚辞·天问》等文献中均有记载,然而在这些文献中二妃的名字并不统一,如《史记》中称女英为女罃、《礼记》中称之为女匽。直到刘向撰《列女传》时,在这些文献记载的基础上加以演义、扩充,才将二人的名字固定为娥皇、女英。[②] 据此而言,《唐物语》中引用二人的名称曰娥皇、女英,显然是沿用了《列女传》中的称呼。在《列女传》中二人的事迹见诸"母仪传"中,被赋予了贞顺、聪慧的贤妃形象。她们"承事舜于畎亩之中,不以天子之女故而骄盈怠嫚",不仅"谦谦恭俭,思尽妇道",而且聪慧有才;不仅协助舜逃过弟弟象及父亲瞽叟的谋害,而且当尧帝为了考验舜的才能而"试之百方"时,二人也能为丈夫出谋划策,所以舜"每事常谋于二女"。显然在《列女传》中的娥皇、女英是"聪明贞仁""德纯而行笃"的妇德典范。[③]

相比之下,在《唐物语》中,娥皇、女英二人是凄美的爱情故事的主人公。她们因为爱人的去世伤心欲绝,以至于流出的眼泪将竹子都染出了斑点。就二人泪染绿竹的故事情节而言,《唐物语》与西晋时的志怪小说集《博物志》相似的地方颇多。《博物志》载曰:"洞庭之山,帝之二女,尧之二女也,曰湘夫人。舜崩,二女啼以涕挥竹。竹尽斑。今下隽有斑皮竹。"[④]《唐物语》借鉴了《博物志》中关于斑竹传说的基础上,赋予娥皇、女英二人更为生动、丰满的形象,文末的和歌"思君情深恸不已,涕泪长流染吴竹",则是全文的点睛之笔,烘托出了全篇"男女之情爱如此深厚"的主题。这种对逝去恋人的执着思慕的女性形象与《列女传》中妇道典范的形象迥然不同。

《唐物语》第二十三篇"隐瑜之妻不愿背弃前夫自缢而亡"的故事取材于《后汉书·列女传》,其大致情节如下:

---

① 《唐物语》原文译自[日]小林保治译:《唐物语全译注》,讲谈社 2003 年版。下文亦同。

② 参见[日]山崎纯一校注:《列女传》(上),明治书院 1996 年版,第 89 页。

③ 张涛:《列女传译注》,山东大学出版社 1990 年版,第 3～4 页。

④ 参见王向远:《中国题材日本文学史》,上海古籍出版社 2007 年版,第 31 页。

后汉时有一人名叫荀爽，其女聪慧美丽、气质高雅，琴棋书画无所不能。父母视若掌上明珠，精心教养。许多男子不论身份贵贱都前来求婚。其中有一人名叫隐瑜，女子父母对其很中意，便教二人结为夫妻。隐瑜十分疼爱妻子。时光荏苒，转眼就过了三年，夫妻二人依然伉俪情深。不料丈夫忽然患病，不久便撒手人寰。此女伤心欲绝，旁人观之，无不悲叹。过了许多时日，此女依旧对丈夫思慕不已，整日垂泪。其父母想设法令她忘却悲伤……便接受了郭奕的求婚，决定让女儿嫁给他。然而此女一心思念亡夫，不愿再婚。但又念及若违背父母之命便是不孝，纵然千般不愿……勉强出嫁了。在出嫁的途中一直泪流不止。到了男方家后，她佯装欢喜，平静大方地步入后庭……此女一言一行端庄持重，令男人不敢贸然亲近。不久天色大亮，女子唤来侍女……哭着说："回想与从前的夫君山盟海誓，真是令人悲伤，我虽不愿忤逆父母才来到此处，然而一生与两个男人结婚，实在无法忍受。"这正是——父母之命不可违，再婚难忘已亡人。"生当共枕，死亦同穴，此誓言绝不违背。"她说完泪如雨下……决意结束自己的生命，于是便咬破手指，在门扉上写道："愿与隐瑜合葬。"又觉得太过直白，最后两三字终未写成，便解下衣带自缢而亡。这正是——血书红泪表情意，生死相随为一人。侍女抱着她的身体放声痛哭，那男人赶来看到这般情景，一时悲惧交加，昏倒在地。这正是——香消玉殒无限恨，不能与卿长相守。据说当时许多人都为之动容。此女便是南阳隐瑜之妻，再嫁的丈夫是东宫之师郭奕。

这里的隐瑜之妻是一个与丈夫情投意合、对父母孝顺恭敬的柔弱女子，为了履行与丈夫"偕老同穴"的誓言，又不愿悖逆父母的意愿，选择自杀以两全。在《唐物语》作者的笔下，隐瑜—隐瑜之妻—郭奕之间形成了一种三角恋的关系。女子因为思慕丈夫而选择自杀，而郭奕因女子的去世亦是悲恸不已。虽然人物名称都是中国的，但通篇却洋溢着平安时代贵族社会男女恋爱中的凄婉、哀怨的氛围，令读者读之扼腕叹息。

而在《后汉书》中，隐瑜之妻荀采原本是一个意志坚定、行动果敢的"贞妇"，她在丈夫去世后立志守节，由于担心母家逼婚再嫁，所以"自防御甚固"。当其父荀爽为了逼女儿再嫁，"诈称病笃"召她回去后，她"怀刃自誓"。于是父亲荀爽"令付婢执夺其刃，扶抱载之。尤忧致激愤，敕卫甚严"。尽管经过一番激烈的抗争，荀采还是被迫嫁给了郭奕，但是她为夫守节的意志并没有丝毫动摇，对左右侍从说："我本立志，与阴氏同穴。而不免逼迫，遂至于此。素情不遂，奈何。"于是请郭奕入内相见共谈，"言辞不辍，奕敬惮之，遂不敢逼，至曙而出"。随后，荀采"敕令左右办浴，既入室而掩户，权令侍人避之，以粉书扉上曰：尸还阴。阴字未及成，惧有来者，遂以衣带自缢”[①]。《后汉书》中的故事主要围绕荀爽逼婚、女儿抗婚自杀的故事情节展开，人物矛盾冲突激烈，突出了隐瑜之妻“贞女不事二夫”、为守贞节不惜以死相抗的贞烈形象。相比之下，《唐物语》中增加了隐瑜夫妻恩爱、女子思念丈夫等情节，突出了故事的爱情主题。同时，《唐物语》删除了《后汉书》中体现女子贞烈气节的抗婚情节，将其改编成父母为出于爱女之心、为了让其忘却丧夫之痛而令其再嫁的情节，女子也没有激烈的抗争，而是以“违背父母心愿是为不孝”为由，违心地接受了父母的安排。这样《唐物语》中的隐瑜之妻就不再是中国式的贞烈节妇，而变成了耽于情爱的、凄婉柔顺的平安时代日本式女性形象。

综上所述，《唐物语》作为平安时代末期的文学作品，虽然有些内容取材于中国的列女传类作品，但是在人物性格的塑造、故事情节的设置，尤其是恰到好处的运用和歌作为点睛升华之笔，使得其中的娥皇女英、阴瑜之妻等原本是妇道典范的人物形象实现了“去道德化”的转变，成为哀怨多情的平安贵族式的女性形象。由此也可以说明，《列女传》等中国儒家女训在东传日本之后，虽然为平安时代的文学作品的创作提供了素材，但是它们并没有被平安贵族视作训诫女子道德的教材。显然，日本古代贵族社会与同时期中国封建社会倡导女子要恪守妇道的状况有很大不同，人们并不太关注妇德的涵养，这一点也体现在贵族社会的女子教育中，当时的女子教育内容并不关注女德，而是女才教育为主。

第三节　女才观念下的贵族教育

如前所述，在日本历史上直到平安时代末期为止，父权制与母权制一直并行存在，男尊女卑的观念虽然已经产生，却没有得到很大发展。因此，儒家女训虽然传入了日本却没有得到广泛传播，也没有用于女子教育领域。日本古代贵族的女子教育并不看重女德的涵养，而是希望培养出多才多艺的令媛闺秀。在重视女才的观念下，女子教育的内容呈现出多元化特点。尤其是在文化繁荣的奈良、平安时代，贵族社会内形成了让女孩从小接受诗歌、书法、音乐等各方面才艺教育的风尚。但是，贵族们热衷于女子的才艺培养具有明显的政治化意图。他们并不单纯是为了女子本身的发展，更多是为了把其视作攀龙附凤、争权夺利的工具。

一、多元化的教育内容

在日本历史上，体系化的学校教育始于7世纪末期，特别是在律令制度实

① 参见(南朝宋)范晔撰，(唐)李贤等注：《后汉书》卷八四，中华书局1965年版，第2798～2799页。

施期间，日本通过颁布《大宝律令》等法令，仿照中国的做法，在中央设立大学寮，在地方设立国学，从而制定了较为完备的学制，教育开始隆兴。但是，当时只有贵族男子可以进入大学寮、国学等官立学校中学习儒家经典，而女子则没有入学的资格。因此女子教育的场所只能局限在家庭中，主要由母亲加以教导，有条件的人家还会聘请专门的乳母或女官担任家庭教师的角色，父亲偶尔也会参与其中。总体看来，古代日本贵族女子教育的内容主要有以下几个方面：

1. 学习书写假名，练习书法

在贵族社会，习字是女子的必备修养，也是女子教育中最重要的内容之一。一般女孩子在五六岁时就会开始学习用假名拼写简单的日常用语，习字的入门教科书有《伊吕波歌》《天地之词》等。[①] 其中《伊吕波歌》是用古日语的 47 个平假名编成的习字歌；《天地之词》教授如何用假名拼写“天（あめ）”“地（つち）”“星（ほし）”“空（そら）”等简单的日常用语。日本古代贵族的女子也自幼养在深闺，不能轻易与其他男子见面，特别是在成年之后，她们一般通过书信往来与外界进行交往。因此写一手漂亮的书法被视作贵族女子应该具备的基本修养。尤其是对于即将谈婚论嫁的女子而言，恋爱成为生活的重心，而恋爱的主要方式就是恋人之间互赠和歌。由于男女之间不能轻易相见，大都通过笔迹来揣测对方的相貌、性情，所以书法写的是否漂亮，与她们能否在恋爱中立于不败之地休戚相关。

习字不仅对于贵族女子自身而言格外重要，而且对于关心女儿前途命运、期望通过她们来攀附权贵的父母们而言也很重要。督促女儿勤习书法、认真习字也是双亲或乳母的一项重要职责。在古代贵族社会，尤其是平安时代，女儿精于书法，可以增加其政治联姻的筹码，是一件值得骄傲的事情。有女儿的家庭还会尽可能收集一些书法名家的字帖，作为女儿结婚时的嫁妆。比如《源氏物语》中，源公子的女儿明石女公子在嫁给皇太子时，源氏就倾其所有，将他所收藏的名家书法全部赠给了女儿。

2. 学作和歌

和歌是由日文假名创作的日本本土诗歌。吟咏和歌与书法一样，都是贵族女性必备的修养，在宫廷中争奇斗艳的和歌比赛、家庭内频繁举行的节日祭祀等活动中，女性也经常同男性一样吟咏和歌、附庸风雅。不仅如此，和歌既是感

---

① 参见［日］志贺匡：《日本女子教育史》，琵琶书房 1977 年版，第 101 页。

时抒怀、寄托情思的载体，也是与恋人互通音讯、传情达意的媒介。所以，对贵族女性而言，与恋人、丈夫互赠和歌，也是日常生活中必不可少的形式。在《源氏物语》《枕草子》等平安时代女性创作的文学作品中，有一个共同的特点就是作品穿插着大量和歌，由此也可以推测，学习和歌是贵族女子的必修内容。

古代贵族女子学习和歌，一般是以《难波津之歌》《浅香山之歌》等作品为入门教材。此外《万叶集》《古今和歌集》等比较经典的和歌集也是她们学习和歌时必不可少的阅读书目。《源氏物语》中，萤兵部卿亲王将自己收藏的嵯峨帝所选的《古万叶集》四卷和延喜帝所书的《古今和歌集》一卷全都赠予了源公子，因为亲王没有女儿，"此物无须保留了"。[①]

由于对和歌教育的重视，贵族女性中涌现了很多才华横溢的歌人，很多人被没当时的人们评为"歌仙"。如著名的美女小野小町同时入选了"六歌仙""三十六歌仙"和"女官三十六歌仙"，堪称平安时代第一女歌人。著名女歌人赤染卫门所作的"望穿秋水/终宵不寐/皓月西重/伊人不来"被作为表述爱情的秀歌，选入《小仓百人一首》，千古传诵。而目前存世的就有20余位女作家的千余首和歌，如紫式部、清少纳言、和泉式部、藤原道冈之母等在各自的作品中都作了很多优秀的和歌。

3．学习演奏乐器

在日本古代贵族社会，让女子学习演奏乐器，培养其音乐艺术方面的修养也十分重要。一般而言，贵族女子学习的乐器主要是和琴，要求达到精练娴熟的程度。关于和琴，紫式部在《源氏物语》的"常夏卷"中这样描述："提到和琴，似为乡野低俗乐器，殊不知每逢御前演奏，掌管和琴之女官却被首先宣召。"在贵族社会，和琴已经登入大雅之堂，被尊为"众乐之祖"，从而受到贵族阶层的广泛喜爱。不仅如此，这种乐器构造简单，形状小巧，声韵俱全，尤其适合于"不习外国乐器的女子练习"。[②]

贵族女性学习和琴一般由父母或乳母来指导，也有的会延请和琴名家进行指点。《源氏物语》"常夏卷"中，源氏在指导义女玉鬘弹琴时，对和琴的弹奏方法做了介绍："弹奏技法，并无甚深奥秘诀，但欲造诣精深，亦并非易事"，学习和琴看似简单，实际上却难以精进，需要"请教于和琴名手"，"抛却顾虑，不畏羞耻"，"与人合奏"，大胆练习，才容易学成。

上述所讲的三项内容，书法习字、学习和歌和弹奏和琴是日本古代贵族女子必备的三大修养。关于这一点，在日本的史书《大镜》和平安时代文学作品

---

① 参见［日］紫子部：《源氏物语》，丰子恺译，人民文学出版社1999年版，第615～627页。

② 本节均引自［日］紫子部：《源氏物语》，丰子恺译，人民文学出版社1999年版，第531～546页。

《枕草子》中都有记载。据说,当时的权贵藤原道长的祖父藤原师辅就曾教育女儿芳子(后为村上天皇的女御):"第一要勤练书法,其次需学弹和琴,并考虑如何艺压群芳,然后再暗诵《古今集》的和歌二十卷。如此以精进学问。"[①]除了上述必备修养之外,有条件的家庭还会教育女子学习汉诗文,或者学习抄写佛经。

4. 学习汉诗文

在古代贵族社会,欣赏中国汉唐文化一向是贵族阶级的特权,只有贵族才有足够的财力和能力学习汉字、阅读汉籍。汉学是古代日本王公贵族们的必修学问,他们创作出了很多优秀的汉诗汉文作品。尽管当时汉学一直被贵族男性所垄断,但是贵族女性学习汉籍的例子也屡见不鲜。尤其是在大规模吸收唐朝文化的奈良时代,在崇尚汉唐文化的时代背景之下,一些上层贵族家庭中,女子也可以学习汉文、学做汉诗。当时在贵族女子中流行一种根据偏或旁来填字的汉字游戏,名叫"偏继"。[②]《荣华物语》"月宴"就有贵族小姐们玩偏继的记载:"小姐公子们,聚在一起玩下棋、偏继,他们的乳母等女官们也都在一旁侍奉。"[③]而要参与这种文字游戏,必须要掌握一定数量的汉字,偏继游戏的流行表明在贵族社会认识汉字的女子大有人在。不仅如此,《源氏物语》"桥姬"卷中也有类似的记载。源公子的异母弟弟宇治八亲王在夫人去世后,独自抚养两个女儿,"教她们学琴、学棋,做偏继游戏",而且还"在细微的游戏中窥察两人的性情"[④]。可见偏继游戏不仅仅是贵族女子玩耍交际的手段,更是贵族家庭教导女子学子汉字、培养高雅性情的重要手段。

当时并没有专门为女子编写的汉学教材,女子学习的内容因各自父母的汉学修养而不同,一般来讲,多使用男子用的《蒙求》等启蒙教材。《蒙求》是唐代的蒙学教育书,其内容"撰古人状迹,编成音韵……约三千言,注下转相敷演,向万余事"[⑤]。全书共辑录中国历史上了六百多个的名人轶事,每个典故用一句四言韵文,其中既有褒奖某种可取言行的,如"孙敬闭户""宿瘤扶桑"等,也有激励劝勉意义的,如"孙康映雪""车胤聚萤",还有脍炙人口的文学故事,如:"女娲补天""孔明卧龙"等。由于其集趣味性、训诫性和知识性于一体,非常适合幼童诵读学习,因此成为唐宋时期流传最广的童蒙教材之一,其中很多故事还被后来

① 转引自[日]志贺匡:《日本女子教育史》,琵琶书房 1977 年版,第 102 页。

② 参见[日]酒井欣:《日本游戏史》,第一书房 1983 年版。

③ 转引自[日]志村绿:《平安时代女性的汉字汉籍学习》,载《日本历史》1986 年第 457 期。

④ [日]紫式部:《源氏物语》,丰子恺译,人民文学出版社 1999 年版,第 936 页。

⑤ [日]池田利夫编:《蒙求古注集成》上卷(影印台北故宫博物院藏上卷古钞本),汲古书院 1988 年版,第 7~8 页。

的童蒙经典《三字经》引用。《蒙求》大约在9世纪传入日本[①]，成为平安贵族子弟学习汉籍的重要教材。据史书《日本三代实录》记载，元庆二年(878)，阳成天皇就曾令8岁的胞弟贞保亲王开始学习《蒙求》。[②] 平安时代的贵族藤原冬嗣创办的私学机构劝学院中也把《蒙学》当作藤原氏子弟学习汉学的首先教材，以至于当时流传着"勧学院の雀は蒙求を囀る"(劝学院的麻雀也能诵《蒙求》)的谚语。在平安时代不仅贵族男子要学习《蒙求》，有些贵族女子也把它当作学习汉籍、了解中国典故的教材。清少纳言便是一例，《枕草子》第148段记载了她在给源中将的信中，以"你现在离朱买臣教训他妻子的年龄大概是不远了"之语来暗讽源中将已经年过三十了。[③] 这里所引用的朱买臣训妻的故事正是取自古注《蒙求》。清少纳言能把其自由运用到自己的日常书信交往中，足见她对《蒙求》的内容是比较熟悉的。

除了《蒙求》等启蒙教材之外，《白氏文集》是贵族女子学习汉诗的重要教材。当时藤原定子、清少纳言、紫式部等贵族才女都通晓白居易的诗。《枕草子》第261段中，皇后定子问："少纳言呀，香炉峰的雪怎么样啊?"清少纳言便将御帘高高卷起。[④] 这是主仆二人对白居易的诗句"香炉峰雪拨帘看"(《香炉峰下新卜山居》)的精彩演绎，足见她们对白诗的熟悉和喜爱。紫式部的《源氏物语》中更是引用了诸如《长恨歌》《秦中吟》《琵琶行》《新乐府》《上阳白发人》等众多白居易的诗篇。[⑤] 不仅如此，她还教中宫彰子学习《白氏文集》，关于此事《紫式部日记》中就有记载："中宫命我这一段那一段地选讲文集，欲知个中深意。自前年夏天始，终于讲读完两卷乐府。"[⑥]这里的"文集"就是《白氏文集》，"前年夏天"是指宽弘五年(1008)。正是得益于其深厚的汉学功底，紫式部才能为彰子讲读白居易的诗达三年之久。而对于彰子学习白诗，其丈夫一条天皇和其父亲藤原道长都持鼓励的态度，道长还特意叫擅长书法的人抄写了乐府进献给了彰子。

贵族社会允许女子学习汉籍，造就了不少优秀的女性汉诗人。奈良时代的万叶女歌人额田王便是其中之一，她具有很深的汉文学造诣，最早将汉诗中的季节感融入日本和歌的创作之中。她的著名和歌《春秋吟》以汉诗为歌序，留下了"寒冬今已去，阳春遂返还。百鸟久未鸣，而今妙音啭……"等诗句，成为日本

---

① 参见章剑：《唐注〈蒙求考略〉》，载《天中学刊》2012年第1期。
② 参见[日]藤原时平等编：《日本三代实录》卷三四，吉川弘文馆1983年版，第437页。
③ 参见[日]清少纳言：《枕草子》，周作人译，中国对外翻译出版公司2000年版，第265页。
④ 参见[日]清少纳言：《枕草子》，周作人译，中国对外翻译出版公司2000年版，第395页。
⑤ 参见高文汉：《中日古代文学比较研究》，山东教育出版社1999年版，第403～417页。
⑥ [日]综合女性史研究会编：《史料中看到的日本女性的历史》，吉川弘文馆2000年版，第41页。

历史上最早的汉诗仿作。[①] 平安时代初期，日本又出现了宫女姬大伴氏、有智子内亲王、尼和氏、宫女惟氏等“闺秀诗人”。其中尤以嵯峨天皇的皇女有智子内亲王博学多才。据《续日本后纪》记载，她“颇通史汉，善著诗文”[②]，曾以《春日山庄诗》[③]获得“授三品”“封百户”的赏赐。其诗作还被收入敕撰汉诗集《经国集》之中。“闺秀诗人”的出现，打破了汉文学由男子一统天下的局面，为当时的文坛平添了一道靓丽、清新的风景。

5. 学习诵写佛经

在日本古代贵族社会，女子除了习字吟诗，弹琴赋歌之外，在日常生活中，她们还会受到佛教方面的熏陶，尤其是到了平安时代中期以后，学习佛经发展成了女子教育的重要内容之一。很多贵族女子从儿童时期就开始接触佛经，随着年龄的增长还会学习念佛诵经、抄写经文。据《古事谈》[④]记载，后冷泉天皇时期的皇太后欢子在十四岁时就随其兄静元大师学习各种佛经，后来又每日诵读《法华经》。[⑤] 一条天皇与皇后定子的女儿脩子内亲王年仅二十便落发修行，潜心向佛。《荣华物语》中记载她博闻强记，能诵读各种佛经和法文。受佛教思想的影响，平安时代的很多贵族女性在丈夫去世后或者遭到丈夫抛弃时选择遁入空门。《蜻蛉日记》的作者藤原道冈之母便因无法忍受丈夫在外眠花卧柳的荒唐行径愤而出家；后朱雀天皇的女御生子，在天皇去世后悲伤不已，每日以佛经为伴，诵读抄写不曾间断，亲手抄写了《金泥王经》一部、《仁王经》一部、《法华经》一部。[⑥] 可见佛教在日本古代女性的生活中也占有一定的位置。

综上所述，在古代日本的贵族家庭中，女子教育以书写假名、吟咏和歌、演奏和琴、学习汉籍、诵写佛经为主要内容，此外人们也很重视舞蹈、绘画技能等方面的训练。日本古代贵族女子教育可谓不拘一格、丰富多彩。女子教育内容的多元化客观上带来了贵族女性形象的多样化。当时的文学作品《源氏物语》中塑造的众多女性形象，就是现实生活中多姿多彩的贵族女子形象的真实写照。其中既有干练贞烈的女性，如六条御息所、云居雁、葵姬等；也不乏姣妍柔顺的女性，如桐壶更衣、夕颜、玉鬘等；也有理智多才的女性，如空蝉、明石姬、花

---

① 高文汉：《中日古代文学比较研究》，山东教育出版社 1999 年版，第 158～161 页。

② [日]综合女性史研究会编：《史料中看到的日本女性的历史》，吉川弘文馆 2000 年版，第 48 页。

③ 《春日山庄诗》：寂寂幽庄水树里，仙舆一降一池塘。栖林孤鸟识春泽，隐涧寒花见日光。泉声近报初雷响，山色高晴暮雨行。从此更知恩泽渥，生涯何以答穹苍。

④ 《古事谈》，镰仓时代前期的故事集，编者为源显兼，主要记载了平安时代中期之前的史实、故事、传说等内容。

⑤ 转引自[日]志贺匡：《日本女子教育史》，琵琶书房 1977 年版，第 110 页。

⑥ 转引自[日]志村绿：《平安时代女性的汉字汉籍学习》，载《日本历史》1986 年第 457 期。

散里、槿姬等；更有轻浮多情的女性，如三公主、浮舟；等等。而女主人公紫姬则集妍丽、才智、专一、多情、柔顺等各种优点于一身，是作者紫式部心目中完美的贵族女性形象，同时也是日本古代贵族女子教育所要极力塑造的理想的女性形象。贵族社会重视女子才艺修养，既塑造了众多举止婉约得体、品性高贵风雅的贵族女性，也对后世产生了深远影响。在后世，无论是武家女子还是商家小姐，只要家庭条件允许，都会模仿贵族女性，接受稽古教育，学习音乐、书法、绘画、舞蹈等，以提高自身的艺术修养。

值得一提的是，日本古代贵族社会的教育虽然十分重视培养女子的才学，但很少强调妇德尤其是三从四德、贞专柔顺等儒家的道德训诫。如前所述，中国儒家的女训早在 9 世纪就已经传入日本，但是直到贵族社会结束的 12 世纪末期为止，日本一直没有出现专门以女性为对象的训诫书。由此可见，在日本古代贵族社会，三从四德、贞专从一、柔顺谨慎的道德训诫并不适应当时的社会现状，所以亦不会成为女子教育的核心内容。相比之下，在我国古代社会，自从父权制确立以后，随着历史的推移，男尊女卑观念日趋强化，而女子教育的内容却一脉相承，一直以道德伦理的说教为主，三从四德、贞专柔顺的妇德教育始终是中国古代女子教育的核心内容。清朝人李晚芳在《女学言行录》中讲道："女学之道亦有四：曰事父母之道，曰事舅姑之道，曰事夫子之道，曰教子女之道。四者自少至老，一生之事尽矣。"[①]这种教育女性要相夫教子，孝敬父母、公婆的妇道伦理说教，自刘向和班昭著书立说时开始提倡，一直贯穿于我国整个封建社会的始末，从来就没有改变过。相对于中国女子教育内容的单一性而言，日本贵族女子教育的内容表现出了多元化的特征。这也正是当时日本女性社会地位相对较高的体现。

二、政治化的教育目的

在日本古代贵族社会，只要条件允许，有女儿的家庭都会进行悉心教养。如《源氏物语》中源氏的女儿本来跟其母亲明石姬生活在一起，但是由于明石姬出身地方豪族，身份不够高贵，所以为了使女儿受到更好的教养，有一个美好的未来，明石姬听从了源氏的安排，忍痛将女儿过继给了身份高贵的紫姬。一般而言，贵族社会的女子有两个出路；或者嫁为人妇，或者去做女官侍从。而不论是哪种选择，都要求女子有良好的教育背景。在平安时代的历史物语《荣华物语》中，也记载了一条天皇的文学侍读藤原成忠为了女儿高阶贵子的将来考虑而悉心教导其汉诗文的内容："虽然考虑让她（贵子）与男子交往结婚，但是人心

① 转引自阎广芬：《中国女子与女子教育》，河北大学出版社 1996 年版，第 51 页。

难测、前景危险，所以就考虑让她入仕宫中。先帝在位时，（贵子）入仕宫中，即使身为女子，因其擅长汉文，官至内侍，人称高内侍。"[①]在父亲的培养教导下，贵子最终做了圆融天皇的女官，官至内侍，负责宫廷敕命文书发放等。正是由于贵族阶层对女子教育的重视，才带来了平安时代女性文学的繁荣，造就了紫式部、清少纳言、藤原道冈之母、赤染卫门、和泉式部、小野小町等众多大批极负才华的名门闺秀。她们主要使用由汉字演化而来的假名进行创作，推动了日本文字的本土化发展进程。今天，人们所使用的假名文字正是在这一时期发展定型的。在"物语""和歌""随笔""日记"等文艺创作方面，她们也颇有建树，创作出了《源氏物语》《枕草子》《蜻蛉日记》《和泉式部日记》《更级日记》等许多脍炙人口的优秀作品，其中《源氏物语》和《枕草子》则分别代表了物语文学和随笔文学的最高成就，成为平安时代贵族文学的主流。

然而，贵族阶层之所以热衷于培养女子的才能技艺，并不单单是为了女儿的幸福和未来考虑，其背后还存在明显功利目的。在日本古代社会，皇位、爵位、官职以及与之相联系的财产历来实行世袭制，人们很难突破身份等级的藩篱。大化改新后，由于限定贵族入学（大学、国学）者的身份等一系列措施的实施，反而使得等级门第观念也被进一步强化，身份世袭制更加合法化了。[②] 在世袭制下，没有高贵的门第出身，仅凭个人的才能很难出人头地。要想在政治上谋取更多的利益，只有采取与豪门望族结为姻亲或者把女儿送入上层贵族家中做女侍的方式，寄希望于她们能够攀龙附凤，从而为家族谋取最大利益。平安时代后期的大贵族藤原道长就曾将三个女儿嫁给天皇，先后成为后一条、后朱雀、后冷泉三代天皇的外祖父。通过与皇族联姻的方式，道长巩固了其政治地位，在其有生之年一直担任太政大臣，把持着朝政。

在这种功利主义目的驱动下，贵族社会中形成了让女子从小接受教育的风尚。有条件的上层贵族家庭还会招纳一些比较才能的贵族女性作为女儿的侍从或家庭教师。而这些举措都是为了增加女儿的身价，希望她们能够在政治联姻中击败对手，为家族带来更大的利益。对于中下层贵族而言，把女儿送入名门望族乃至皇宫做侍从或女官，是为家族谋取政治利益的重要手段。平安时代的两位著名才女紫式部和清少纳言就都出身中层贵族，凭借自身优秀的才华出仕皇宫，分别担任一条天皇的皇后、藤原道长之女彰子和一条天皇的另一位皇后、藤原道隆之女定子的侍从。总之，贵族社会的女子教育带有十分明显的功利色彩，贵族家庭所提倡的女子教育不是将女子看作一个独立自主的"人"，为

① ［日］综合女性史研究会编：《史料中看到的日本女性的历史》，吉川弘文馆 2000 年版，第 40 页。

② 参见任新民：《中日古代继承机制比较》，载李卓主编《家族文化与传统文化》，天津人民出版社 2000 年版，第 137 页。

了培养其健全的人格和必备的知识修养而进行的教育，而更多的是把她们当作谋取家族自身利益和政治利益的工具，为了增加她们在政治联姻中的身价而进行的政治投资。

古代日本的贵族女子教育具有其难以超越的时代局限性，这实际上是日本的父权制逐渐发展，女性地位开始由高转低的体现之一。尤其是到了平安时代中后期，尽管贵族社会依然流行访妻婚，但是女性的自主性已经大大下降，只能被动等待丈夫夜间来相会。贵族男子可以利用访妻婚的便利条件到处置妻纳妾，对子女可以不负任何责任，而贵族女性的命运往往是独守空闺，随时都可能被丈夫抛弃，还要辛辛苦苦养育子女。为了从现实的苦难中解脱出来，很多贵族女性醉心于佛教，将她们对幸福的渴求寄托于来世，希图从中获得些许安慰。及至平安时代末期，随着贵族阶级的日渐没落，新兴的武士阶级逐渐崛起并最终掌握了国家政权，在武家社会里，访妻婚被嫁娶婚所取代，象征着父权制已经完全战胜母权制。从此女性的地位开始不断下滑，人们也逐渐开始关注女子的道德涵养问题。

第二章　中世武家社会：女德观念的初兴

日本历史上的中世一般是指镰仓、室町时代，这一时期武士阶层崛起，并建立幕府政权。在镰仓时代，尽管武家女性仍然拥有一定的财产继承权和与丈夫共同管理领地的职权，但是这并没有阻止其社会地位下滑的趋势。到了室町时代，以男性为主体的嫁娶婚逐渐取代了以女性为主体的招婿婚，日本的父权制由此完全确立。在父权制下，女德问题开始受到关注，在一些文献中出现了贞女节妇的形象。有个别作品如《十训抄》等也开始借鉴儒家女训，特别是《列女传》中的故事来论述女德，同时日本还出现了一些专门以女子为对象的女训作品。然而，由于此时的女德观念尚处于起始阶段，所以在武家社会还没有形成像中国那样体系化的女德理论和严苛的女德条目。

第一节　父权制下的女德观念

一、嫁娶婚中的女性地位

平安时代末期以后，贵族们长期居住在都城，将政务的治理和土地的管理委托给地方豪族，逐渐丧失了与政治、经济的直接联系，成为醉心于春花秋月的有闲阶层。随着贵族阶层统治的日渐衰退，新兴的武士阶层逐渐壮大，并最终夺取了政治统治权。1192年，源赖朝被任命为“征夷大将军”，在镰仓设立幕府，建立了日本历史上第一个武家政权，由此开创了武士阶层一统天下的局面。伴随着政权的更迭，曾经在贵族社会盛行不衰的招婿婚也逐渐走向没落，出现了以男性为主体的嫁娶婚。据有关研究表明，嫁娶婚最早出现于公元11世纪前后的武士集团中。[①] 一些武士集团的首领或者把战争中掠夺来的女俘虏当作财

---

① 参见李卓：《家统一尊——中日父权家长制比较》，载李卓主编《家族文化与传统文化》，天津人民出版社2000年版，第74页。

物赏赐给立下战功的将士，或者从本集团内部以及其他弱小的武士集团同盟中征召美女以据为己有，这种以掠夺为基础的婚姻形式可以说是嫁娶婚的起源。进入镰仓时代以后，武家社会大多已采取了女方进入男方家居住的嫁娶婚的形式，而公家社会还保留了传统的男方随女方居住的招婿婚。据史料《玉叶》第六十一卷“建久二年六月”之条记载，建久二年(1191)六月，关白九条兼实的儿子良经与源赖朝妹夫一条能保的女儿结婚。一条能保依仗源赖朝的支持，要求良经举行“进女之仪”，即举行武家盛行的嫁娶式的婚礼。此事引起九条兼实一方的不满，“近例皆不快”，所以坚持“迎婿之礼”，实行旧式的招婿婚婚礼。双方相持不下，最终还是一条能保作出让步，举办了旧式婚礼。[①] 由此可见，此时虽然嫁娶婚已经在武家社会扎根，但传统的招婿婚仍然拥有一定的影响力，并没有被完全取代。到了室町时代，嫁娶婚基本上已经遍及社会的各个阶层，取代招婿婚成为社会上的主要婚姻形式。不仅武家如此，公家乃至于下层的庶民百姓中也盛行嫁娶式婚姻。这一时期的《今川大双纸》[②]《乳母草子》[③]《狂言记》[④]等史料中常常能够看到“嫁取(娶)”“嫁入”的字样。一些礼法书中还详细规定了嫁娶婚的各种仪式规则。在各武士集团中依据礼法规则的不同，嫁娶婚仪式还分为了今川流、伊势流和小笠源流等不同的流派。从以上论述中不难看出，嫁娶婚的发展不是一蹴而就的，它最初在武家社会形成，经过镰仓时代的发展壮大，直到室町时代才最终取代了招婿婚。

嫁娶婚取代招婿婚的根本原因是生产力的发展导致了土地所有制度的变化，并进而影响了人们的婚姻形态以家庭生活方式。[⑤] 大化改新后，日本模仿中国建立了班田制和租庸调制，将土地收归国有。这种土地国有制很快便不能适应生产力的发展，受到了庄园制的冲击。日本的庄园自 8 世纪后半叶产生后，经历了 300 多年的发展、壮大，逐渐将国有土地蚕食殆尽，最终形成了庄园领主土地所有制。随着土地所有制的变化，私有财产不断增加，男子在生产和创造财富方面发挥着越来越重要的作用，在社会生活中的主导地位也日益明显。尤其是在庄园制下，领主为了维护其既得利益，解决与其他庄园以及官府之间的矛盾和纷争，纷纷训练武士，从而促成了武士阶层的崛起。在崇尚勇武、讲究弓马射骑的武家社会，男性孔武有力的优势更加凸现出来，使得女性不得不处于从属地位。反映在婚姻关系上就表现为对以女性为主体的招婿婚的否定。

---

① 转引自[日]中山太郎:《日本婚姻史》,パルトス社 1985 年版,第 742～743 页。
② 室町时代前期的武将今川了俊(1326～1414)的作品,具体刊行时间不详。
③ 室町时代初期的女训,作者以及刊行时间不详。
④ 作者不详,具体刊行时间为 1660 年,其中收录了很多室町时代的狂言作品。
⑤ 参见李卓:《家族制度与日本的近代化》,天津人民出版社 1997 年版,第 19 页。

嫁娶婚取代招婿婚不仅仅是婚姻习俗的改变，更重要的意义在于，这种改变标志着日本父权制结束了与母权制长期并存的状态，最终得以完全确立。在中世，随着嫁娶婚的不断发展，武家社会形成了一种以父系传承为核心的家族制度——总领制家族制度。这是近世"家"制度的前身[①]。在一族之内，族长称"总领"，由他统治被称为"庶子"的其他家族成员，并代表整个家族负责完成幕府下达的命令。总领一般由父系尊长担任，他与包括直系亲属、旁系亲属以及姻亲在内的其他家族成员之间是一种主从关系。总领的地位主要由嫡长子继承，财产的继承则实行诸子均分，而女子只能继承较少份额的财产。到了室町时代，为了维护总领的权威，财产继承有所变化，开始由诸子均分向嫡长子单独继承转变。在总领制家族制度下，男性居于绝对的优势地位，女性的地位则在不断下降，这集中表现在以下两个方面：

第一，女子的继承权逐渐被剥夺，丧失了经济上的独立。在招婿婚盛行的古代社会，女性在财产继承方面大体上拥有与男性同等的权力，妻子可以继承丈夫的财产，其份额与嫡子相同，还有权处理从娘家带来的财产。"不少贵族妇女都拥有自己的庄园和奴隶"[②]，具有一定的经济实力。这种状况在中世初期得到一定程度的延续。镰仓初期的女性可以凭借个人的努力获得领地，幕府将军源赖朝就曾以"虽是女性，因为其仁"的理由，给武将梶原景高的妻子分封领地。[③] 女子也可以从父母或丈夫那里继承领地。镰仓幕府的开国功臣大友能直去世前，以"妻子平氏、为数子之母"为由，把自己最重要的两个领地相模国大友乡和丰后国大野庄都分给了妻子平氏，也就是后来的尼深妙。尼深妙临终时又把这两个领地分给了自己的八个儿女，其中大友乡由嫡长子继承，大野庄则由其余的四个儿子和三个女儿分割继恒，甚至还包括已经嫁人而守寡的大女儿时直后家。[④] 从史料来看，在镰仓初期，女子继承的领地及财产数额大概相当于庶子的一半，对于所继承的财产，女性拥有自由支配的权利。然而，随着嫁娶婚的不断发展，从镰仓时代中后期开始，女子的继承权被大大削弱，她们所能够继承的领地被限定在"一身一世"（日语称作"一期分"），即只能由本人在其有生之年继承，不能将所继承的财产随意转让、分割。在现存的史料镰仓中期武士滋野光氏的财产分割书中，就明确写着妻子小野氏及女儿所分财产"在一期之后，归嫡长子经氏所有"。[⑤] 到了室町时代，嫁娶婚完全取代招婿婚的同时，总领制家

① 参见李卓：《家族制度与日本的近代化》，天津人民出版社 1997 年版，第 23～25 页。

② 参见张萍：《日本的婚姻与家庭》，中国妇女出版社 1984 年版，第 40 页。

③ 参见［日］堀田璋左右：《吾妻镜标注：译文》，东洋堂 1945 年版，第 473 页。

④ 参见［日］田端泰子：《日本中世的女性》，吉川弘文馆 1991 年版，第 23～26 页。

⑤ 参见［日］田端泰子：《日本中世的女性》，吉川弘文馆 1991 年版，第 33 页。

族制度下诸子均分财产的继承制度逐渐向嫡子单独继承全部财产的继承机制转变，嫡子之外的其他男子以及女子越来越丧失了财产继承权。到了室町时代末期，女子仅可以获得微薄的"化妆料"，以充作出嫁时的嫁妆。随着女性的财产继承权被剥夺，她们在经济上丧失了独立性，沦为依靠男性生存的附庸，直接导致了女性地位的下降，催动了男尊女卑观念的滋长和蔓延。

第二，政略婚姻大行其道，女性日渐沦为为家族谋取利益的政治工具。日本自古就有政略婚姻的传统，古代神话中男神访女神、男酋访女酋的故事实际上是一种政治联姻，它是日本古代国家形成过程中除了武力征服之外所采取的另一种重要手段。在贵族社会，人们热衷于女子教育的目的也大多是为了与上层贵族结为姻亲，谋取更多的政治利益。这种通过政治联姻谋求政治利益的做法在平安时代中后期尤其突出，藤原氏一族便通过与皇族联因长期把持朝政。进入中世以后，政治联姻更是有增无减。各武士集团之间相互征伐的同时，为了各自的利益，往往通过联姻的形式结为联盟，婚姻演变成借新的联姻来扩大自己势力的机会。政治联姻的范围也不仅局限在武家内部，武家与公家、公家内部也很突出。[①] 尤其是在群雄割据的战国时期，各武士大名纷纷将儿女婚姻当作扩展势力或遏制对手的手段，政略婚姻可谓发展到了极致。如日本历史上有名的大名织田信长曾把年仅9岁的女儿嫁给了德川家康的儿子，从而结为了同盟；他还把妹妹家给了近江大名浅井长政，待灭掉长政后，信长杀掉了其妹与长政所生的长子，又把她嫁给了部将柴田胜家。后来胜家兵败，其妹与胜家双双自杀。在这种政略婚姻中，女子已没有什么幸福可言，被当成一种政治交易的工具而任意驱使，难逃沦为政治牺牲品的命运。

二、贞女形象的逐渐演变

在中世武家社会，随着父权制的确立，婚姻中自由、浪漫的色彩消失，人们开始关注女性的贞操问题，文献中出现了"贞女"之类的、把贞节与女子联系在一起的词汇，这在中世之前是从未有过的现象。那么什么样的女子才可以称作是"贞女"呢？在镰仓时代的历史著作《吾妻镜》中有这样几条记载：

其一是文治二年(1186)之条中，源赖朝和北条政子在镰仓的鹤冈八幡宫神社观看叛将源义经的妻子静表演歌舞。静边歌边舞，对义经的思念溢于言表，使得源赖朝十分恼怒。而政子则想起了当初源赖朝被流放伊豆时，自己不顾父亲北条时政的反对，深夜冒雨与源赖朝相会的情景，以及石桥山战役时，源赖朝生死未卜，自己一人在伊豆日夜忧思的情景，直言当年自己的心情"犹如现在静

---

① 参见[日]中山太郎：《日本婚姻史》，パルトス社1985年版，第760页。

之心情”,“若忘记与豫州(义经)多年之好而不恋慕,并非贞女之姿”。[①] 在这里不忘多年的夫妻情意,一直思慕着义经的静为被称赞为“贞女”。

其二是《吾妻镜》文治三年之条中,新田忠常的妻子自幼便每月参拜伊豆三嶋神社一次。文治三年正月丈夫病危,她许愿希望缩短自己的寿命来挽救丈夫。后来在去参拜神社的途中遇上洪水,把她坐的船打翻了,船上的人落入水中都安然无恙,只有忠常的妻子被淹死了。当时的人们认为这正是忠常的妻子向神灵许愿应验的缘故,她因此被称作贞女,其不惜牺牲自己的性命来挽救丈夫的行为广受传颂。

《吾妻镜》中另外一个被称作贞女的是源赖朝的长女大姬。在她6岁时,与源义仲将11岁的长子义高政治联姻。次年盟约破裂,赖朝诛杀了义仲后,义高在大姬的协助下逃出镰仓,最终被赖朝的手下诛杀。大姬因义高之死悲伤过度一病不起。据《吾妻镜》建久五年(1194)之条记载,源赖朝想要把大姬嫁给自己的盟友一条高能,而大姬始终不忘与义高的情意,以投湖自尽相要挟坚决不从。《吾妻镜》中也将此称作“贞女之操行,众人所美谈也”。[②]

以上这些“贞女”都是镰仓时代初期的事例,因此可以说在镰仓时代的武家社会中,已经出现了贞节观念。这一点在镰仓时代的法律中也能得到印证。在当时的法典《御成败式目》(也叫《贞永式目》)第二十四条中,把丈夫去世后改嫁的妇女称作“忘记贞心”之人[③],要求她们把从前夫那里继承的领地还给前夫之子。相反如果在丈夫去世后,妻子不改嫁,则被视作不失贞心,那么即使她出身低贱,依然可以继承丈夫的领地。该规定的存在表明,在镰仓时代,武家女子再婚现象比较普遍,以至于法律要对再婚后的财产问题进行详细规定。而从其内容来看,法律显然倾向于褒奖那些“不失贞心”、不再改嫁的女性。除了再婚的规定之外,《御成败式目》第三十四条中还规定无论是通奸还是强奸都属于通奸罪,将要受到严惩,被强奸的武家妇女会被强制自杀,强奸妇女的武士则被没收领地的一半而且永不晋升;与人通奸者,男女皆没收其全部领地财产,没有领地的则受流刑;庶民男女则处以一定金额的罚款。[④] 这表明在镰仓时代,女子的贞操开始被当作丈夫的私有财产看管起来,与人通奸或被强奸而丧失贞操,都是对丈夫的私有财产的侵犯,被视作一种扰乱社会秩序的犯罪行为。通奸罪的设立正是此时贞节观念已经出现的明证之一。只不过在贞节观产生之初,并不是要求女子从一而终,不能再婚,而是倡导妻子对丈夫的思慕和爱恋。这些所谓

---

① 参见[日]堀田璋左右:《吾妻镜标注:译文》第1册,东洋堂1945年版,第458页。

② 参见[日]堀田璋左右:《吾妻镜标注:译文》第2册,东洋堂1945年版,第348～349页。

③ 参见[日]桥本实校:《武家法制:校订》中世篇,雄山阁1938年版,第13页。

④ 参见[日]桥本实校:《武家法制:校订》中世篇,雄山阁1938年版,第15～16页。

“贞女”的共同特点是：对丈夫情深义重、甚至具有为了祈祷丈夫长寿不惜折损自己寿命的奉献精神。这与中国封建社会所倡导的“贞女不事二夫”的形象还相去甚远。

然而，随着时间的推移，贞女的形象也在逐渐发生改变。在中世中期的军记物语《太平记》中，记载了日本南北朝战乱时期许多武士之妻在丈夫战败后殉节的故事，其中最具代表性的便是佐介贞俊之妻自杀的故事。佐介贞俊是北条时政的第六代孙，镰仓幕府灭亡之际，他战败被处死，临终委托一位高僧把他的衣袖和太刀作为遗物送给居住在镰仓的妻子。其妻子在收到丈夫的遗物后，随即用丈夫的太刀自杀。在该情节之后，《太平记》中继续写道：“除此之外，因为偕老之契已成空，与丈夫生离死别的妻室，难忍再嫁二夫之悲痛，投身深渊者大有人在。”[①]这里的叙述或许有文学作品的夸张成分，但是不可否认在中世中期为夫守节、不事二夫的贞女形象已经出现了。

到了室町后期的战国时代，“贞女不事二夫”的贞操观念已然成为现实生活中武家女性女性的道德规范之一。如战国武将毛利元就五岁丧母，十岁丧父，自幼由父亲的侧室大方殿抚养。而大方殿为了养育毛利元就，年轻守寡一直未再嫁。毛利元就最终成为战国时代最具备实力的武将，他十分尊重自己的这位庶母，盛赞其为“贞女”。[②] 除了对不事二夫的贞女进行褒扬之外，人们对于不守贞操的女子还将给予严惩。据史料记载，在元龟二年(1571)，有个叫圣光坊的男子，其妻子与人私通，他去讨伐奸夫，结果反而被对方所害。于是幕府出面将通奸的男女逮捕，三日后将二人斩首示众。[③] 在室町时代的武家律法中，还将通奸罪定为十恶不赦的大逆之罪，与人通奸是妻子对其贞操的所有者——丈夫的忤逆。此时对通奸者的惩罚变本加厉，镰仓以来罚款本位的惩戒发展为体罚本位的惩处，通奸的男女双方将被处以极刑。武家社会通过法律的形式将女性的贞操严加看管起来的做法，使得贞节观念日益受到提倡，“贞女不事二夫”、为夫守节逐渐成了贞节观的主要含义。

三、母性尊重主义的局限

在日本中世，尽管已经出现贞节观念，女子的财产继承权被限定在一身一世，但是女性的地位还未跌至低谷。在武家社会盛行母性尊重主义观念，即女性以其身为母亲的身份而受到尊重。镰仓幕府的执权北条泰时曾经直言，编定武家法律《御成败式目》的目的就是要构建“事主以忠、事亲以孝、事夫以顺”的

---

① [日]中山太郎：《日本婚姻史》，パルトス社 1985 年版，第 728 页。

② 参见[日]田端泰子：《日本中世的女性》，吉川弘文馆 1991 年版，第 160 页。

③ 参见[日]高群逸枝：《日本婚姻史》，至文堂 1964 年版，第 236 页。

社会伦理秩序。[①] 这里的“亲”并不仅仅指父亲，也包括母亲，因此在法律中母亲与父亲具有同等的权威。《御成败式目》中规定，父母将领地转让给子女后，即使幕府已经颁发了相应的所有权文书，父母仍可以反悔收回领地，随意支配。如果子女不服从父母的命令或者不孝，则触犯了幕府的“违反教令罪”，将受到没收领地等惩处。同时，父母还可以与其“义绝”，即断绝亲子关系，剥夺其财产继承权。[②] 一般而言，父亲在世时，遵循妻子服从丈夫的原则，母亲的亲权由父亲代为行使。而在父亲去世之后，母亲以“后家”（遗孀）的身份负责处置财产，母亲的亲权从而得以发挥。下面就以室町时代石见国永安家及吉川家的领地分割为例，来探讨一下当时母亲的权威。

弘安五年（1282），武将永安兼祐临终时以儿子兼荣不孝为由与其“义绝”，指定由妻子为继承人，并嘱咐妻子之后，由孙女孙夜叉继承领地。兼祐去世后，妻子出家为尼，法号良圆，德治三年（1308）她遵照丈夫遗嘱将领地转让到了孙女名下。但是后来兼荣的嫡子弥次郎兼员出生了，于是良圆便立弥次郎兼员为永安家的继承人，将原先已经转让给孙女的一大部分领地收回给了孙子。为了防止姐弟二人发生争执，良圆还特意在转让书中注明“弥二郎和孙夜叉如若违反，视作与良圆敌对之行为”[③]。而在幕府的法律中，与父母、祖父母“敌对”，就触犯了“违反教令罪”，将受到处罚。而孙夜叉在嫁入吉川家后仍然拥有永安家领地的支配权。在其丈夫吉川经茂死后，她也出家为尼，法号良海。建武元年（1334）良海把自己名下的大部分永安家领地转让给嫡子经贞。但是到了贞和五年（1349），她以经贞“长期不孝”“不尊重母亲”为由，废除了经贞的嫡子地位，改立次子经兼为嫡子，原先经贞名下的永安家领地也都归经兼所有。[④] 考察良圆、良海两位女性的经历不难看出，她们在行使亲权时并不受丈夫遗嘱的限制，不仅可以根据自己的意志随意分割名下领地财产，还可以“违反教令”的不孝罪为由，更改嫡子人选，行使家长权。

在日本中世，像良圆、良海一样在丈夫死后以“后家”身份掌管家族领地、统领一族之人的武家女性不在少数。其中最具代表性的便是源赖朝的遗孀北条政子。源赖朝死后，她作为二代将军赖家和三代将军实朝的母亲，与其父北条时政、其弟北条义时一起参与幕政。实朝被暗杀后，她又把源赖朝的远房亲戚，即年仅 2 岁的九条赖经从京都接到镰仓，立为第四代将军，而她则作为将军的

---

① 参见［日］石井进等校注：《日本思想大系 21 中世政治社会思想》（上），岩波书店 1972 年版，第 39 页。

② 参见［日］桥本实校：《武家法制：校订》中世篇，雄山阁 1938 年版，第 27 页。

③ 参见［日］田端泰子：《日本中世的女性》，吉川弘文馆 1991 年版，第 84 页。

④ 参见［日］田端泰子：《日本中世的女性》，吉川弘文馆 1991 年版，第 85 页。

监护人直接处理幕政。承久之乱时,她果断召集御家人进行军事动员,以赖朝对关东武士的恩义号召他们报效幕府,及时打消了一部分人的动摇思想。在她的带领下幕府军队打败了后鸟羽天皇的军队,确立了武家对公家的优势地位,被人们冠以"尼将军"的称号。北条政子堪称日本中世武家女性的典范,而她之所以能够以已故将军"后家"、现任将军之母的身份执掌幕府政治,除了其个人具备卓越的政治、军事才能之外,与当时人们尊重母性的观念也有密切关系。与她生活在同时代的天台宗高僧慈圆就从尊重母性的角度,对北条政子的行为给予了肯定。实际上在中世的佛教领域出现了一股颂扬母亲养育之恩的言论,而慈圆正是这种母性尊重论的主要倡导者。

中世最早提出母性尊重言论的是天台宗延历寺高僧澄宪,相关的内容被记录在镰仓初期的关白九条兼实的日记《玉叶》"青永元年十一月二十八日"之条中:

> 一切女人乃三世诸佛真实之母也,一切男子非诸佛真实之父。故何者,佛出世之时必假宿胎内,纵为权化胎生之条无论,于父者无阴阳和合之仪,身体发肤不受其父,仍无父子之道理之故也。依之言之,女者胜男者欤云云。①

佛教中三界万物有四种出生方式,即胎生(从母体生出)、卵生(从蛋中孵出)、湿生(在潮湿的地方自然生成)和化生(在空气中自然生成)。澄宪主张所有的佛都是由女人怀胎所生,故而女人是诸佛之母这一点胜于男子。澄宪的这种母性尊重言论也能够被当时的人们接受,《玉叶》中就记载这种"说法甚美,众人拭泪",兼实本人也认为这是"珍贵有趣之言"。如果说澄宪只是通过向世人传经布道、讲解佛法来倡导尊重母亲的话,那么慈圆则是将佛教思想与现实结合在了一起,因而更具说服力。在其著作《愚管抄》第三卷中写道:

> 此间女帝重祚两度执掌朝政,乃称女帝皇极、孝谦。是谓女人入眼此国家也。其缘故可以佛法来领会,人界之生乃是宿于母腹之中而诞生人也。此母之苦,无可言状。因受此苦而生出人也。此人之中乃有因果善恶,所生恶人善人之中,有二乘、菩萨之圣,亦有调达②等之外道。此皆为女人之母恩,依此乃须敬养母亲之道理也。因兼为妻后母后之故,神功皇后、皇极天王乃等掌大位也。③

在《愚管抄》的第六卷中,慈圆指出北条政子及北条泰时"姐弟二人统率关东,而

① [日]藤原兼实:《玉叶》第二,国书刊行会 1907 年版,第 584 页。
② 《佛说太子墓魄经》中的婆罗门,叫调达,与佛陀世世为怨。反映出婆罗门教与佛教的矛盾。
③ [日]慈圆:《愚管抄》第三卷,载经济杂志社编《国史大系》第 14 卷,经济杂志社 1901 年版,第 430 页。

京都之中有卿二位[①]权倾当世,实乃女人入眼之日本国"[②]。慈圆认为,日本是一个"女人入眼"的国家,所谓"入眼"原意指为佛像点画眼睛,引申为完成事物的关键步骤。"女人入眼"是指由女人执掌政权、左右国家的命运,创造日本的历史。在慈圆看来,上自神功皇后(第十四代仲哀天皇皇后)、皇极天皇,下至当代的北条政子、藤原兼子,日本自古便有女人秉政的传统。之所以如此,是因为女人是佛法中所说的"人界"的生母,母亲的生育之苦无可替代,母亲生育之恩不可忘记,所以母亲应该受到尊重。显然他是从尊重母性的角度出发,来肯定现实社会中女性执掌政权的现象的,这在当时是难能可贵的。然而不可忽视的是,这样的母性尊重言论从根本上而言并不是对女性本人的肯定,而是对其生育功能的颂扬。而随着中世父权家长制的发展,对女性生育功能的颂扬和关注,必然导致贞操意识的强化。

综上所述,武家法律中对母亲权威的维护以及佛教对母亲养育之恩的称颂表明,在中世武家社会,对女性的歧视和贬低还没有达到近世那样严重的程度。然而,当时的母性尊重主义也与原始社会的母性崇拜有着本质不同。武家社会对母亲权威的尊重是以维护父权家长制为前提的。女性之所以能够继承丈夫的领地,最重要的原因是她为家族生养了继承人,"为数子之母"(见前文中大友能直的转让文书所言)。正如日本学者肋田晴子所言,对母亲角色的肯定是在父权家长制形成过程中,随着女性的活动范围被逐渐局限于家庭内部,女性的存在价值日渐被限定在了生育家族继承人这一母性功能上所产生的结果。[③] 显然武家社会的母性尊重主义并不是对女性自身人格及其个人价值的尊重和肯定,而是对于女性所具备的、延续父权制家族不可或缺的生育功能的颂扬和尊重。正因为如此,这种目的化的尊重以女性不再改嫁,安于"后家"身份为前提,以为去世丈夫的守节为代价。武家法律中规定女性如若改嫁,则必须把从前夫那里继承来的领地转交给前夫之子;而男性如果再婚,则不必归还原本属于前妻的领地。这种不平等的权利义务关系是对女性贞操的单方面要求,也是当时女性行使母亲权利、赢得母性尊重的前提。

第二节 《列女传》在中世的传播

在日本中世,随着嫁娶婚以及父权制的完全确立,人们开始重视女子的道

---

① 卿二位指藤原兼子,后鸟羽天皇的女官,因把持大臣与天皇及上皇联系的奏请之职而权倾朝野。

② [日]慈圆:《愚管抄》第六卷,载经济杂志社编《国史大系》第14卷,经济杂志社1901年版,第567页。

③ 参见[日]肋田晴子:《中世的性别分工及女性观》,载女性史综合研究会编《日本女性史第2卷中世》,东京大学出版会1990年版,第100页。

德训诫。中国的女训《列女传》等作品，被《十训抄》等训诫作品所借鉴，开始发挥其道德训诫的作用。不仅如此，进入室町时代以后，随着勘合贸易的出现，自9世纪末遣唐使被废止后一直中断的、中日官方间的文化交流重新启动，日本的统治者借着贸易交流的便利条件，曾主动向明朝政府索求女训。据《明史·外国三·日本传》记载，明成祖永乐六年(1408)，日本的使节回国之际“求《内训》《劝善》二书，太宗许之，各赐一百本”①。《内训》是明成祖皇后仁孝文皇后撰写的女训，成书于1404年，在其成书仅四年后便传入了日本，这也体现了幕府统治者对女子道德问题的重视。

一、《源平盛衰记》中的节女

《源平盛衰记》是镰仓时代的军记物语，共计48卷，作者不详。作品以平清盛的飞黄腾达为中心，描述了自二条院应保年间至安德天皇寿永年间源、平两大家族20余年的盛衰兴亡史。在第19卷的“文觉发心附东归节女之事”中记载了这样一个东归节女的故事，东归节女名叫袈裟，她与丈夫感情甚好。一次偶然的机会，丈夫的同僚盛远对袈裟一见钟情。由于对袈裟的单相思难以释怀，盛远闯入袈裟母亲家，威胁她撮合自己与袈裟。袈裟被骗到其母亲的住所后，为了保全母亲，与盛远发生关系，之后盛远执意要求袈裟嫁给自己。袈裟假意骗盛远说愿意与他结为夫妻，但要求盛远次日晚上来家中刺杀丈夫，自己做内应为丈夫洗头并将其灌醉。回到家中，袈裟与丈夫共饮，将丈夫灌醉后移至寝室内侧，自己则沐浴洗头，并像男子一样将头发高高束起，躺在寝室外侧。夜半时分，盛远果然如约而至，摸黑斩下洗过头发的人的头颅后逃走。第二天，盛远发现斩下的竟是袈裟的头颅，痛不欲生。于是他去找袈裟的丈夫自首，希望他来结束自己的生命，而袈裟的丈夫因为妻子死于非命而感叹生命无常，决意出家为僧。盛远亦出家为僧，法号文觉。文觉将袈裟的小像随身携带，在思念时拿出来看看，在悲伤时拿出来凭吊。

东归节女袈裟的故事情节取材于《列女传·节义传·京师节女》，这一点早已由日本近代学者服部宇之吉指出。② 实际上，在《源平盛衰记》中的东归节女故事的最后部分，作者也介绍了京师节女的故事，显然作者对《列女传》的故事是熟知的，据此可以断定东归节女故事的创作的确受到了京师节女故事的影响。试将二者的故事情节加以对比，如表2-1所示：

① (清)张廷玉等：《明史》，中华书局1974年版，第8354页。

② 参见[日]《古列女传·女四书》中的“解题”部分，有朋堂1920年版。

表 2-1　　京师节女与东归节女故事情节对比表

故事情节＼作品名称	京师节女	东归节女
事件的起因	丈夫的仇家寻仇	丈夫的同僚盛远单相思
男方采取的手段	绑架节女的父亲	武力胁迫袈裟的母亲
男方的目的	希望节女作为内应刺探情况	希望与袈裟结为夫妻
女方的应对	假意答应，献计让仇家来楼上找刚洗过头发的丈夫	与盛远发生关系后假意答应，献计让盛远来家中杀刚洗过头发的丈夫
女方的做法	洗头后，代替丈夫被杀	洗头后，代替丈夫被杀
事件的结果	仇家放过了丈夫不再寻仇	丈夫、盛远均出家为僧

从表 2-1 中可以看出，东归节女故事中袈裟假意答应盛远的要求后，献计以“刚洗过头发”为标志，而后自己洗头发代替丈夫被杀的情节，与《京师节女》如出一辙。由于二人行为一致，所以都被称为“节女”。但是从其心态来看则迥然不同，京师节女认为“不听之则杀父，不孝，听之则杀夫，不义。不孝不义，虽生不可以行于世”[①]，于是毅然选择代替丈夫就死。从整个事件的结果来看，京师节女以牺牲换来了丈夫和父亲的平安无事，化解了仇人的仇恨。所以刘向笔下的《京师节女》是一个女德故事，彰显了杀身成仁的节义之德。而《源平盛衰记》中的《东归节女》更像是一个爱情故事，盛远因为执着于单相思最终导致自己深爱的人惨死。袈裟之所以选择替丈夫赴死，是源于佛教的女子罪孽观，她在留给母亲的遗书中写道：“虽然深知女人罪孽很深，但是由于我一己之身，必会牵连很多人死去，所以我决定牺牲自己……请为来世衷心祈祷，如若能够成佛，我必定迎接母亲和丈夫……”[②]而在盛远看来，杀死袈裟的丈夫便是解救自己的恋人脱离苦海的义举。因为迫于盛远的武力威胁，袈裟的母亲曾经撒谎说女儿是被强娶的；而袈裟为了解救母亲，在与盛远发生关系后，因为背叛了丈夫已经决心赴死，所以骗盛远说自己并不是真心喜欢丈夫。袈裟的死并不像京师节女那样换来杀身成仁的结果，只是造成了盛远的皈依佛门，丝毫没有减轻他对恋人的思慕，所以故事的最后作者评价这是一件“哀婉可叹”之事。

二、《十训抄》中的女德故事

《十训抄》是日本镰仓时代的“说话集”，即故事集，相传作者是六波罗二臈

① 参见张涛：《列女传译注》，山东大学出版社 1990 年版，第 200 页。
② ［日］田中幸江等译：《完译源平盛衰记》四，勉诚出版 2005 年版，第 58 页。

左卫门入道。其成书时间据序言中所述，是在“建长四年冬神无月”，即 1252 年 11 月。全书共三卷，作者撰此书的目的在序言中也有明确阐述：

> 夫世间人皆有繁杂事务缠身，而其行也，则不论贵贱，贤者多得，愚者多失。而今辑录所见所闻之古今故事，选取浩渺万言中善恶之语，择其善者而劝之，择其恶者而戒之。未知此道之少年，或可用以修养心性。是故试做十篇，名曰《十训抄》……[①]

由此看来，作者是要通过讲故事的方式，教导少年儿童学习善恶的道理，达到劝善惩恶的目的。因此《十训抄》既是一部文学故事集，也是中世初期幼童启蒙的训诫教材。其中的德目共有十条，这种结构是受到了佛教训诫的启发。佛教经典《十善业道经》中，共罗列了十条佛家戒条：一不杀生、二不偷盗、三不邪淫、四不妄语、五不两舌、六不恶口、七不绮语、八不贪欲、九不嗔恚、十不邪见。这些统称为“十善”，用以规诫众生的行为。镰仓时代佛教盛行，佛教的训诫自然也深入人心。《十训抄》第八条的“诸事皆须忍耐”中就指出“五戒十善乃消除一切罪恶之法宝”。显然，作者对佛教中的“十善”也十分推崇。因此，有的学者认为《十训抄》的编撰体例受到了佛教训诫的启发，它开创了中世道德训诫书的先河。[②] 而室町时代的女子道德训诫书《女训抄》也分为十篇，这种篇章结构则是源于《十训抄》。[③]

《十训抄》全书分三卷，序言之下，共为十篇。每篇围绕一条道德条目展开，依次是：“第一可定心性言行”[④]“第二应戒傲慢之心”“第三不可辱没人伦”“第四切忌多言是非”，以上是第一卷；“第五应择益友而交”“第六常思忠信廉直”“第七凡事思虑周全”，以上是第二卷；“第八诸事皆须忍耐”“第九不可过于执念”“第十多习才能技艺”，以上为第三卷。每篇都有小序，围绕各自的德目展开论述，在道德训诫的论述之后，作为例证还从正反两个方面列举了若干个古今中日的故事。据统计，全书共收录了 294 个故事，其中取自中国的故事共有 60 多个。[⑤] 除了人物故事之外，在行文中还大量引用了中国的名言警句、诗词歌赋等。据笔者粗略统计，其中引用到的中国古代的人物、故事、诗词、警句等元素有百余处，内容遍及各条训诫，其中尤以第五篇、第六篇和第十篇居多。时间上

---

① [日]石桥尚宝：《十训抄详解》，明治书院 1927 年版，“十训抄序”第 1 页。

② 参见[日]藤冈继平：《十训抄考》，第 18 页。载石桥尚宝：《十训抄详解》，明治书院 1927 年版。

③ 参见[日]榊原千鹤：《被创造的女训的世界——以〈女训抄〉为线索》，载《南山大学日本文化学科论集》2005 年第 5 号。

④ 有的版本是“第一条应施人以恩惠”。

⑤ 参见[日]西田祯元：《〈十训抄〉的中国故事》，载《创大亚洲研究》1997 年第 18 号。

自舜禹、下迄北宋徽宗，跨度非常大。借鉴的内容庞杂繁芜，既有达官显贵的逸闻趣事，也有寻常百姓的日常小事；既有帝王将相的治国方略，也有文人墨客的诗词歌赋。具体如表 2-2 所示：

表 2-2　　《十训抄》所引中国元素

《十训抄》	所引用的中国元素
第一"可定心性言行"	召伯及羊祜的德政、廉颇与蔺相如、汉武帝的鲤、隋侯的蛇、杨宝的黄雀、孔愉的白龟、秦始皇的松
第二"应戒傲慢之心"	列子三怨之诫、庄子木雁、卢谌之文、屈原与夷齐、文集之凶宅及杏为梁之诗、吴王夫差的姑苏台、秦始皇的咸阳宫
第三"不可辱没人伦"	汉高祖与黥布、出身卑贱的和中日贤臣智僧
第四"切忌多言是非"	三缄之诫
第五"应择益友而交"	《颜氏家训》"竹林七贤"、梁孝王与邹杨枚乘、鲁仲尼与子路、伯牙与钟子期、元稹与白居易、南阮与北阮、孟母三迁、断金伐木之契、梁伯鸾之妻孟光、富家女易嫁的诗、"七出""三不去"、白居易《井底引银瓶》的比喻、宿瘤与齐闵王、卓文君与司马相如、陶荅子妻、殷纣王与妲己、周幽王与褒姒
第六"常思忠信廉直"	孙叔敖之蝉谏、孤竹二子、介子推之股肉、冯昭仪之熊、苏武、郑众、樊於期、卫懿公之鹤、潘安仁《西征赋》、重华（舜）、伯瑜、董永、郭巨、曾参贞女、马元正妻尹氏、阴瑜之妻、舜后妃娥皇与女英、石季伦妓女绿珠、望夫石的故事、叔齐之粟、成王戏言、孔子与盗泉、曾参与胜母、和骄与荀勗、季札之剑、纪齐名的秋霜三尺诗、白居易的一鼠得仙诗、塞翁之马、菟裘之赋、赵柔的金珠、杨震的四知
第七"凡事思虑周全"	西王母、鲁仲尼的牛、秦始皇与高渐离、和氏璧、张子房的兵书、田单的牛、江迴的鸡、秦惠王的石牛、宋徽宗与大金王、赵高、勾践
第八"诸事皆须忍耐"	螽斯之喻、吕后与戚夫人、朱买臣之妻、吕尚父之妻
第九"不可过于执念"	唐帝与杨贵妃的《离恨赋》、汉皇李夫人之恨
第十"多习才能技艺"	白居易遥见人家花便入的诗、唐玄宗月宫游、月宫歌舞《霓裳羽衣曲》、唐玄宗的笛、陆士卫落叶俟微风以陨文、弄玉的箫、王乔的笛、以言的云调、黄德轩丘远诗、武则天皇后的皇禹闻泉台之声文、后汉二十八将、虞舜的八恺八元、魏征和房玄龄的守成草创论、贾大夫的雉、王珪的词、苏秦的股、董生的帷、唐太宗的崇文、秦昭王王后的狐裘、楚王的冠缨、夏禹王泣罪、殷成汤之纲

注：____表示取自中国女训的故事，﹏﹏表示与女德相关的故事

《十训抄》中的中国故事究竟是引用自哪部典籍,目前在学界尚无定论。由于年代久远,加之古代日本不仅有大量的汉籍传入,日本人也使用汉字创作汉文作品,所以在浩若烟海的汉籍中进行搜索、比对,并判断某个故事片段是引自哪部典籍,是一件十分困难的事情。因此,目前人们更多的是关注相同的故事,在哪些作品中被征引过。而笔者关注的重点是其中的女子道德故事。《十训抄》的内容涉及个人生活的方方面面,包括君臣之道、父子之道、夫妻之道、朋友之道、立身处世、日常言行、精神修养、崇信佛法等内容。其训诫对象并非只限定于男性,也包括女性在内,因此在进行普遍的道德说教的同时,还有些内容专门论述女子的道德。《十训抄》中与女子道德相关的故事,主要集中在第五篇、第六篇和第八篇中。其中第五篇和第六篇的故事与中国女训《列女传》中辑录的女性故事类似,具体如表 2-3 所示:

表 2-3　《十训抄》与《列女传》中女性故事对比

《十训抄》	所引用的故事	《列女传》中的出处
第五“应择益友而交”	孟母三迁	《母仪传 · 邹孟轲母》
	梁伯鸾之妻孟光	《贤明传 · 梁鸿妻》
	宿瘤与齐闵王	《辩通传 · 齐宿瘤女》
	陶荅子妻	《贤明传 · 陶荅子妻》
	周幽王与褒姒	《孽嬖传 · 周幽褒姒》
	殷纣王与妲己	《孽嬖传 · 殷纣妲己》
第六“常思忠信廉直”	冯昭仪的熊	《节义传 · 汉冯昭仪》
	舜的后妃娥皇与女英	《母仪传 · 有虞二妃》

下面就根据这些女训故事在《十训抄》中出现的先后顺序依次进行介绍,考察其对女子道德的阐发及对儒家女性观的接受程度。

1. 孟母三迁:择友的重要性

《十训抄》第五篇“应择益友而交”中,引用的第一个女训故事是“孟母三迁”。该故事出自《列女传 · 母仪传》的《邹孟轲母》,所谓母仪是指“贤圣有智”“胎养子孙,以渐教化”[①],强调女性身为母亲,要具备教育子女的智慧。孟子的母亲为了给儿子提供良好的成长环境,先后把住所从墓场附近迁到市场边,又从市场附近迁到学校旁边,孟子从此耳濡目染学习礼仪,长大后终于成为儒学

① 参见张涛:《列女传译注》,山东大学出版社 1990 年版,第 1 页。

大师，名扬天下。孟母因其善于教育子女而受到世人的称颂，成为母仪之典范。《十训抄》中对“孟母三迁”故事的阐释重点并不在于颂扬孟母的教育智慧，而是为了突出择友的重要性。在第五“应择益友而交”的序言中借“蓬生麻中，不扶自直”的比喻，强调良友的重要性，“一个人应该由衷盼望结交良友”，因为“即使心术不正之人，如果与正直的人交往”，受其言谈举止的影响，“自然能够走上正途”。序言之下，作为良友的范例，又依次罗列了宇多天皇与源融之灵等三个是讲述君臣之谊的故事，源信与庆祚之约等三个守信重义的故事以及伯牙与钟子期、元稹与白居易的故事，对此作者评论道：“良友之交真是比任何事情都让人感到愉快！”进而又指出：“孟母为了儿子三次搬家择邻，也是出于选择什么样的人为朋友的考虑。”[①]由此来看，作者引用“孟母三迁”的故事，与颂扬女性的母仪之德并无关系，只是为了突出择良友而交的重要性。

2. 梁鸿妻孟光：择妻重品行

《十训抄》第五篇由择友进一步引申到择妻，指出，“夫妻之间有着偕老同穴的缘分”，所以妻子的选择“与普通朋友又有不同”。[②] 梁鸿妻孟光便是一个理想的妻子典范。孟光是东汉著名隐士梁鸿之妻，她以贤妻之名在中国古代广为流传。最早记载孟光故事的是东汉的班昭，她在校注《列女传》时，将其补录到《贤明传》中[③]，在《后汉书·逸民传》中对孟光的故事也有详细记载，二者的内容大同小异。其中孟光的形象有如下特点：第一，容貌丑陋，颇有见识。《列女传》中说她“姿貌甚丑”，《后汉书》也记载其“状肥丑而黑，力举石臼”[④]。虽然长相欠佳，但她不同于一般的村姑野妇。她很有见识，对自己未来丈夫的品德要求颇高，希望“节操如梁鸿者”。所以，虽然“乡里多求者”，但“女辄不肯”，直到三十岁依然未嫁。第二，品行甚好，安贫乐道。孟光“德行甚修”，出嫁后她跟随丈夫过着隐居生活，“耕耘织作，以供衣食，诵书弹琴，忘富贵之乐”。第三，勤修妇德，恭敬事夫。孟光不但夫唱妇随，跟随丈夫过着艰苦的隐居生活，而且对丈夫毕恭毕敬。虽然梁鸿受雇为人舂米，但她每次送饭上来都“举案齐眉，不敢正视”梁鸿。[⑤] 正因为孟光是一个有见识、敬夫君、安于贫苦的“贤妇”，所以在中国古代被人们广为传诵。《后汉书·列女传》《晋书·列女传》《宋书·隐逸传》《旧唐书·列女传》等正史中都曾征引过孟光之事迹。《文选》《玉台新咏》《蒙求》等

---

① 参见[日]浅见和彦译注：《新编日本古典文学全集 51 十训抄》，小学馆 1997 年版，第 181～191 页。

② 参见[日]浅见和彦译注：《新编日本古典文学全集 51 十训抄》，小学馆 1997 年版，第 192 页。

③ 郑晓霞、林佳郁编：《列女传汇编》，北京图书馆出版社 2007 年版，“序”第 3 页。

④ 参见(南朝宋)范晔撰，(唐)李贤等注：《后汉书》卷八三，中华书局 1965 年版，第 2766 页。

⑤ 参见张涛：《列女传译注》，山东大学出版社 1990 年版，第 337 页。

文学作品中也都有与孟光相关的诗文辞赋传世。

随着时间的推移，孟光的形象也由魏晋时期隐士高人的理想妻子逐渐演变成隋唐时期文人士大夫的理想妻子[1]，成为"糟糠之妻""荆钗布裙"等清贫守节的贤妻的代名词。唐代著名诗人白居易、元稹等都曾作诗以孟光来比喻自己的妻子。如白居易在送给新婚妻子的《赠内》诗写道：

生为同室亲，死为同穴尘。
他人尚相勉，而况我与君。
黔娄固穷士，妻贤忘我贫。
冀缺一农夫，妻敬俨如宾。
陶潜不营生，翟氏自爨薪。
梁鸿不肯仕，孟光甘布裙。
君虽不读书，此事耳亦闻。
至此千载后，传是何如人。
人生未死间，不能忘其身。
所须者衣食，不过饱与温。
蔬食足充饥，何必膏粱珍。
缯絮足御寒，何必锦绣文。
君家有贻训，清白遗子孙。
我亦贞苦士，与君新结婚。
庶保贫与素，偕老同欣欣。[2]

在这首诗里，白居易自称"贞苦士"，他援引历史上著名隐士黔娄、冀缺、陶潜、梁鸿与他们的妻子相敬如宾、安于贫苦的事例来教导自己的妻子，希望她也能做一个孟光式的妻子，与自己一起过贫寒的生活，恩爱白头、偕老同穴。唐代文人士大夫的这种"孟光情节"也随着汉籍的传播一同传入日本，对日本人特别是武士阶层产生了很大的影响。

如前所述，在日本最早引入孟光故事的是平安时代末期的文学作品《唐物语》，但是其中描写的孟光只是一个容貌丑陋、品性很好、专心侍奉丈夫的妻子，并没有突出她与丈夫相敬如宾、安于贫苦的贤妻形象。进入镰仓时代以后，以一夫一妻为核心的父权制家庭在武士阶层率先确立，孟光式的妻子形象受到了人们的关注和认可。镰仓幕府的第一代将军源赖朝在临终时就把与自己同甘

① 参见[日]桐岛薰子：《孟光故事的变容》，载《日本中国学会报》2001年第53集。
② 陈伯海主编：《唐诗汇评 5》(增订本)，上海古籍出版社 2015 年版，第 3098 页。

共苦、共同开创幕府的妻子北条政子称作“孟光”。[①]《十训抄》中对孟光的故事也有详细记载。第五篇中讲到选择妻子的条件时，作者认为与身份高贵的女子结婚看重的是其家世背景，除了这种情况之外，选择妻子“不能以容貌、家世而定，重在看女子的品行”，此处孟光被视作了品行好的典范：

> 唐朝梁伯鸾之妻孟光容貌极丑，而能事夫以顺，绝无二心。丈夫遁世隐居于霸灵山时，她追随左右，不厌贫寒，以齐眉之礼敬事夫君。所以妻子真心敬夫，丈夫亦甚爱之。否则，即使有西施、南威之姿，如果轻视夫君，存有异心，则犹如仇敌一般，如此女子何德之有！[②]

虽然篇幅比较简短，但此处孟光的形象与《列女传》《后汉书》中描述的貌丑而德修、安于贫苦、恭敬事夫的贤妇形象一致。其中，作者尤其重视妻子对丈夫的恭敬和顺从，认为这样的女子比西施之类的美女更合乎理想妻子的标准。

3. 贱女宿瘤：择夫务必谨慎

与孟光的故事不同，宿瘤女的故事被收录在《列女传·辩通传》中。她是齐国东郭的一个采桑女，因脖子上长了个大瘤子，所以被称为“宿瘤女”。一天，齐闵王出游到东郭，百姓们都来看热闹，她却照常采桑，不为所动。当闵王问其原因时，她答道：“我受父母之命采桑，未受命来观看。”闵王很喜欢她，只可惜她长了个瘤子。她回答说，身为使女，专心做事，心无旁念，长个瘤子也没什么可悲伤的！当闵王打算带她入宫时，她又以“父母健在，不受命而入宫”就是私奔、不合礼仪为由加以拒绝，从而赢得了闵王的尊重，被隆重地聘迎入宫。[③] 入宫之后，被众人嘲笑不加修饰时，宿瘤女以尧舜以仁义修身，不善修饰、生活节俭却被千古传颂，而桀纣不以仁义修身，专于修饰，生活奢侈而导致国破身亡为例进行反驳，终于获得众人的尊重，后被立为王后，辅助齐闵王成就霸业。《列女传》中的齐宿瘤女不卑不亢，旁征博引，以理服人，是一个具有雄辩口才的奇女子。而这种形象在《十训抄》中发生了变化，其中这样讲述宿瘤女的故事：

> 中国的齐闵王王后宿瘤出身微贱。在去田间采桑时，碰到大王出游，她只顾采桑，并不去看大王的仪仗队列。大王深感奇怪，便问其故。对曰：

---

① 据慈光寺本《承久记》记载，源赖朝临终时，把孟光叫到病榻说：“与君结偕老，共度多年。而今临近同穴之时。”参见[日]荻原昌(音)：《慈光寺本〈承久记〉中政子的称呼之考察》，载《驹泽国文》1997年第34期。

② 参见[日]浅见和彦译注：《新编日本古典文学全集51 十训抄》，小学馆1997年版，第192～193页。

③ 参见张涛：《列女传译注》，山东大学出版社1990年版，第235～236页。

"受父母之命采桑,未受教观大王出游。"大王认为此人绝非普通女子,便决定即刻带其入宫。对曰:"待妾回家禀明父母,获得许可后才敢从命。"正因其如此小心留意,才能以微贱之身而居后位。①

将《十训抄》与《列女传》中的宿瘤女加以对比可以发现,在《十训抄》中宿瘤女不再是一个落落大方与齐闵王讲理的雄辩女,而是变成了凡是都要遵守父母教诲的乖乖女。而在作者看来,这种谨慎小心、恪守父母之命的品行是宿瘤女被立为王后的根本原因。之所以这样删繁就简,对宿瘤女的形象加以改造,是为了教导女子如何选择丈夫。

《十训抄》的作者认为君臣主仆关系的确立"并非由主君单方面选择臣下就可以了,臣下也要选择主君"。因此夫妻关系中,并非男子单方面选择妻子就可以,女子也要选择丈夫。能够承认女子拥有选择丈夫的权利,这与中国古代杜绝自由恋爱、婚姻由"父母之命、媒妁之言"来决定的状况有很大的不同。那么该如何选择丈夫呢? 作者援引了白居易《井底引银瓶》的诗句:"寄言痴小人家女,慎勿将身轻许人!"以及平安时代文人纪长谷雄的和歌《贫女吟》:"选择男子,不重其貌,要观其心",告诫女子"务必谨慎从事,不可做出不堪之事。"②宿瘤女就是作为一个谨慎择夫、无父母之命不敢与男子私自成婚的典范而被作者征引的。但是我们也并不能以此断定《十训抄》的作者完全否定女子不经过父母同意与人私奔的行为。因为在宿瘤女之后,书中又列举了司马相如与卓文君的故事,对于卓文君不经父母同意便与司马相如私奔的行为,作者并没有大加鞭挞,反而将"文君当垆,相如题柱"当作夫妻恩爱的佳话加以赞扬。进而将理想的夫妻模式归结为夫妻同心,"有坏事互相谏止,遇好事相互劝进,在今世共同维护家业的稳定,在来世共修佛法的良友"③。在阐明了理想的夫妻关系之后,《十训抄》以若干个良妻和恶妻的例子结束了第五篇。下面就分别介绍一下良妻的典范陶荅子妻和恶妻的代表褒姒、妲己。

4. 陶荅子妻:贤内助的典范

陶荅子妻出自《列女传·贤明传》,陶荅子为陶邑的大夫,为官三年,家中财富增长三倍。妻子屡次劝止他都不听。当丈夫带领众多随从回乡省亲时,她抱着小儿子哭泣劝谏,招致婆婆不满,让其带着儿子回娘家住。最终丈夫获罪被

---

① 参见[日]浅见和彦译注:《新编日本古典文学全集 51 十训抄》,小学馆 1997 年版,第 198～199 页。

② 参见[日]浅见和彦译注:《新编日本古典文学全集 51 十训抄》,小学馆 1997 年版,第 194～195 页。

③ 参见[日]浅见和彦译注:《新编日本古典文学全集 51 十训抄》,小学馆 1997 年版,第 200 页。

诛后，她又带着儿子回来赡养婆婆。从《列女传》的描述看，陶苔子妻是一个聪慧正直、对丈夫不正行为加以劝谏的贤妻，也是一个遵守礼仪、孝敬婆婆的贤妇。《十训抄》中的内容较之《列女传》略简：

> 中国的陶国有个人名叫苔子。在一、二年间家中变得异常富有。可是妻子却抱着小儿子哭泣，婆婆对此极为愤怒，问其缘故。陶苔子妻答曰："我认为没有能力却任官这是灾殃，没有功劳却聚敛很多财富，必然积累灾祸。楚令尹叔敖为官时家贫而国富，故而福佑子孙，名垂后世。而今苔子既无才能又无功绩，却变得如此富有，毫不顾及以后的祸殃。我听说南山有种玄豹，连续七日躲避雨雾，唯恐弄湿自己的皮毛，甚至不去下山觅食。因此能够平安度日，躲过灾殃。而狗、猪只顾觅食，不知这样会遭遇灾祸。苔子的行为正如这样，所以哭泣。"
>
> 虽然陶苔子最终遭遇了灾殃。
>
> 不过有如此发妻辅佐的男子应该也值得信赖吧。[①]

从以上内容来看，《十训抄》中集中介绍了陶苔子妻劝谏丈夫的情节，而省去了她主动赡养婆婆的内容，突出了其聪慧贤明的贤妻形象。一个男子如果能像陶苔子这样，有一个及时劝导自己不当行为的贤内助，那他无疑是幸运的。因此，作者最后评论道："有这样的妻子相伴的男子必定也值得信赖。"可以说，陶苔子妻既是刘向所提倡的"咸晓事理，知世纪纲，循法兴居，终日无殃"[②]的儒家贤妻的代表，又符合《十训抄》作者所倡导的"有坏事互相谏止"的良妻标准。

虽然儒家提倡的陶苔子妻是良妻的典范，但在作者看来，这并不是唯一的标准。在陶苔子妻之后，《十训抄》中又列举了两个良妻的例子。一个是清河天皇的妃子藤原多美子，她在天皇过世之后，抑制不住对天皇的思恋之情，整日以泪洗面。尽管每天都翻阅天皇留下的百余封情书，也难解相思之苦。最后决定把这些书信制作成书写佛经的色纸，通过在这些纸上抄写佛经以寄托哀思。另一个是醍醐天皇的皇后隐子，天皇归隐后，因为犯过五个重罪导致其灵魂坠入地狱受苦。高僧日藏上人目睹了此事，并受委托奏请国母举行佛家法事解救醍醐天皇之灵。皇太后隐子得知此事后，举办了盛大的法事，超度天皇的灵魂。在这里多美子和隐子都是因为对丈夫情深义重，即使在丈夫去世之后，也没有背弃之心，而被当作了理想妻子的典范。由此可见，《十训抄》中理想的妻子形象是多样的。

---

① 参见[日]浅见和彦译注：《新编日本古典文学全集 51 十训抄》，小学馆 1997 年版，第 200～201 页。

② 张涛：《列女传译注》，山东大学出版社 1990 年版，第 1 页。

5. 褒姒与妲己:女子勿干政

褒姒和妲己二人的故事均出自《列女传·孽嬖传》,这二人被当作"淫妒荧惑"、妖媚惑主、祸国殃民的反面教材。《十训抄》中也是把她们当作了恶妻的代表:

> 中国的殷纣王和周幽王的王后是褒姒与妲己,二人均是妖怪化身,帝王不知情而一味宠爱,凡事都按照她们的意思来办,最终导致国破人亡……牝鸡司晨,惟家之索,说的就是这种情况。[①]

儒家认为"女主中馈","惟酒食是议",女子的职责就是在家庭内部料理家事,所以中国古代历来反对女子干政。那些僭越"本分"的女子,就被叱为"牝鸡司晨",遭到口诛笔伐。而在日本中世,涌现了幕府将军源赖朝之妻北条政子、后鸟羽上皇的女官藤原兼子等众多在政治上很活跃的女性。对于女性参与政事,中世日本人的看法并不像古代中国这样众口一词地加以贬斥。如前所述,天台宗慈圆在《愚管抄》中把北条政子统率幕府的时代称作"女人入眼"的日本,对女主干政持肯定的态度。与此相反,《十训抄》中引褒姒和妲己之事,将她们作为祸国殃民的反面典型,意在阐明帝王之妻的好坏直接关系到国家的命运。显然,对于当时频繁出现的女性参与政事的行为,《十训抄》的作者是持批判态度的。

6. 汉冯昭仪挡熊:果敢忠君

冯昭仪以身挡熊的故事载于《汉书·外戚传·孝元冯昭仪》中,刘向《列女传》问世后,后人在校注时将冯昭仪的故事补录入《节义传》中,颂扬其"必死无避""终不背义"的英勇果敢。[②]《十训抄》第六篇"常思忠信廉直"的核心内容是论述身为臣子要以忠诚事君,其中作为忠君的典范之一,引用了该的故事:

> 汉冯昭仪为元帝时女官。宫中饲养的熊从圈里跑出来,攀上栅栏,向御座窜去。昭仪挺身挡熊而立,左右忙将熊捕获。帝问昭仪之故,对曰:"妾闻猛兽得人而止,恐至御座,故以身当之。"身为女子而能以身护君,其志甚深!我朝奈良时,采女[③]以身投猿泽池[④],乃是与帝王结下无果姻缘之

① 参见[日]浅见和彦译注:《新编日本古典文学全集51 十训抄》,小学馆1997年版,第207页。

② 参见张涛:《列女传译注》,山东大学出版社1990年版,第2页。

③ 采女:古代日本律令制下的女官名称,负责侍奉天皇的寝食——笔者注。

④ 猿泽池:圈养猴子的深池——笔者注。

故。与昭仪之事不可同日而语。[1]

《十训抄》中的内容略简，在赞扬了冯昭仪临危不乱的果敢精神的同时，将昭仪只身挡熊与日本奈良时代女官投猿池相比较，比《汉书》《列女传》更加突出了冯昭仪忠勇护君的形象。而在中国古代，"忠臣"一词一般是对男子的褒奖，因为只有男子才具备"事君"的资格。女子没有参与政事的资格，只能在家中"事亲以孝""事夫以贞"。忠（男子的义务）——孝（男女共同义务）——贞（女子的义务）是中国古代不可僭越的性别分工模式。一个女子如果面临大是大非而舍生取义、见义勇为时，她会被褒奖为"节义"而非"忠义"。在《十训抄》中将冯昭仪当作忠君的典范，表明在日本中世对女子的"主中馈"这一性别分工的界定还没有达到中国这般严苛的程度。

7. 娥皇、女英殉夫：贞女之范

如上所述，《十训抄》第六篇主要阐释了忠臣之道，而在其最后部分又把忠臣之道引入夫妻关系中，要求"女人要对男人忠心"，不仅在与丈夫共同生活期间要顺从丈夫，在丈夫去世后也要守身守节，这才是"贞女之道"。作为贞女的典范，其中列举了中国历史上几个为夫守节的女性的故事：

> 马元正妻尹氏在丈夫去世后被玄盛强娶，整整三年她日日悲叹、不发一言，终被送回。隐由去世之后，妻子不愿听从父母之言再嫁，无奈自残，留下与隐由同葬的遗言。虞舜的两个妃子，娥皇、女英投身湘水为夫殉节。石季伦爱妓绿珠，听闻丈夫去世也毅然跳楼。[2]

娥皇、女英的故事在《尚书》《史记》《列女传》中均有记载，其中尤以《列女传》详尽。二人虽然贵为是尧帝的女儿，却能"以尊事卑"，谦逊恭敬地恪尽妻子的义务，而且还帮助丈夫躲过了公公的加害，在舜死后双双投身湘江殉情。刘向笔下的有虞二妃集恭顺、贤能、贞节于一身，足以母仪天下，因此被列入《母仪传》中。而《十训抄》中将娥皇、女英与马元正妻尹氏、隐由妻、妓女绿珠并提，单独突出了其为夫殉节的贞节形象。这也正是日本中世贞节观念开始滋生的明证之一。

为夫守节的贞节观念是对女性提出的单方面的义务，体现了父权制社会对女性的压迫。在父权制下，妻子要对丈夫忠贞不贰，而丈夫却可以三妻四妾，对此妻子还不可有嫉妒之心。日本在律令时代就模仿中国把"淫佚""妒忌"等"七

---

① 参见[日]浅见和彦译注：《新编日本古典文学全集 51 十训抄》，小学馆 1997 年版，第 213 页。

② 参见[日]浅见和彦译注：《新编日本古典文学全集 51 十训抄》，小学馆 1997 年版，第 246 页。

出”之条写入法律中,“超前”地将男女的不平等权利义务关系合法化。进入中世以后,贞节观念随着父权制的确立而登场,与此同时,教导女子戒除嫉妒之心也被提上了议事日程。在《十训抄》第八篇“诸事皆须忍耐”中,特别对女子进行了这方面的训诫:

> 女人切不可有妒忌之心。身份低的女子自不必说,身份高贵的女子中嫉妒心很强的人也大有人在,留下了千古的恶名。《诗经》中有螽斯之喻,意指夫妇和合、子孙繁荣。虽然书中对身为后妃之人有不可嫉妒的教诲,仍有人不能戒除。①

在这里我们可以看出,作者特别强调身份高贵的女子,尤其是身为后妃不可有嫉妒之心。为了达到劝诫的目的,还罗列了村上天皇女御安子皇后、汉高祖皇后吕氏等因为妒忌留下恶名,而在原业平的妻子、宇多天皇的妃子等因为能够压抑住内心的嫉妒而受到褒扬的例子。值得一提的是,作者虽然是对女子进行训诫,但同时还列举藤原隆家为了源雅信公的女儿,与哥哥仪同三司、藤原伊周一起向花山法皇的御辇射箭而被流放的故事,并进而指出为爱情嫉妒的不只是女子,以此来告诫男子。这说明在日本中世,人们对于女德的规范还处于起步阶段,没有达到中国那样成熟的程度。

总之,通过上述对《十训抄》中女训故事的考察,可以得出如下结论:一方面,《十训抄》对于顺从(孟光)、谨慎(宿瘤女)、贤明(陶苔子妻)、贞烈(娥皇、女英)等儒家妇道伦理持肯定态度,为此还在第五篇中不遗余力地对律令中的“七出”“三不去”加以介绍,教导人们如何区分良妻与恶妻,试图以此来建构日本的妇德,维护男性本位的父权制的存续。从这一方面来讲,儒家的妇道伦理通过《十训抄》得到了宣扬和传播。另一方面,毕竟中世日本的父权制家庭刚刚确立,尚不够稳固,自古流传下来的尊崇母权的观念还没有完全消失,所以《十训抄》中对女子道德的论述占到的篇幅并不多。在强调男主女从的夫妻关系的同时,也不否认女子的选择权,对于卓文君那样根据自己意志自主选择婚姻并获得幸福的女子也十分赞赏。作为理想妻子的范例,除了儒家式贤妻孟光、陶苔子妻之外,还列举出了清和天皇的妃子藤原多美子对去世天皇眷恋不舍的爱情故事以及醍醐天皇的皇后隐子为了超度天皇之灵举行重大法事的故事。《十训抄》中女德故事的多样性恰恰表明,在中世日本,女德观念尚处于形成过程中,关于女德还没有出现统一的道德标准。

---

① 参见[日]浅见和彦译注:《新编日本古典文学全集51十训抄》,小学馆1997年版,第359页。

第三节 德才兼顾的中世日本女训

日本中世女德观念已然兴起的一个重要表现便是女训的问世。在镰仓时代中期,出现了日本历史上第一部女训——《乳母之文》(作者阿佛尼)。进入室町时代以后,先后有《乳母草子》(作者不详)《身之遗物》(据说作者为一条兼良)、《小夜睡醒》(一条兼良)、《女训抄》(作者不详)等女训问世。除了专门面向女子的女训之外,在中世的一些武家家训中也散见着关于女子的道德训诫。比如在镰仓时代的武将北条重时(1198～1261)的家训《极乐寺殿御消息》中,就强调"妇女应守者,古今大同,总以平和从容为本。女心性易妒,皆缘于胸怀狭窄之故","俗缘纵不如意,亦应常怀近善远恶之心,存温顺平和之意"。[①] 尽管数量不多,但是女训及有关女子道德训诫条文的问世,表明女德教化已经不再仅仅停留在口头训诫上,而是以书面条文的形式固定下来,成了中世女子教育的重要内容。

一、隐忍顺从的女德说教

女德说教是人们创作女训的主要目的之一,但是,由于中世是日本女训的形成初期,因此,其中的道德说教内容并不像近世那样完善和系统。大致来看,中世日本女训中的女德说教主要有如下两个方面:

1. 强调优雅隐忍的品行修养

《乳母之文》中指出:"女子纵有举世无双之容貌,其心如若不定,也是徒然。"而要做到"心定",不仅一举一动要"落落大方","举止优雅",更重要的是谨慎小心,不可以任性。"无论自己多么喜欢的事,只要别人稍有嫌恶,就应该果断放弃",因为"凡事随心而为,确是不妥"。此外还要隐忍慎言,喜怒哀乐不形于色,"将内心感受表露出来是十分可耻的事","更不能轻易向别人谈论"。[②]《乳母草子》也强调"心胜于容,故女子须以心性修养为本"。而所谓的心性修养是指处事"稳重优雅、不轻易表达自己的想法,抑制自己的愿望,悲喜之情不溢于言表"。《身之遗物》中的内容也大致类似,首先强调心性修养重于容貌的修饰,而心性修养的关键在于"柔顺静雅",同时要谨言慎行,"无论何事,悲欢喜乐

---

① 参见[日]桑田忠亲:《武士的家训》,讲谈社 2003 年版,第 44～45 页。

② 《乳母之文》原文引用参见[日]铃木荣一郎编:《女训乳母之文精义》,弘道馆 1936 年版;[日]簗瀬一雄编:《校注阿佛尼全集》(增补版),风间书房 1981 年版。

都不能随意说出口”[①]。从这些训诫中不难看出，日本中世女训中的内容都十分注重女子心性品德的修养，强调比起美丽的容貌，道德修养更为重要。其所要塑造的是优雅稳重、谨言慎行、将自己真实情感深埋在内心的、自我压抑型的女性形象，这与平安时代以来贵族社会对女子的要求一脉相承。之所以如此，是因为这些女训大多出自公家贵族之手。其中除《小夜睡醒》是专门为幕府将军的夫人所作之外，其他作品最初都出现在中世公家的女子教育中，如《乳母之文》便是安嘉门院的女官阿佛尼写给女儿纪内侍的训诫之作。而在中世武家社会，公家贵族已经丧失了政治上的主导权，他们只能在日渐窘迫的私人生活领域固执地坚守贵族社会流传下来的传统，以此缅怀曾经的繁华和荣光。女训作为公家家庭教育女子的媒介，自然对贵族社会的女性形象推崇备至。然而，这些女训毕竟都出现在武家一统天下的时期，因此其中的女德说教也就不可能只有怀古之论，必然有与新时代相适应的内容。这就是对女子进行顺从之道的训诫，并进而演化为中世独特的“五障三从”观。

2. 注重女子的顺从之德，宣扬“五障三从”观

在日本中世，武家社会崇尚勇武，注重忠诚，要求武士服从主君，尽忠职守。与之相适应，要求武士之妻做到“侍夫以从”。顺从作为女子的一种美德，在中世女训中被反复提倡。《身之遗物》中就指出，对于女子而言，“柔顺婉转”，“是为纲要”。而在一条兼良为将军足利义政的夫人日野富子所写的修身训诫书《小夜睡醒》中，更是将顺从之德界定为儒家的三从之道，毫不客气地指出“年轻时从父母，成人后从丈夫，年老后从儿子”，“实乃女子立身之本”。不仅如此，随着佛教在中世的传播，佛教经典中认为女子有“五障之罪”的性别歧视论调与儒家的三从之道相结合，产生了中世独有的“五障三从”观。

佛家所谓的“五障”，是指身为女子存在五种障碍，即：不能成为梵天王、帝释天、魔王、转轮圣王和佛身。这种歧视女性的论调最初在《法华经》中被提出，并且随着佛教在日本的传播而逐渐为日本人所接受。大约在9世纪后期的平安贵族中，女子乃“五障”之身的观点开始受到关注。最早在883年，式部大夫藤原朝臣室的冥福祈愿文书中出现了“道有三途，身有五障，实在可悲”的说法。[②] 然而，在平安时代，“五障论”只是在祈愿祝祷时对佛教概念的笼统借用上，并没有很明确的歧视女性的意图。随着父权家长制的确立，进入中世以后，

① 本文中《身之遗物》《乳母草子》《小夜睡醒》的原文引自［日］黑川真道编：《日本教育文库·女训篇》，日本图书中心1977年版。

② 参见［日］平雅行：《中世佛教与女性》，载女性史综合研究会编《日本女性生活史》第2卷《中世》，东京大学出版会1995年版，第79页。

"五障论"演化为对女性赤裸裸的蔑视。在镰仓时代初期的佛教资料《言泉集》中收录大量当时人们的祈愿文书，其中不乏"身为女人心智愚钝""女人情志弱、智慧浅而爱欲深"等歧视女性的言论，所以在佛教祈愿时，人们都希望"早离五障深重的女身""来世不再生为五障之身"。[①] 与"五障论"相辅相成的便是"女子成佛说"。13世纪，日莲开创法华宗，倡导女人要跨越"五障"的阻碍，必须依靠丈夫的功德才能成佛，所以在现世她们必须顺从丈夫。由此，佛教的"五障论"与儒家倡导的三从之德不谋而合，形成了所谓的"五障三从"观。到了镰仓时代中期时，这种歧视女性的观念已经从上层社会蔓延到普通民众之中。在当时，人们给高野山寺庙中进献田地的文书中，便有"女人五障三从之罪极深，出离生死之期遥远"，"生为五障三从之身"等语。正是由于"五障三从"观在现实社会的普及，所以中世的女训中也不乏这方面的说教。《身之遗物》就深受佛教的影响，把女性说成是魔王的眷属，是为了妨碍男人修行佛道而来到人世的。室町初期的《世镜抄》中也指出，理想的"贤妻"应该是"纵然丈夫常年不在家，也不应忘记祖先的祭日，祈神拜佛保佑夫之家业"[②]，这显然是受到"五障三从"观的影响而做的训诫。室町时代中后期的《女训抄》中也专门有一条"五障三从之事"的训诫，教导女子要安于这种被歧视的地位。

值得一提的是，中世的女德说教毕竟尚处于起步阶段，所以其内容与宣扬赤裸裸的男尊女卑观念、要求女子一切以夫为天、绝对服从男子意志的近世妇道教育有很大不同。如《乳母草子》中就告诫女子"对谁都不能过于轻信，对男人也不例外"，"不能把心交给任何人，做事可以适当地告诉他人，也可以听取他人意见，但须用心分辨善恶"。这其中包含着强调女性独立自主的成分，而不是像近世的女训那样，要求她们完全"以夫为天"，凡事服从男性的意志。此外，在中世的女训中，除了道德方面的训诫，还有其他方面的内容，涵盖了日常起居、艺术修养、化妆服饰等各个方面。这些都表明在中世的武家社会里，虽然男尊女卑观念得到了一定程度的发展和强化，但女性的地位尚未跌入最低谷，她们还拥有一定的自主权。

二、才艺技能仍受到重视

在日本中世女训中，除了对女德的说教之外，还有很多关于女子的才艺修养、实用技能方面的内容。《乳母草子》共有五十九条训诫，关于才艺修养、实用技能的训诫占到一半以上。《身之遗物》也与此大致类似，实用性的内容包括额

① 参见[日]平雅行:《中世佛教与女性》，载女性史综合研究会编《日本女性生活史》第2卷《中世》，东京大学出版会1995年版，第92页。

② 转引自[日]家永三郎:《日本道德思想史》，岩波书店1961年版，第108页。

头、眼睛、鼻子的美丽之法,日常器物的使用,和服的穿着,遣使下人的技巧,接待客人的礼节,书法文章的写法,参拜神社,举办佛事,梳理发型,阅读物语,吟咏和歌,学习琵琶,等等。《小夜睡醒》中虽然强调女子的三从之德,但是同时也是一篇实用性很强的"文学论、政治论、人生论"作品,其中也不乏对物语、和歌等文学作品的品鉴以及对历史上治乱兴衰之事的介绍。① 总体来看,中世女训中关于才艺技能的内容较为庞杂,概括起来可以分为生活技能和知识才艺两大部分。

首先,生活技能方面,包括容貌仪态、服饰穿戴、游戏娱乐、器物整理、遣使下人等内容。在《乳母草子》和《身之遗物》中,都对人的外在容貌,包括额头、眉毛、鼻子、眼睛、嘴巴、耳朵、头发等部位一一分析。如关于眼睛,《乳母草子》中指出:"眼睛是人脸上的活物,眼睛大小不同而气势各异。如果肆意注视,那么即使善意的眼神也会显得可怕。如果温情脉脉地凝望,那么即使恶意的眼神也会显得美丽。"而关于嘴巴则认为:"如果随性大笑以至于显露出喉咙、舌头,或者高谈阔论、唾沫飞溅,那么不论嘴巴长得多么美丽也显得很丑陋。如果能够慢声细语、浅笑辄止,那么即使嘴形丑陋也不会面目可憎。"可见,作者认为比起外形的美貌来,符合教养的仪态更为重要。除了讲究仪态之美,女训中还教给女子和服穿着、服饰佩戴的方法。《乳母之文》中指出想要使衣服穿戴显得美观,务必特别留意领口、衣襟、袖口等部位要整齐笔挺,"如果皱皱巴巴,即使衣服的纹饰再好也不美观"。值得一提的是,女训中还特别教育女子要精心打理丈夫的服饰,因为"男人衣着丑陋是女人之耻"。为此,还特意教女子如何缝制武士穿的直垂式制服,而这也是嫁入武士之家所必须具备的技能。游戏娱乐是上层社会女子日常生活中必不可少的内容之一,因此中世女训中也有这方面的介绍。在《身之遗物》中就教女子如何下双六棋,"二人对坐","持石袋"而定点数,再"根据点数和棋面形势"行棋,全部棋子先进入对方阵中者胜。而双六棋盘等日常使用的器物,也不能随意放置,要做到整齐条理。《乳母之文》中还举了平安时代中期关白藤原道长之女、一条天皇的中宫上东门院的器物摆放的做法:在三层的橱架的"最上层放着熏香的火炉和放置沉香的盒子;第二层的最外端往里依次摆放着砚台、小收纳箱、放置笔纸的盒子、贝壳游戏箱、琴、琵琶、双六棋盘等;梳妆盒放在最下层。"作者通过这种具体的实例来教育女子如何整理日常物品。除了整理日常物品之外,女训中还教育女子如何待人接物,处理家庭日常事务,其中特别注重遣使佣人方面的教导。《乳母草子》中指出佣人各有不同,但没有全才。在十项中有二、三项擅长,就应视其为好的佣人,因此要"心

① 参见[日]平田祐子:《中世到近世初期的女训书考》,载《近畿大学短大论集》第24号,1992年。

怀慈悲”,不可任由个人喜好来遣使下人,随意调换其位分,以免招致怨恨。从以上内容来看,中世女训关于生活技能的教导十分详细,具有很强的实用性。

其次,知识才艺方面,包括习字、阅读物语、学作和歌、演奏乐器等内容。《乳母之文》中习字被视作“女子的第一技能”,因为“字如其人”,通过书法字迹,“可知其人的人品和性情”,所以要求“务必写得漂亮”。习字主要以假名书法的练习为主,而汉字只要达到“书写和歌题序时聊配数个汉字”的程度就可以了。《身之遗物》中也指出“习字是女子必备的技能”,为了“不被人耻笑”,务必要勤加练习。关于读书,中世女训中首推的书目是《源氏物语》,其被视作女子的人生读本和训诫教材。《身之遗物》中认为“物语草子中应当熟读《源氏物语》”,因为“读此书可知女子的进退起居之法”。《小夜睡醒》中也有关于《源氏物语》“帚木卷”中“雨夜品评”一节的介绍,以其中的品评标准来要求女性。与阅读物语相并列的是和歌的学习,《乳母之文》中要求女子积极学习吟咏和歌的技巧,为此首先要“熟悉古今集、新古今集中和歌的上句、下句,并且将其中的词句熟记在心”。《身之遗物》中则是从理论上阐述吟咏和歌的重要性,认为“想要吟咏和歌之心是天”,“苦思词句之劳是地”,“和歌佳作既成犹如脱胎于母体”,所以“天地之间万物有灵皆能咏歌”,女子生而为人更应该学作和歌,而学习和歌教材在“十二代集中,尤以古今集为要”。此外,演奏琵琶、和琴也是女子必不可少的才艺,《身之遗物》认为女子学习琵琶与和琴要延请良师反复练习,务必达到能够打动人心的程度,特别是要抱着“打动未来丈夫之心”的意念来练习。不仅如此,中世女训中对音乐技能的要求比书法、读书、和歌等都高,要求女子不仅要反复练习,力求达到很高的艺术水平,而且不能对别人的琴声和笛音随意批评指摘。

在中世女训中,之所以重视女子的才艺技能,一方面是因为这些女训大多出自公家贵族之手,而日本贵族社会自古就有重视女子才艺培养的传统。进入中世以后,公家贵族沉迷于复古主义,忠实地继承了古代贵族女子教育的传统。另一方面,武士阶层虽然擅长弓马骑射,但在文化修养方面却不及政治实力已经衰落的公家,除去贵族出身的武士外,多数武士都疏于文道。公家社会自古就有重视学问教养的传统,拥有令武家羡慕的辉煌的贵族文化。武士在掌握了政权并确定了统治地位后,加强自身的教养便被提上日程。效仿贵族,提高文化修养成为武家文化教育的迫切任务和重要内容。因此武士家庭一方面注重让孩子从小练习弓马骑射等武艺,一方面为了让子弟学习基础的文化知识,还将他们送到寺院办的学校中,委托僧侣培养。而武家的女子到六、七岁时,就会举行“读书始”的仪式,开始接受文化教育。[①] 其教育与公家一样,也是局限在家庭内部,在学习妇德的同时也兼顾才艺技能的培养。正因为如此,女才教育在中世武家社会的女子教育中仍然占有一席之地。

三、佛教内容占一定比重

在日本中世,佛教已经渗透到了人们的日常生活中,很多妇女在丈夫去世后选择出家遁世,超度亡灵并祈求来世的幸福。在女训中也不乏出家修行、举办佛事等宗教方面的内容。《乳母之文》中在最后部分均是与佛教相关的内容,包括“断然出家”“离俗修行”“坚定宗派信仰”“念佛忏悔”等。其中指出“当深感自己命运不济是因果报应时,可断然下决心,寻求时机出家,平静地度过余生”,从此过上庄严的离俗修行生活。而一旦出家“切不可再受人蛊惑,还俗结婚”,也要特别注意男女之别,“无论是多么地位尊贵、名望超群的高僧,也不可让他近身讲解法文,做出狎昵之事”。此外还指出,出家修行要认真选择宗教派别,一旦确定便坚定不移,“即使自己的宗派被人诽谤”,也“不可产生疑心,违反教义”。显然这些内容是关于女子出家修行的思想指导和行为准则。除此之外,《乳母之文》和《身之遗物》中的佛教内容主要围绕佛教法事展开。《乳母之文》中要求“举办佛事时,务必诚心礼佛”,邀请“厌世出家的尼姑来讲解法华八经,诵经祈福”,“不可在无人的地方与法师僧侣私语”。《身之遗物》的最后一条训诫也强调“举办佛事,必须诚心,认真对待”,不可与无名僧人狎近。这些内容都要求女子在举办佛教法事时,要严守男女之别,与僧人保持距离。中世女训中受佛教影响最深的是《女训抄》,在其十条训诫中共有四条是与佛教相关的内容,分别是第一篇“四到八苦之事”、第二篇“五障三从之事”、第九篇“寡妇的行为”和第十篇“后生善处之事”。这样的篇章设置无疑是从佛教歧视女性的角度进行立论,而最终又把女性的救助归结到了佛教的往生极乐思想上。通过上述分析可以发现,与佛教相关的内容在日本中世女训的训诫内容中的确占有一定比重,而这也是中世女训的一个特色。

四、中世女训的个案分析

中世女训的创作始于镰仓时代的《乳母之文》,终于室町后期的《女训抄》。前者开创了日本女训之先河,为中世的女子训诫定下了基调,室町时代《乳母草子》和《身之遗物》在写作体例、内容主旨上均与其一脉相承。后者作为从中世向近世过渡时期的女训作品,既有中世女训的特点,也对近世女训产生了很大

---

① 参见[日]志贺匡:《日本女子教育史》,琵琶书房1977年版,第110页。

影响，发挥了继往开来、承下启下的作用。下面将对这两部女训作品进行具体的文本解读，以探明其特点和影响。

1.《乳母之文》

《乳母之文》的作者阿佛尼，是镰仓时代中期的女歌人。她出生的具体时间不详，大约是在承久之乱之后的贞应至嘉禄年间(1222～1226)。[①] 生身父母也不可考，养父平度繁是一位官至地方太守的中层贵族，曾历任正五位下左卫门尉、佐渡守及远江守。阿佛尼曾做过后崛河天皇时期的安嘉门院的女官，被称作"安嘉门院越前"，后来逐渐晋升，被称作"安嘉门院左卫门佐""安嘉门院四条"。作为年轻的高级女官，她曾有过几次恋爱经历，并且相继生了定觉律师、庆融阿阇梨和纪内侍等几名子女。建长五年(1253)，年仅三十几岁的她嫁给比自己年长许多的歌坛名流藤原为家为侧室，先后生了为相、为守两个儿子。作为当时为数不多的女歌人，她具有超群的才华，能讲解《源氏物语》，因此深受丈夫的喜爱。自结婚后，直到藤原为家去世的二十几年间，一直由她陪伴左右。也正因如此，她与丈夫的其他妻子、子女之间关系紧张，所以她与丈夫一起先后移居到嵯峨、持明院北林居住。康元元年(1256)丈夫藤原为家出家之后，便定居在嵯峨的小仓山庄，她也随同出家，称阿佛尼，也被称作嵯峨禅尼、北林禅尼等。建治元年(1275)丈夫去世之后，阿佛尼与丈夫的嫡子为氏围绕播磨国细川庄的继承问题发生争执。这个庄园是为家从父亲定家那里继承来的，为家在去世之前曾留下遗书，表明此庄园由他和阿佛尼所生的儿子为相继承。但是在其去世之后，其长子为氏一直霸占庄园。所以在建治三年(1277)，阿佛尼动身前往镰仓，请求幕府将军进行裁决。[②] 在镰仓，阿佛尼度过了人生的最后几年时光，虽然经过多方努力，但在其有生之年一直没能看到诉讼取胜的结果，便于弘安六年(1283)抱憾辞世。

阿佛尼生前著作颇多，除了《乳母之文》之外，还有记载自己年轻时生活经历的日记《假寐成眠》，记载前往镰仓上诉旅途的生活日记《十六夜日记》、和歌论《夜鹤》、纪念亡夫的祈愿文集《四条局假名讽诵》、和歌集《安嘉门院四条五百首》等许多作品传世。另外，她还有 48 首和歌被收入了《续古今和歌集》《玉叶和歌集》《风雅和歌集》等和歌集中。由此可见，她是一位不可多得的才女。与此同时，她还是一位性格刚毅的贤妻良母。丈夫为家去世后，将细川庄园的经营、儿子的教育、和歌世家的日记文书等的管理等都委托给她。细川庄园既是她们母子赖以生存的经济来源，也是和歌世家的家业得以传承延续的根本。所

① 参见[日]簗瀬一雄编：《校注阿佛尼全集》(增补版)，风间书房 1984 年版，"解题"第 1 页。
② 关于阿佛尼去镰仓的时间一般认为是在 1277 年，也有学者如谷山茂等认为是在 1279 年。

以为了争取到细川庄的继承权，她虽然已经年过半百却毅然决定前往镰仓上诉，这种果敢的决断力正是中世武家主妇所特有的气质。这场诉讼最终在正应二年(1289)以阿佛尼的儿子为相的获胜而告终。为相也因此开创了冷泉流派和歌歌道，成为冷泉家的始祖。可以说阿佛尼是一位兼具公家女性的才情和武家女性的刚毅的中世女杰，她无愧于丈夫的所托，为家业的传承付出了毕生的努力，也为儿子的教育付出了诸多的心血。这样一位才识兼备的母亲，她又是怎样教育自己的女儿的呢？要回答这个问题，就需要从其为女儿写的训诫书《乳母之文》着手进行分析。

《乳母之文》原本是她写给在宫中担任女官的女儿纪内侍的书信，旨在教导女儿如何修身养性、待人接物、学习才艺，以便能够获得天皇的宠爱，登上高位。此文别名《庭训》，源于孔子在其子孔鲤穿过庭院时训导其学诗、学礼的典故[①]，有父亲训诫儿子之意，这里指身为母亲的阿佛尼对女儿纪内侍的训诫和教导。这些训导对于当时致力于出仕女官的公家女子而言具有很大的参考价值，因而虽然作者在文末嘱咐女儿读完之后就要烧掉，但还是悄然流传开来，成为中世第一部女训作品，被世人反复传抄。目前存世最早的写本是南北朝至室町时代前期的手抄本《阿佛之文》，现藏于日本国文学研究资料馆。在被传抄的过程中，《乳母之文》的版本也有所改变，出现了广本和略本两个系统。略本的内容大大减少，仅相当于广本的1/3左右。进入江户时代以后，随着出版业的兴盛，又出现了刊本。目前已知略本最早的刊本被收录于江户时代中期的词文集《扶桑拾叶集》(德川光圀编，1693年刊)，而广本最早的刊本收录于江户时代后期的丛书集《群书类丛》(1779～1819年刊)中。《乳母之文》由于年代久远，文字晦涩难懂，所以早在1806年就有伴蒿蹊的略本注释《庭训抄》刊行问世。进入近代以后，先后有佐佐木信纲的《标注庭训》(弦卷书肆1892年刊)、关根正直的《十六夜日记·庭训谚解》(收录于"女学丛书3"中，六合馆1902年)以及铃木荣一郎的《女训乳母之文精义》(弘道馆1936年)等注解书问世。这三部注解书中，第一部只在伴蒿蹊的《庭训抄》的基础上对略本稍加注解而成，而后两部则是关于广本的注解。此外近代以来，先后有《女子之友》记者编的《东洋女训丛书3》(东洋社1900年)、同文馆编辑局的《日本教育文库·女训篇》(同文馆1910年)等丛书中对《乳母之文》进行再版翻刻。战后簗瀬一雄编的《校注阿佛尼全集》(风间书房1958年，增补版1981年)中将广本、略本都收入其中，并将广本分为

---

① 《论语·季氏》载:陈亢问于伯鱼曰:"子亦有异闻乎?"对曰:"未也。尝独立，鲤趋而过庭，曰:'学诗乎?'对曰:'未也。''不学诗，无以言。'鲤退而学诗。他日又独立，鲤趋而过庭，曰:'学礼乎?'对曰:'未也。''不学礼，无以立。'鲤退而学礼。闻斯二者。"陈亢退而喜曰:"问一得三，闻诗、闻礼，又闻君子之远其子也。"

21 段，略本分为 18 段，对二者加以一一对照，为学界研究提供了很大的便利。

《乳母之文》原本是阿佛尼写给女儿的回信，写作的具体时间不详，但是信的开篇写道："我本来可以陪在你的身边，但却不得不离开京城前往关东。尽管目前（由于出行困难，加之对京城的眷恋）还未出发，尤其每每想到我的离去会令你悲伤，更是不忍成行。"由此来看，应该是写在阿佛尼即将要动身前往镰仓之前。之所以写这封具有训诫意义的信，是"为了家族的利益计，我必须前往关东。因此就按照你所希望的写出如下带有训导之意的文字"，也就是说是女儿在来信中对于母亲的离去表示担忧，希望她能给自己一些出仕女官的建议。而阿佛尼认为一般人到 30 岁以后才能明辨事理，而女儿"尚处于思虑未定的时期"，故而写了这封信以示训导，希望女儿"仔细体会并能身体力行"。实际上，纪内侍在很小时就入宫了，之所以如此，是因为阿佛尼在"怀孕期间曾经做了一个奇异的梦，梦见将生女儿且女儿能居高位"。这其中虽然有唯心主义宿命论的因素，但是为了女儿能够获得天皇的宠幸，生下皇子实现梦境中所显示的尊荣，阿佛尼凭借自己多年担任安嘉门院女官的经历，以平安时代优雅多才的贵族女性形象为蓝本，教育女儿身为女官该如何修身养性、待人接物并提高自身才艺。文中的内容包括修身养性的总论、与人交往的心得、日常起居物品的准备、佣人的遣使、仪表修饰、才艺学习、宫廷女官的心得、获得宠爱及戒除嫉妒的心得、出家的心得、佛教信仰的重要性等。从内容总体来看，这些大致可以分为道德修养、才艺培养和遣使侍从、出家修行四个方面。

第一，从道德修养来看，《乳母之文》中强调女子应该注重修心养性，认为"高贵美丽之人纵有举世无双之容貌，其心如若不定也是徒然"。而要做到修养身心，首先应该慎言，不随便向别人吐露心声。作者认为"将内心感受表露出来是十分可耻的事"，"忧愁、痛苦、欢喜等内心所想之事都可能被别人一眼看穿，所以要慎重行事"，"决不可向粗心大意之人谈起自己的想法、自己的事情以及他人的事情"。不过这并不代表不与人交流，阿佛尼同时也教导女儿"如果对方是态度和善、开诚布公、值得充分信赖的朋友，可精心选择话题，诚心诚意地与其交流"。同时与人交谈时要做到言语有度，"不可漫无目的地追古抚今，不可词不达意、混淆时代；不可嘲笑别人冠戴、足音；不可给人起绰号；不可与意气相投者相视一笑，秘而不宣。如果有人不明白事由问起时，切忌含糊其词，只顾与了解事情原委的人窃窃私语"，也"不可自命不凡，随意批评别人之事，招致憎恶。不必时时处处显露自己的优点"，"凡事多几分深谋远虑"。女子要修心养性，还需要做到要守信，"受人所托，即使些许小事，一旦应承也要信守承诺，亲力亲为"。此外，沉着稳重也是女子必备的修养。在她看来，"遇事急躁最不可取，会使别人产生轻蔑之心"，所以"凡事多想想其个中缘由，沉着应对，不急不缓，才是上策”。

《乳母之文》中强调的女子的另一个道德修养是，要时刻注意保持高雅风趣之心，“只要与自己相关，那么不论是何事，也要做到优雅高贵”。这不但要求女子要精心调制熏香，“制出别人无法企及的香气”，使别人“通过香气便可知道其人的高雅做派”。还要求女子时刻注意保持姿态优雅，如“无论经过谁的门前都要留意，无论在何处都要表现出令人敬服的优雅”，“即使被人不经意地一瞥，也要保证挺拔雅致”，起居坐卧的姿态也要求优美，“宛如水鸟静静浮于水面一般”。此外，衣服发饰也要特别注意，衣袖“从屏风里透露出来的样子要格外雅致”，垂发不可蓬乱，但也要注意“不要梳理地过于服帖顺滑，露出人为雕饰的痕迹”，等等。总之女子的日常行为举止要“略带羞涩而不失高雅之态”。

第二，从才学技艺的培养来看，《乳母之文》提出女子应该掌握的才艺包括和歌、书法、绘画等。

关于和歌，阿佛尼认为学习和歌十分必要，因为和歌佳作可以流传于世间，与世永存，即使“和歌作者不在人世，其人其作仍会受到天子认可，亦可入选私人歌集被世人传诵，永远受到后人景仰”，因此劝导女儿“务必要爱好和歌”。虽然达不到柿本人麻吕、山部赤人等古代歌仙的水平，也很难像“紫式部那样在石山寺看到琵琶湖上的月色便构思出《源氏物语》，留下传世佳作”，但是也要“用心体会风花雪月之美，潜心学习”。更重要的是，她在总结前人和歌创作的构思技巧的基础上，写成了和歌论《夜鹤》，并将它作为“秘传的歌论”传给了女儿，希望她能用心研读。在阿佛尼看来，女子创作和歌的技巧“并不求浑厚大气”，只要在用词方面借鉴前人之语，“再添以哀婉清新的趣味，流畅的句式即可”。但与此同时，她也强调如果“只工于构思奇巧，而内涵贫弱，也非上乘之作”。因此，她劝导女儿在学习创作和歌时，需要“反复品读古人佳作”，“《古今集》《新古今集》中所有和歌的上句、下句”都要熟读成诵，并且务必“在和歌方面倾注精力，争取能够入选敕撰和歌集”。

关于书法的学习，阿佛尼认为文如其人，即使只言片语的涂鸦之作，也能通过书法看出写作之人的品行，因此书法是女子的第一技能，并特意指出“书法之事在《夜鹤》中有详述，请仔细阅读为盼”，同时要求女儿“以自己收藏的书籍为摹本，认真临摹名家之笔”。书法学习以学习书写假名为主，假名书法字体的“喜好因人而异，所以难以断定到底练习哪种字体最好”，但基本要求是“笔迹要力求美观”。关于汉字的书写，作者认为汉字不是女子必须掌握的才艺，但是“如果撰写和歌歌题时，不懂得配以恰当的汉字，亦是不妥”。因此从创作和歌的角度而言，“汉字的书法也要认真学习，不可懈怠”。

关于绘画，作者要求女儿即使对自己的绘画技能没有十足的自信，至少也要“擅长画人的样貌”，并且能够“根据物语文学中的有趣情节作画”，此外，“一般的水墨画要能临摹”。绘画的水平至少“要能画素描”，最好能够达到“画到屏风或彩纸上的程度”。

关于乐器演奏，《乳母之文》中指出和琴、琵琶、筝等常见乐器是女子应该掌握的基本乐器，而乐器演奏的秘诀唯有“寻找机会多加练习”，以求达到“熟能生巧”并“提高乐曲韵味”的程度。阿佛尼的女儿自幼天资聪颖，5 岁开始学习弹奏筝，7 岁便能“在后嵯峨上皇面前弹奏献艺”，8 岁时，“在皇太子弹奏琵琶时可与其合奏”而受到盛赞，所以她对女儿的乐器演奏非常有信心，鼓励她在“乐器演奏上不断精进，力争成为名家”。

除了以上内容之外，阿佛尼还认为身为女子“不读《源氏物语》乃是极其遗憾之事”，所以她“将其收集齐全一并奉上”，希望女儿“把它视作母亲的留念来熟读”，并对难懂的词句等内容详加研究，“直至完全领会其意”。

第三，遣使侍从。阿佛尼在《乳母之文》中，还教导女儿如何遣使侍从。内容包括“对自己的侍从女官要格外爱护”，“如果观察其人比较合心意，而且有几分机灵，即使她稍有失误，也可对其心怀慈悲放心遣使”；“对于曾经在其他地方侍奉、刚刚来到自己这里的侍从”不要随意评论优劣；对于那些“久负盛名、待人接物老练、常年从事女官的侍从，切不可因些许小事而轻易将其解雇”。对于“被人指出有严重的缺点，对待同僚朋辈缺少容人之量”的人要果断弃用等。

第四，出家修行。由于佛教在中世十分盛行，所以女训书中与佛教相关的内容自然必不可少，《乳母之文》中也有近 1/3 的篇幅涉及出家修行。阿佛尼认为女儿资质非凡，一定能荣登高位。但同时她也劝诫女儿“万一不幸，不论怎样努力，也没有达成愿望”，那就要果断出家修行，不要再有丝毫的留恋，“抛却无常俗世的烦恼，一心祈祷超越生死共赴菩提”，“专心专意，削发为尼，修炼佛道”，以求能够“步入成佛的光明大道”，祈求来世的幸福。

《乳母之文》由于是书信体的形式，所以并没有分出很详细的条目，内容上也有重复的地方，其写作体例遵循由母亲向女儿传授经验的模式。这种创作模式也成为中世其他女训效仿的对象。如《身之遗物》作者虽然是男性，但是在写作时却假托是年过 60 的母亲写给女儿的训诫。同时《乳母之文》的训诫注重才德兼顾的同时重视佛教信仰，这也开创了中世女训之先河。其后出现的《乳母草子》《身之遗物》两部作品基本上都是出于对它的模仿，内容主旨与《乳母之文》并无根本差异，都是以培养优雅的贵族才女为目标。而《女训抄》中则通篇贯穿着佛教的厌世离俗、追求极乐净土的思想。所以，可以说《乳母之文》因其训导之功效而被中世的日本人当作教育女子的范本而传播开来。

《乳母之文》不仅开创了中世女训的先河，而且还对近世日本的女训创作产生了一定的影响。早在近世初期时就出现了相关的仿作，这便是《壶石文》中的“归雁文”篇。《壶石文》是近世初期的女训书，由江户的书商松会三四郎于元禄十一年（1698）二月刊行。全书包括“归雁文”“介妇训”“慈母嘉言”“礼仪教养之法”“贤女·贞女之判”“贞女·烈女之判”等八篇。其中“归雁文”篇是对《乳母之文》的改编和解说，共有3卷，合计50项。① 其仿照《乳母之文》的书信体例，以伯父给侄女的回信的形式展开，内容既有修养内心、遵守妇德方面的教导，如“知父母养育之恩”“出嫁事舅姑叔妹”“为夫守贞”“夫为天女为地”“幼年从父母、壮年慕丈夫”“夫之兄弟姊妹如同自己兄弟姊妹”“重男女差别”“年轻男女不相见面之事”等。也有关注才艺的学习，如“咏和歌之事”“读源氏伊势物语”“习字之事”“绘画之事”“弹筝之事”“调音律之事”“四季赏花准备之事”等。据有关学者考证，《壶石文》的作者是江户时代初期的儒学者熊泽蕃山的小女儿②。她撰写此书的目的是因为“四书五经”等汉籍对于女子而言难以理解，且其中的人物故事都是取自中国古代，与当时日本女子的生活距离较远，所以要通过对《乳母之文》《源氏物语》等日本作品的介绍，引发下层女性的兴趣，使其熟悉日本的风俗传统。但由于作者深受朱子学的影响，其中也不乏对儒家女性观的引用和介绍。

除了仿作的女训之外，近世中期还出现了《乳母之文》的注解书《庭之训抄》。其作者伴蒿蹊是日本近世中期的诗人，名资芳，号闲田子。他生于京都的

① “归雁”篇分上、中、下三卷，其中上卷包括：一、伯父寄给侄女回信之事，附难解词句；二、先修养内心之事，附知父母养育之恩；三、父亲爱女儿、母亲宠儿子之事，附孝行之事；四、敬兄爱弟之事；五、应有艺能之事，附阅读草子之事；六、咏和歌之事，附歌书之事；七、读源氏伊势物语之事；八、习字之事，附汉字书写并大姒曾母之事；九、绘画之事，附女子不必多才之事；十、弹筝之事，附今样和歌之事，并盲目之事；十一、调音律之事，附花月鸟之事；十二、待客措辞礼节之事，附衣着服饰之事；十三、引帚木左马头之言，附夜晚容貌更显美丽之事；十四、赛贝追松之事；十五、今样和歌之事，附女容高雅之事；十六、出嫁事舅姑叔妹之事，附曰妇为归之事；十七、为夫守贞之事，附夫之善恶因妇而定之事；十八、幼年从父母、壮年慕丈夫、生子则怠慢父母舅姑丈夫之事，附文王王后之事；十九、夫之兄弟姊妹如同自己兄弟姊妹，附男子从父之教女子来母之教之事；二十、傲慢不可取之事；二十一、和歌之事，附菅相丞和歌八岁公主御歌之事；二十二、嫉贤侮愚之事，附邻妃之事；二十三、夫为天女为地之事，附妾之事；二十四、有继子之事，附寡妇守贞之事；二十五、毛诗七子之母之事，附业平百年和歌之事；二十六、受侍儿怂恿而失贞节之事，附因时宜再嫁之事。

中卷包括：一、再言修养心性之事，附幼女出仕之事；二、家族兴衰在于妇人的心性善恶；三、引花散里之事，附忍耐懈怠之事；四、不典雅之事，附浮舟、紫姬之事；五、赏玩器具扇子等物品之事；六、多盛饭之事；七、为父母及丈夫亲自缝制衣服之事；八、文王后妃之事；九、男女差别之事；十、女子高声大笑之事，附杨贵妃之事；十一、女一宫之事，附宰相局之事；十二、心性难持之事；十三、年轻男女不相见面之事，附局乳母之事；十四、丈夫外出期间待客之事，附夜寝之事，附畠山家两贞女之事；十五、昼间闲暇召侍从交谈之事；十六、四季赏花准备之事，附游山休息之事并观赏善恶之事；十七、琴琵琶笛三弦琴尺八优劣差别之事；十八、年轻女子不宜忧思之事，附八卦占卜之法；十九、与人通音信之事，附末摘花之事。

下卷包括：一、文章书写之事；二、善恶因友而定之事；三、幸与不幸之事，附儒者之女之事；四、年轻女子特别留意之事；五、文章结尾。

② 参见[日]中野节子：《〈壶石文〉解题》，载《江户时代女性文库36》，大空社1995年版。

富商之家，自幼爱好国学，师从贵族诗人武者小路实岳学习和歌，之后自成一派，与芦庵、澄月、涌莲共称“和歌四天王”。此外他也精通儒、佛思想，善著文章，传世作品有和歌集《闲田咏草》、和文集《闲田文草》、传记文学《近世畸人传》等。虽然是文人，但伴蒿蹊也十分关注现实生活中的道德教育问题，其著作《主从心得草》便是近江商人家训的代表作，并未涉及实际的商业经营，而是训诫本家、分家及别家要各守本分、和睦共处。[①] 而他对中世女训《乳母之文》进行校注则是为了训诫女子。在《庭之训抄》自序中，作者叙述了注解《乳母之文》的原委，直言“教女之文唐土颇多，大和亦为数众多”，其中“《庭训》之文堪称高雅”，“不劣于唐土《女诫》”，所以“父母可令女子习之”。但由于年代久远而晦涩难懂，故而“以俗言注解雅言”，希望“可为女子之训”。这里把《乳母之文》与中国女训的经典之作《女诫》并提，显然作者是把它视作日本女训的典范，为了使其发挥应有的训诫作用才进行注解的。在正文之前有“作者并纪内侍之事”，其中介绍了阿佛尼和纪内侍的生平，同时就作品名称不用“乳母之文”而取其“庭训”做了说明，乃是因为此文是“母亲训导女儿”的作品，可见作者也正是看中了其中的训诫女子之功效。正文中以大字抄录《乳母之文》原文，在页面上端以及正文中，以小字加以注解。注解内容除了词句的解释之外，还添加了从其他文献中引用的内容及故事。此外全文还配有四页插图。现存最早的《庭之训抄》是文化四年(1807)由柏原屋庄兵卫、须原屋伊八、北村庄助等多家出版商刊行，它的问世为近世女子学习《乳母之文》创造了便利条件，目前在日本国会国立图书馆即东京大学图书馆等处都有收藏。

2.《女训抄》

《女训抄》是日本中世中期问世的、面向一般女性的女训[②]。其成书的具体时间不详，大约在正安三年至永正七年(1301～1510)[③]，作者亦不详。关于该女训的创作意图，在其序言中写道：

> 自天上、人间至山野鸟兽、恒河鱼类、蝼蚁蚊蝱，皆由爱子之心。春野

① 参见李卓主编：《日本家训研究》，天津人民出版社2006年版，第189页。

② 《女训抄》现存两个版本，其一是在青山忠一的《假名草子女训文艺研究》(樱枫社1982年版)中被称作假名草子女训起源的版本，另一个是天理本《女训抄》，因藏于日本天理图书馆而得名。这两个版本虽然同名，但内容不同，二者均被收录在美浓部重克、榊原千鹤编著的《传承文学资料继承17女训抄》(三弥井书店2003年版)中。据该书解说，天理本是以上流社会的特定女性为对象，而另外一个版本则是对一般女性的知识启蒙和道德训诫。本书研究不涉及天理本。

③ 参见[日]榊原千鹤：《被创造的女训世界——以〈女训抄〉为中心》，载《南山大学日本文化学科论集》2005年第5号。

边的雉子因孵巢内之卵而被野火烤焦，巫阳江之猿因爱稚子而落入猎人之舟……一切生灵虽形异而爱子之志同也，而况人乎。是故唐太宗皇帝，著帝范十二篇，藤原兼辅中纳言做和歌三十一字。古今文华殊异而其主旨同也……今余年逾六十而得独女，其身背负五障三从之悲，而老身之命难以预期，至其闻知教训之日少有依靠，故而欲将其应懂之道理附之笔端……深奥之事虽能通达内心，然而身为女子难以悉数领会，是故先在此传授四谛之苦等心得体会……以假名书之，曰《女训抄》。[①]

序言中提到，《女训抄》是年逾60才生下独女的作者出于爱女之心而写的训诫。这实际上是继承了自《乳母之文》问世以来，女训由尊长向女儿传授训诫的创作思路。其内容从佛教的四谛之苦谈起，共有十章，分别是第一"四倒八苦之事"、第二"五障三从之事"、第三"善待继子之事"、第四"诸众扶持之事"、第五"修养身心之事"、第六"侍奉主君之事"、第七"结交朋友之事"、第八"掌握艺能之事"、第九"寡妇行为之事"、第十"后生善所之事"。每一章的女德总论之后，都有若干个取自儒教或佛教的训诫故事、谚语等。而这种罗列十条训诫，每条训诫由总论加故事构成的写作体例又与中世前期的童蒙训诫作品《十训抄》十分类似。具体而言，除第五章没有故事引用之外，书中第一章中引用了老子出生的故事；第二章中引用了西天竺贫女、汉朝梨夫人、王昭君、太公望之妻、朱买臣之妻、周幽王王后褒姒、唐太宗皇后、神崎歌妓梅香等女性的故事；第三章中引用了印度阿育王的王后及太子、晋献公太子与继母等继母与继子的故事；第四章中引用了晋灵公失贤臣、项羽高祖争霸、唐太宗与贤臣、齐威王与梁王赛宝等主君与臣下的故事；第六章中引用了向汉文帝进献西王母之药、向秦始皇进献宝镜、向齐王告发周公旦、延喜帝夜袭等故事；第七章中引用了季札挂剑等故事；第八章引用了秦始皇夫人弹琴、刘晨阮肇遇仙的故事；第九章中引用了舜王二妃的故事；第十章引用了伊势斋宫成佛的故事。这些故事来自中国、日本及印度，取材广泛。大量人物故事的引用使得《女训抄》具有很强的可读性和趣味性，大大提高了训诫的效果。

从内容主旨来看，《女训抄》与中世其他女训一样，注重女子才艺技能的培养，相关内容集中在第五章和第八章中。前者介绍了养生之道、起居之法以及头发、牙齿、指甲、沐浴、筋骨、情绪、禁忌、居所等日常琐事的处理方法；后者则注重书信写作、和歌鉴赏、物语草子阅读、琵琶弹奏等才艺技能的培养，还有日

① 《女训抄》原文参见［日］广泽幸子：《翻印女训抄》上、中、下，载《东京家政学院大学纪要》1967年第5期、第6期、第7期。［日］青山忠一：《假名草子女训文艺研究》，樱枫社1982年版，第84～100页。下文亦同。

月山川、四季轮回、天干地支、节日祭祀等基础常识的学习。除了才艺技能之外，《女训抄》中同时受到儒、佛两种思想的影响，二者杂糅融汇在一起，这是其区别于中世其他女训的特色之处。

《女训抄》中有关佛教思想的内容有：首先第一章中从佛教的角度介绍了生而为人所需要承受的苦难——常、乐、我、净之“四颠倒”①和生苦、老苦、病苦、死苦、怨憎会苦、爱别离苦、求不得苦、五阴盛苦的所谓“八苦”。在此基础上，第二章进一步论述了身为女子所特有苦难——“五障”之恶，指出了女子是难以成佛的劣势。同时还介绍了“四恩”之意②，此处引用西天竺贫女至孝而被国王立为王后的故事和中国古代二十四孝中丁兰、孟宗、郭巨等的故事，告诫女子要笃行孝道，如果犯下不孝之罪，将被诸菩萨抛弃，一生多灾多难，死后也会堕入无间地狱。第三章至第八章是女子在现世生活中所应具备的教养、知识及心得方面的内容，所以其中关于佛教的道德论述较少，仅从“十诫”③“十恶”④“三毒”⑤“四魔”⑥的角度教导女子要处事谨慎。其中在阐述继母的心得时，以大量篇幅介绍了被许多佛经记载过的印度阿育王的太子鸠那罗被继母残害而双目失明的故事，告诫女子身为继母要善待继子。在论述女子应该掌握的才艺技能时，介绍了佛教宇宙观中的须弥山、日月、八海等三千大世界以及举办彼岸会、佛名会等佛事的礼法心得。在第九章中则劝诫寡妇出家，为来世祈福。第十章作为总结，将全篇主旨归结为劝导女子念佛往生，追求来世的极乐。为此，在阐释了天台、法相、真言、华严等佛教八宗概要的基础上，特别倡导净土宗。书中不但介绍了净土宗的开山宗师法然的事迹，还引用《佛说无量寿经・第十八念佛往生愿》的内容解释了往生净土的必备条件——三信具足，劝导女子只要具备了至诚心、深心及回向发愿心这三种信心，便可通往极乐世界，实现后世善处。从开篇的“四颠倒”“八苦”到终章的极乐往生，佛教内容在《女训抄》中可谓贯穿始终。在这种首尾呼应的基本框架下，该书意在教导女子身负“五障三从”之罪该如何超越现世的苦难，通往西方极乐净土，其中充斥着中世盛行的厌离秽土、欣求净土的佛教往生思想，而这也正是《女训抄》的特点之一。

---

① “四颠倒”即四种颠倒妄见，略称“四倒”，指凡夫对于生死有为法所执之四种谬见：常颠倒、乐颠倒、我颠倒、净颠倒。意即凡夫不知此迷界之真实相，而于世间之无常执常、于诸苦执乐、于无我执我、于不净执净。

② 佛教中的“四恩”指父母恩、众生恩、国王恩和三宝恩。

③ 佛教的十条戒律，指不杀生、不偷盗、不邪淫、不妄语、不饮酒、不着花鬘好香涂身、不歌舞唱伎亦不往观听、不坐卧高广大床、不非时食、不捉持金银宝物。

④ 佛教中的十种恶业，指杀生、偷盗、邪淫、妄语、绮语、恶口、两舌、贪欲、嗔怒、邪见。

⑤ 妨害善心的三种烦恼，指贪、嗔、痴。

⑥ 妨碍佛道修行的四种魔类，烦恼魔、五蕴魔、死魔、天魔。

《女训抄》的另一个特点便是对儒家女性观的阐发。在论述女子特有的“五障三从”之苦时指出,对于女子而言,“三从之中唯有从夫之苦无出其右也。幼时从父,乃慈爱之心,纵然女子面目可憎亦会受到父母照拂。老来从子,乃报答亲恩,实属应该。唯有从夫,如若不知遵循,积年累月必遭见弃”,从而成为无所依靠之人,遭到世人的嘲笑。对三从之道的阐发将女子置于男子的从属地位。为了进一步强化这种服从意识,紧接着又引入了儒家的天地阴阳理论,指出“男子象征天,女子象征地,以天之温暖融化地之寒冷”,因此“女子不可悖逆男子”。天地阴阳理论是儒家贬斥女子的理论基础,其中充斥着男尊女卑的观念。在天地阴阳理论之后,《女训抄》中又对儒家主张的“七出三不去”的休妻法则进行介绍,告诫女子谨守妇道。除此之外,对女子贞节的重视是儒家男尊女卑观念的集中体现,《女训抄》中对此也有涉及,不但列举了汉朝梨夫人等贞女的故事以及吴国总分之妻、橘马尉之妻等不守贞节的反面例子来训诫女子,而且在论述寡妇的行为举止时,还介绍了娥皇、女英为舜殉节的故事,要求女子做到“贞女不事二夫”。“三从之道”、天地阴阳理论以及贞操观等儒家的妇道伦理等早在古代贵族社会就已经传入日本,但一直没有受到关注,直到近世才得到广泛传播。《女训抄》作为中世的女训,其对儒家妇道的阐发具有开创女训创作先河的作用,对近世女训产生了深远影响。在近世初期,《女训抄》曾被多次付梓刊行,先后出现了宽永十四年(1637)、宽永十九年(1642)及万治元年(1658)等多个版本,成为宽永至享保年间最为普及的女训之一,大大推动了近世女训的创作及发展。

综上所述,中世是女德观念初兴的时期,也是日本女训发展的初期阶段。中世的女训不仅数量有限,而且多是面向地位很高的某个贵族女性或武家女性的训诫之作,尚未普及到一般民众中。其中关于女德的说教主要围绕顺从、隐忍等的德目展开,并没有形成像儒家女训那样系统的女德条目。而且中世虽然已经出现贞节观念,但是除了《女训抄》之外,其他女训作品并没有关于儒家的妇道伦理的说教。显然儒家妇道伦理在中世的影响力还很有限,相比之下,佛教女性观在中世的影响更大。由于常年战乱、生灵凋敝,人们深感世事无常,多皈依佛门祈求来世的幸福。佛教的盛行使得“五障论”这一歧视女性的观念被广泛接受。“五障论”认为女子生而有五障之罪,故不能修成正果。而佛教的“五障论”又与儒家倡导的“三从之道”相结合,形成了中世独特的“五障三从”观。中世女训中的女德说教也大多围绕女子有“五障”之恶所以应该顺从丈夫,以祈求来世幸福的内容展开论述。由此可见,儒家的“三从”之道,尤其是妻子应当顺从丈夫的观点是随着佛教的传播而被人们所接受的,可以说,在日本中世儒家妇道伦理被置于佛教女性观附庸的地位。这种状况直到进入江户时代以后才有所改观。

第三章　近世庶民社会:儒家妇德的隆兴

日本历史发展到近世(主要指江户时代),长期以来的战乱得以平息,社会秩序逐渐趋于安定。为了巩固和平时期的统治,德川幕府一方面通过建立幕藩体制和封建家族制度来巩固统治秩序,另一方面则奉儒学为官学,大兴文教以加强思想文化控制。在这种社会背景下,中国儒家的女训以最快的速度传入日本并广泛传播。在其影响下,日本出现了大量以道德说教为主要内容的女训。儒家三从四德、贞专顺从的妇道伦理也随着各种女训作品的问世而日渐深入人心,成为近世日本女性道德观的核心内容。

第一节　幕藩体制下的女性地位

一、身份等级制与"家"制度

庆长八年(1603),德川家康在江户(指现在的东京)开设幕府,宣告了战乱频仍、动荡不安的战国时代的终结,日本历史从此进入了封建社会的最后一个时期,即江户时代。为了强化对各地大名的控制,维护幕府统治的长治久安,在江户幕府开始之初,德川家康便开始着手整顿统治秩序,制定了《武家诸法度》(1615)、《诸士法度》(1632、1634)等一系列法律法规,建立了江户幕府的统治体制,即幕藩体制。所谓幕藩体制,是指全国的270余家大名按照与将军的亲疏程度被分为亲藩、谱代、外样三类,分别被赐予不同的领地——"藩"。各大名作为"藩主",在自己的领地中具有最高权威,但他们又必须遵守幕府的各项法规,绝对效忠于幕府将军。因为幕府将军领地远远超过各大名的藩领,在经济和军事上都拥有绝对的优势。在幕藩体制下,严格的身份等级制度和以家业传承为核心的"家"制度是维护封建统治的两大支柱。

1. 身份等级制度

日本的身份等级观念由来已久,早在统一国家形成之初的大和时代,日本便实行身份制度,由天皇赐给贵族"臣""连""造""君""直"等数十种姓来区分贵族的尊卑等级。大化改新之后,日本虽然模仿唐制建立了中央集权体制,但是却没有动摇传统的身份世袭制度,出身皇族的大贵族藤原氏长期把持朝政,中下层贵族很难突破身份等级的限制。在武家社会,虽然崇尚武勇,推崇实力主义,但是在武士集团内部同样具有十分严格的身份等级,只有出身显贵的上层武士才能染指将军之位。到了近世初期,丰臣秀吉发布刀狩令,推行兵农分离的政策,严格区分武士、农民以及商人之间的身份差异。进入江户时代以后,德川幕府进一步强化了身份等级,实行了"世界上最严格并切实得到加强的世袭制度"①。

在江户时代的身份等级制度下,人们被分为士、农、工、商四个等级,其中士指武士,占全国总人口的比例不足10%,但他们是特权阶层,统治着其他三个阶层。农、工、商统称为庶民,受到武士阶层的压迫和剥削。如果庶民对武士不敬,武士就可以随意将其处死而不用承担法律责任。江户时代的身份等级的划分遵循男性本位的原则,而女性作为男性的附庸,其身份则依据其父亲或丈夫的身份等级而定。士、农、工、商的身份世代相传,无论男女都不能轻易变更身份。人们根据自己的身份从事固定的职业,在日常生活、衣食起居、姓名、婚姻等各个方面都要符合各自的身份地位,不能有所逾越。在近世普及最广的女训《女大学宝箱》中反复告诫女性,身为人妻要"好自持家",其中最重要的便是"万事以节俭为本,不可浪费。衣食须与身份相符,不可奢华",如果衣着与身份不符,则是"恶莫大焉"。② 这部女训是近世普及程度最高的作品,训诫对象主要以庶民女子为主。由此可见,安分守己、不可逾越的等级观念已经渗透到全社会,在广大庶民女性中深深扎根了。

2."家"制度

"家"制度形成于日本近世,它脱胎于中世的总领制家族制度。总领制家族是由若干个小家庭构成的复合式大家族,财产继承实行诸子分割制,嫡子与庶子都有财产继承权。这导致庶子实力增强,家族凝聚力涣散,造成了总领制家族制度的崩溃。进入近世以后,随着太阁检地、兵农分离等政策的实施,武士脱离土地居住在城市中,而农民则被固定在土地上进行劳作,且百姓父子与亲属

① [美]赖肖尔:《日本人》,孟胜德、刘文涛译,上海译文出版社1980年版,第168页。

② [日]石川松太郎编:《女大学集》,平凡社1994年版,第50页。

每户不得居住两个家庭，由此以一夫一妻为核心的个体家庭最终得以独立，成为幕藩体制下最基本的社会单位。各级武士通过特定的“家”被固定在各个大名的统属之下，形成了极为严格的主从关系。所以，“家”对于武士而言不仅是日常生活的场所，更是“超越世代、经营一定的行业乃至为换取恩给和俸禄而提供服务的集团”。[①] “家”制度首先在武士阶层中确立并完善，而后逐渐波及庶民阶层。武士的家被称作“最典型的家族关系”[②]，因此其基本特征也代表了近世“家”制度的特征，主要表现在以下几个方面：

第一，家业是“家”的核心内涵。封建“家”制度下，“家”是指从祖先到子孙的直系延续，是由祖父到父亲再到子孙的一脉相承和父系的纵向继承。“家”不仅是指家庭成员，更重要的是指家业，因为家业是全体家庭成员赖以生存的经济基础，所以日本近世的“家”不仅是一个血缘群体，更是一个超越家庭成员的生死而延续的经济共同体。[③] 对于武士而言，家业便是根据其身份等级而定的俸禄，这种俸禄被折合成了一定数量的米谷，由武士向自己的直接上司领取。为了获得俸禄，武士必须忠心“奉公”，听从主君的调遣。对于农民而言，家业便是其耕作的土地，他们要在土地上辛勤劳作，所获得的大部分收成要作为租金交给领主。对于工、商阶层而言，家业便是其经营的店铺生意。不论哪个阶层，只有家业的发展、繁荣，家庭成员才有赖以生存的基础，维护家业的繁荣昌盛、世代相继是近世“家”的核心任务和家庭教育中最主要的课题。

第二，实行家督继承制。所谓家督，一般是由家长的直系男性后代，特别是家中的长子担任。在“家”制度下，家督不仅是一个身份，更意味着伴随该身份而产生的权力与义务。[④] 家督继承了家产和家业，要承担赡养父母的义务，同时也在家中拥有绝对权威，他与其他家庭成员之间是一种严格的主从等级关系。由于家督继承制一般遵循父系传承的原则，所以女性被排除在外，丧失了独立自主的经济基础，导致其社会地位彻底沦落。

第三，子女的教育以家业传承为目的，存在性别差异。男子，特别是家中的长子，为了将来能够承担发展家业的重任，成为一个合格的家业继承人，自幼就要接受家训的教诲，不断受到各方面的严格训练，或专注于学问研究、或苦练武艺、或勤习家传技能。与此相对，女子长大以后都要出嫁，所以对于她们而言，出生的家不过是暂时的借住地，夫家才是她真正的家。因此，女子自幼接受的教育是为将来出嫁后能够胜任为人妇的职责并协助丈夫发展家业所做的预备

① [日]尾藤正英：《日中比较文化论》，王家骅译，浙江人民出版社 1992 年版，第 32 页。

② [日]玉城肇：《家族论》，三笠书房 1947 年版，第 1 页。

③ 参见李卓：《家族制度与日本的近代化》，天津人民出版社 1997 年版，第 65～67 页。

④ 参见李卓：《中日家族制度比较研究》，人民出版社 2004 年版，第 317 页。

教育。教育的内容以维护父权制为核心目的，以儒家的“三从”，即“未嫁从父、既嫁从夫、夫死从子”，“四德”，即妇德、妇言、妇容、妇功为核心内容，同时还有一些必要的家政技能。在封建“家”制度下，女性被视作家族生养继承人的“借腹之物”，其地位远远低于男子，而相关的女子教育和训诫承担着让女性安守这种“本分”的特殊任务。

二、女性社会地位的彻底沦落

在幕藩体制下，女性的身份地位依附于男性而定，她们依据身份等级隶属于不同的家族，完全丧失了经济独立的能力，因此其地位相较于中世而言可谓一落千丈。近世女性地位的沦落集中体现在家庭生活中夫妻关系的不平等上，具体而言，有以下三个方面：

第一，丈夫可以多娶而妻子必须严守贞操。在封建“家”制度下，生养家业继承人是妻子的第一要务，因此生儿育女是男女婚姻的首要目的。已婚女子被称作“借腹之物”，成为繁衍后代的生育机器。为了维护父系血统的纯正，妻子必须严守贞操，如若与人私通，则被视作是家族耻辱，轻则被丈夫毫不留情地休弃，重则会被丈夫处以私刑或者是告到官府治罪。据史料记载，宝永三年(1706)，鸟取藩士小仓彦九郎将与人私通的妻子杀死后，一路追杀与其妻子私通的源右卫门直到京都，并将其杀死。[①] 可见，在江户时代，武士可以对与人私通的妻子动用私刑而不必受到法律的制裁。与对妻子贞操的严格管制形成鲜明对比的是，丈夫完全没有这方面的义务，相反他们可以任意纳妾。幕府将军德川家康在遗训中提出了“天子十二妃，诸侯八嫔，大夫五嫱，士二妾，以下是匹夫”的礼教，而他本人亦是妻妾成群，仅知名的妾室就达 15 人之多。[②] 在这一社会风气带领之下，一夫多妻被视作是天经地义的事情，一些学者文人更是为其公开鼓吹，摇旗呐喊。儒学者会泽正志斋就将男女之道比作君臣之道，认为“众女共事一夫乃天地之道”，“蓄妻妾，广继嗣，圣贤之教也”[③]。一夫多妻制奉行的双重道德标准，对女性明显不公。而使女子接受现状，不可嫉妒则是当时女子教育的重要内容之一。

第二，丈夫对妻子有生杀大权，而妻子必须顺从丈夫的意志。在近世“家”制度之下，女子被称作是“三世无家”之人。对她们而言，出生的娘家不过是暂时的借住之所，结婚后的夫家才是其真正的家，所以在结婚后，妻子必须与丈夫同住，服从丈夫的意志。如果未经丈夫同意回到娘家后不归，则被视作违法的

① 参见[日]大竹秀男：《家与女性的历史》，弘文堂 1977 年版，第 137 页。

② 参见李卓：《中日家族制度比较研究》，人民出版社 2004 年版，第 414 页。

③ [日]会泽正志斋：《新论》，岩波书店 1969 年版，第 275 页。

行为，丈夫可以因此起诉妻子娘家的人。如在天明元年(1718)的诉讼资料中就有女子因为与丈夫吵架后回到娘家居住，丈夫以此起诉了收留女子的哥哥的案例。官府判定女方的哥哥违法，不但对其罚款，还要求他必须将妹妹送回夫家。[①] 幕府的法律不仅要求妻子履行与丈夫同住的义务，而且对于丈夫的杀妻行为也采取相对宽容的处罚。法律规定不论是非，只要妻子杀了丈夫就要被处以极刑，而殴打丈夫将被处以流刑，辱骂丈夫也会被拘留百日。与此相对，丈夫只有在蓄意杀害毫无过错的妻子时，才会被处以死刑。如果是失手杀死无过错的妻子，只会被处以没收财产，流放荒岛的惩罚。妻子如果不服从丈夫的管教，或者不认真回答丈夫的提问而被丈夫所杀，则会认定过错在妻子，丈夫不必为此承担任何法律责任。在近世的诉讼文书资料中就有这样的案例。亨和三年(1803)，妻子因为讨厌入赘的丈夫，“不但不履行夫妻和合的义务，而且对丈夫的提问不予理睬”而被丈夫杀害，法律认定该妻子为“恶妻”，杀死此“恶妻”的丈夫无罪。[②] 由于法律赋予了丈夫斩杀“恶妻”的权利，所以妻子对丈夫的服从便不仅仅是道德层面的问题，更加成为关系到自身生命安危的大事。不可违抗丈夫意志，遂成为女子需要时刻牢记的立身法则。

第三，丈夫拥有无条件休妻的特权，而妻子没有离婚的权利。日本早在奈良时代就将赋予男子休妻特权的“七出之条”写入法律条文之中。不过在很长一段时期内，“七出之条”仅仅停留在法律文书的层面，并未融入日本人的实际生活中。经过中世的漫长发展，进入近世以后，随着“家”制度的确立，“七出之条”开始被奉为“圣人之教”，成为男子行使离婚特权的口实。近世日本男性休妻甚至极为简单，只要写上一纸休书即可。即便丈夫不识字，只要在纸上画上三行半的直线，即为休书，以至于“三行半”成了日本近世休书的代名词。相比之下，妻子无权提出离婚，如果实在不堪虐待，唯一的办法是逃到主持离婚的寺庙“缘切寺”中，由寺庙出面，将女方的父母及男方召集在一起进行调节。即使如此，也需要经丈夫首肯并写休书，才能判定离婚。如果丈夫坚决不离婚，那么女子就要自带粮食在寺中进行 2～3 年的“缘切奉公”，为寺院从事各种艰苦的劳作，期满后由寺院出面写休书才算婚姻结束。但实际上，有资格主持离婚事务的缘切寺数量并不多。在宽保二年(1742)德川幕府的官方法律文书《公事方御定书》出台之前，只要是供尼姑修行的寺庙都可以充当缘切寺。但是自从该御定书出台之后，幕府加强了对缘切寺的管理，最后只有相模国(今神奈川县)镰仓郡的东庆寺和上野国(今群马县)新田郡的满德寺才是官方认可的缘切

① 参见[日]大竹秀男:《家与女性的历史》,弘文堂 1977 年版,第 133 页。
② 参见[日]大竹秀男:《家与女性的历史》,弘文堂 1977 年版,第 134 页。

寺。[1] 所以对于远途的女性而言,想要逃入这两家寺庙中并非易事,往往还未达到便被抓回。即使逃入寺中,要常年坚持苦行生活也需要坚强的意志。由此可见,在离婚问题上,近世的女性基本处于无权的地位,男女不平等的状况极为突出。

综上所述,在日本近世,随着幕藩体制和封建家族制度的确立,女性被置于社会和家庭的最底层,彻底沦为男性的附庸,丧失了安身立命的场所,难逃"三界无家"的悲惨命运。为了使她们安于被压迫、被奴役的现状,教导其恪守三从之道便成为幕府文教政策的重要内容之一,由此带来了儒家女训在日本的广泛传播。

第二节　儒家女训的广泛流传

幕藩体制下女性地位的沦落,除了上述身份等级制度与家族制度的影响之外,儒家思想的影响也不容忽视。德川幕府建立以后,一方面通过制定各种法律法规,不断加强对各藩大名以及天下百姓的控制,力图维持幕藩体制的存续。另一方面,幕府也认识到,仅仅依靠强制性政策并不能确保臣民对将军的臣服。要想维持幕府统治的长治久安,必须加强思想文化方面的统治,因此幕府统治者积极提倡儒教,希望用其修治思想和忠孝伦理来教化臣民。幕府的开创者德川家康就十分推崇儒学,他在《东照宫御实纪附录》中明确提出:"大凡主天下者,不可不通'四书',即便不能全通,唯《孟子》一书,犹需细读。"[2]为了学习儒家的经世治国之道,他多次召见近世初期的著名儒学者藤原惺窝及其弟子林罗山。1691年,林罗山的孙子林凤冈被封为大学头,此后林家世代掌管幕府的文教事务,儒家思想由此逐渐占据了幕府的官学地位,从而迎来了日本儒教发展的辉煌时期。随着儒家思想的兴盛,三从四德的儒家妇道伦理观也成为近世日本主流的女性道德观。在这样的时代背景下,教导女性恪守儒家妇道伦理的中国女训通过中日两国间的书籍贸易,源源不断地传入日本,并被书商大量翻刻,进而在日本社会广泛流传开来。

一、书籍贸易与女训的传入

早在平安时代时,中国的儒家女训《列女传》《女诫》便由遣唐使带回日本了。中世后期也有《内训》等女训通过中日间的朝贡贸易流入日本。然而,由于

---

① 参见[日]大竹秀男:《家与女性的历史》,弘文堂1977年版,第151~152页。

② 《东照宫御实纪录》第22卷,载《新订增补国史大系·德川实纪·第一篇》,吉川弘文馆1976年版,第339页。

这些女训东传的时间较为久远，加之数量不多，到近世时，已经难以满足日本国内日益高涨的儒学学习热情。所以，在江户时代，包括女训作品在内的各种儒家典籍便通过中日间的书籍贸易，大量传入日本。

在江户时代，德川幕府曾经试图恢复中断已久的勘合贸易，重建中日邦交，但由于明朝末期国内矛盾尖锐，加之倭寇不断侵袭中国沿海，日本对中国的觊觎已引起明朝的警惕，所以未能恢复官方交往。清朝确立以后，中日之间也一直没有官方交往。因此，近世中日间的贸易一直局限于民间商船的往来。当时日本奉行闭关锁国的政策，禁止本国人出境，只允许中国与荷兰的商船进港，在九州的长崎进行交易。中国商船所载货物以丝绸、书籍、字画、茶叶、药材、香料、皮革等为主，其中尤以书籍数量居多。而日本则以金银、黄铜、海产品等换取中国的商品。由此可见，近世中日间的书籍贸易以中国向日本单方面的商业输出为特色。当时日本对海外贸易的管制极严，不但限定每年的贸易额为白银6000贯，赴日船只不得超过30艘，而且规定来日的中国商人必须住在指定的场所——唐人坊里。[①]

尽管如此，由于日本国内对汉籍的渴求，上自幕府及各藩大名的藏书所，下至一般的市井书肆，都竞相购买、收藏汉籍，所以中日间的书籍贸易并未受日本锁国政策的影响，反而异常活跃，能够体现彼时书籍贸易繁荣景象的最有力的史料便是日本的《商舶载来书目》。这个书目的编者是当时长崎的书务改役向井富，他通过整理当时的海关档案文件，将其中登记在册的入港汉籍资料登记造册，遂成书目。其中详细记录了日本元禄六年(1693)至享和三年(1803)的百余年间，被运往日本销售的汉籍书目。根据该书目所载，在这期间共有43艘商船频繁进出长崎港口，汉籍贸易总量达到4781种，大致相当于当时中国典籍的百分之七八十。[②] 在这些东传的汉籍中，不乏女训类作品。据《商舶载来书目》记载，中国商船运到日本的女训作品有：日本中御门天皇享保十五年(1736)中国商船"天字号"载《典故列女传》一部；日本光格天皇安永九年(1780)中国商船"礼字号"载《古列女传》一部四帙；日本光格天皇宽政八年(1796)中国商船"志字号"载《绣像列女传》一部四帙。除此之外，据《改济书籍目录》记载，日本光格天皇文化元年(1804)中国商船"亥六番"载《古列女传》二十部，每部一帙。据《外船赍来书目》记载，日本光格天皇文化二年(1805)中国商船"丑八番"载《列女传》二部各一帙抵达日本。[③] 以上均是登记在册的儒家女训东传记录。由于中日间的书籍贸易由来已久，并非仅限于各目录所记载的年代，有些年代久远

① 参见吴廷璆主编：《日本史》，南开大学出版社2000年版，第342～343页。
② 参见严绍璗：《日藏汉籍善本书录》下册，中华书局2007年版，第2106页。
③ 参见严绍璗：《日藏汉籍善本书录》上册，中华书局2007年版，第530～532页。

的交易或未做记录,或记录已经散佚。此外,当时在日本的西南海岸还存在大量的走私贸易,其中也会有书籍交易,而其书目亦无可考证,以上几条并不能涵盖儒家女训作品东传的全部信息。不过这并不妨碍我们做这样的推断,即在近世确实有不少女训作品通过商业贸易流入了日本。如果再结合日本现存的女训善本,基本上便可略微窥见当时女训东传的概貌。

据严绍璗统计,目前日本现存的明代女训作品善本共有22种:

1.《古列女传》七卷续一卷,(汉)刘向编撰,(明)朱景固校,明嘉靖三十一年(1552)刊本

2.《古列女传》八卷,(汉)刘向编撰,明万历年间(1573～1620)新都黄嘉育刊本

3.(新编)《古列女传》(残本)五卷,(明)黄鲁曾校刊

4.(新镌增补全像评林)《古今列女传》八卷,(汉)刘向编著,(明)茅坤补,彭烊评,宗原校,明万历十五年(1587)金陵唐富春刊本

5.(新镌增补全像评林)《古今列女传》八卷,(汉)刘向编著,(明)茅坤补编,明万历十九年(1591)刊本

6.(新镌全像音释)《古今列女传》(《绘图列女传》)四卷,明翁青阳校正,明万历二十六年(1598)与耕堂刊本

7.(新刻)《古列女传》八卷《新续列女传》二卷,(汉)刘向编撰,《续》(明)黄希周编撰,明万历三十四年(1606)序新都黄氏刊本

8.《古今列女传》(残本)一卷,(汉)刘向编撰,明刊本

9.《典故列女传》四卷,明人编纂不著姓氏,明刊本

10.《列女传》十六卷,(汉)刘向原撰,(明)汪□增辑,仇英绘图,明万历年间刊,清乾隆四十四年(1779)知不足斋修补本

11.《女镜》八卷,(明)夏树芳编撰,明万历年间刊本(原中国广东筹赈日灾总会等赠本)

12.《贞录》四卷,(明)蒋德璟编录,明崇祯年间刊本

13.《闺鉴图集》,(明)黄尚文编集,明万历三十七年(1609)刊本

14.(宝季泉公)《视篆芳规》五卷,(明)叶治泰等编,明万历二十八年(1600)刊本

15.《闺范》四卷,(明)吕新吾编,明万历十八年(1590)刊本

16.《闺范》四卷,(明)吕新吾编,明万历二十四年(1596)宝善堂刊本[有明治四十一年(1908)德富苏峰手记]

17.《闺范》四卷,(明)吕坤编撰,明万历三十四年(1606)郑世宝善堂刊本

18.《闺范》六卷，不著编撰人姓名，明刊无界九行刊本

19.《女范编》（《古今女范》）四卷，（明）黄尚文编，吴从龙等校，程起龙写图，明吴从善督梓刊本

20.（新刻）《女范编》三卷，（明）朱天球编，胡文焕校，明刊本

21.《闺节图说》四卷，（明）吕新吾编撰，明万历十八年（1590）刊本

22.（新刻）《女小学》（不分卷），（明）胡文焕编校，明刊本①

在以上这些善本中，可以判断是在近世东传的有第 1 种（内阁文库藏本、尊经阁文库藏本、阳明文库藏本）、第 4 种（蓬左文库藏本、轮王寺藏本）、第 9 种（内阁文库藏本）、第 10 种（东京大学综合图书馆藏本）、第 12 种（内阁文库藏本）、第 13 种（蓬左文库藏本）、第 14 种（内阁文库藏本）、第 17 种（内阁文库藏本）、第 18 种（蓬左文库藏本）、第 19 种（尊经阁文库藏本、蓬左文库藏本）、第 20 种（内阁文库藏本）和第 22 种（内阁文库藏本），所涉及的女训作品，既有人物故事型的《列女传》，也有《闺范》《女小学》等道德说教型女训。从具体文本信息来看，既有图文并茂型的女训，也有纯文字说教型女训，基本上能够代表中国女训作品的全部类型特征。

再从其东传的速度来看，由于近世的中国商船往来于日本，一直没有间断，所以女训的东传也与其他汉籍一样，具有很强的时效性。往往一种作品在中国问世不久，便会被运到日本销售。例如，上述明万历三十七年（1609）刊的《闺鉴图集》，在日本明正天皇宽永十二年（1635）时，便被江户时代尾张藩藩主购入，并藏于藩属的藏书所尾阳内库之中了。从在中国出版发行到被运到日本销售、收藏，中间仅相隔了 20 余年，足见中国女训东传之迅速。

女训类典籍之所以能够快速传入日本，一方面是由于中国的书商们受到利益的驱动，迎合了日本人爱好汉籍之状况而为之。另一个方面的原因就是，在明清之际，以程朱理学为主导封建礼教趋于成熟，统治者极为重视妇道伦理的教化，由此带来了女训创作的高峰期。与此同时，中国的印刷技术日渐成熟，版画水平有了很大提高，不但官方刻书事业蓬勃发展，民间私刻也很盛行。女训作为宣扬主流女德伦理观的载体，与民众实际生活最为贴近，所以成为官、私刊行的重要对象之一。以刘向《列女传》为例，仅在明朝就曾于正德年间、嘉靖年间、万历年间和崇祯年间被反复刊行，先后出现了正德刊六卷本、黄鲁曾刻本、行人司官刻本、黄嘉育刊本、胡文焕文会堂刊本、张溥刊本等诸多版本。此外还出现了对刘向《列女传》进行增补的作品，有解缙奉敕编撰的《古今列女传》、汪

① 各女训前的序号是笔者所加，具体内容参见严绍璗：《日藏汉籍善本书录》上册、中册，中华书局 2007 年版，第 530～533、753～754 页。

氏增辑的《列女传》十六卷、金陵富春堂刊行的插图版《新镌增补全像评林古今列女传》等。进入清朝以后,对刘向《列女传》的校注、仿作更是层出不穷,出现了王照圆、梁端、萧道管三家的著名注本以及《广列女传》《今列女传》等仿作。女训作品的大量刊行,为中日书籍贸易提供了充足的货源,保证了女训典籍交易的及时性。而与此同时,日本人在大量购入中国出版物之后,受到中国刊刻事业的影响和刺激,开始自行刊印汉籍,从而涌现出了许多和刻本女训。由此,日本人对儒家女训的吸收从单纯的拿来主义走上了翻刻、译介之路,大大推动了儒家女训在近世日本社会的传播。

二、出版业推动女训的传播

日本人模仿中国刻印书籍的做法,对东传的汉文典籍进行翻刻,始于8世纪。目前日本现存最早的版刻印刷物是《百万塔陀罗尼经》,是奉孝谦天皇敕命印刷的。和刻本典籍最初都是佛教经典,经过近半个世纪的发展,到了13世纪中期时,随着宋学在日本的兴起,日本人开始翻刻儒家典籍。最早问世的和刻本儒家典籍是日本后深草天皇宝治元年(1247)翻刻的宋刊《论语集注》十卷。[①]然而,由于儒学在日本中世一直处于佛教的附庸地位,而且当时日本正处于战乱频仍的时期,整个社会对典籍的刊行、研究并不重视,文化传承的重任落在了那些在寺庙中潜心修行的僧人身上。因此,中世儒家典籍的刊刻主要是在僧人的主持下开展,其中最为著名的当属"五山十刹"刊刻的五山版汉籍。进入近世以后,随着社会秩序日渐安定,德川幕府着力于振兴文教事业,幕府的第一代将军德川家康更是崇尚文治武功,尤其重视对儒家典籍的刊刻。他曾经下令刊刻《孔子家语》(1599)、《贞观政要》(1600)、《周易》(1605)、《七书》(1606)等中国典籍。官版和刻本典籍的出现,标志着近世日本进入了大规模吸收汉籍的时期。在官办刊刻事业的带动下,为适应庶民阶层的文化需求,私人刊刻汉籍也逐渐兴盛起来。

进入江户时代中期以后,随着商品经济的发展,以町人为代表的庶民阶层不断发展壮大,在文化方面,出现了取代贵族、武士文化的町人文化。庶民阶层的成长和庶民文化的繁荣增加了他们对教育的需求,教育子女读书识字成为人们的共识。为了适应庶民阶层不断增长的阅读需求,书商们纷纷开版印书,以商业盈利为目的私人出版事业蓬勃发展起来。据统计,自17世纪初期至19世纪后期约270年间,日本共计出版了约17000部典籍,涉及的书商有3600余家,除北海道之外,书商几乎遍布日本全国各地。[②] 尤其是到江户时代中后期,

---

① 参见严绍璗《汉籍在日本的流布研究》,江苏古籍出版社2000年版,第126页。

② 参见[日]矢岛玄亮编:《德川时代的出版物出版者集览》及其续篇,仙台万叶堂1976年版。

以京都、江户、大阪三个城市为中心的私人刻书产业尤其发达，几乎书铺遍地，刻本盈屋。这些私刻书商所刊刻的书籍大多都与庶民生活密切相关，包括反映庶民生活的假名草子等文艺作品以及庶民子女所用的初等教科书——往来物等。而仅用于女子初等教育的往来物就出版了千余种之多，其中以道德训诫为主要目的的女训占到多数。

总体看来，近世日本由私人书商刊刻的女训作品大致有三个类别：

其一是以中国汉籍为底本进行翻刻的作品。如1653年京都书商小嶋弥左卫门翻刻的《刘向列女传》，便是以明朝胡文焕校刊的文会堂本《古列女传》为底本。据目前掌握的资料来看，现存的和刻版女训典籍作品仅有这一例。由此可见，近世日本以中国女训典籍为底本加以直接翻刻的作品数量并不多。这或许是因为汉文对于当时的一般民众而言较难理解。与之相较，当时人们刊刻较多的女训则是在中国女训典籍原文的基础上，标注日文训读标记，或者直接将其翻译成日文假名的作品，这便是第二类。

其二是对中国女训进行注解或翻译的作品。其中有给女训的汉文添加简单的训读标记的作品，如1788年问世的《曹大家女诫》(刊者不详)、1791年江户书商小林新兵卫(嵩山房)刊印的《女孝经》等。也有在汉文原文的基础上使用中文或日文进行注解的作品，其中使用中文注释的如1791年江户书商斋藤鹤矶刊印的《曹大家女诫》、1795年水户书商加仓井久泰刊印的《女诫》以及1822年江户书商须原屋新兵卫刊印的《和汉绘入女训孝经教寿》等；而使用日文进行注解的有1802年名古屋书商永乐屋东四郎(永乐堂)刊印的《曹大家女诫》以及1806年江户书商斋藤鹤矶刊印的《曹大家女诫和解》等。此外，还有将中国的女训作品直接翻译成日文的作品，如1652年京都书商中野道伴刊印的《女诫》、1655年京都书商中野小左卫门出版的《假名列女传》、1656年江户书商中野仁兵卫刊印的《女四书》、1829年大阪书商加贺屋弥兵卫刊印的《曹大家女论语图会》等。这一类作品数量较之第一类要多，目的主要是为了给日本人学习中国儒家女训典籍提供便利，翻译注解的中国女训主要是《列女传》《女诫》《女四书》《女孝经》等代表作，其中尤以《女诫》的注解翻译书最多。

其三是日本人创作的本土女训作品。这一类女训数量最多，类型丰富。既有模仿中国女训的编撰体例，引用中国女训的内容而创作的作品，如1658年由京都书商上村四郎兵卫刊印的《大和小学》，仿照中国朱子学典籍《小学》的体例，设立了内篇——立教、明伦、敬身，外篇——嘉言、嘉行，在内容上又大量引用了刘向《列女传》中的人物故事来讲述妇德。1661年京都书商西村又左卫门刊印的《本朝女鉴》，则是模仿刘向《列女传》的编撰体例，记录了日本本国妇女的事迹。此外，这类和刻本女训中数量最多的是具备日本独特的编撰体例的一系列女训作品，包括女今川系列、女大学系列、女实语教系列等。这些作品也都是由私人书商刊印流通的。如女今川系列中女训的两大系统——贞享四年(1687)版和元禄十三年(1700)版，分别是由京都书商福森三郎兵卫和江户书商板木屋新助刊印的；女实语教系列的开山之作《女诫绘入女实语教・女诫绘入女童子教》，是1695年由京都书商文台屋治郎兵卫刊印的；女大学系列中最具影响力的女训作品《女大学宝箱》，是1716年由大阪的柏原屋清右卫门和江户的小川彦九郎合作刊印的。有关日本本土女训的情况，将在下文作详细介绍，此处不再赘述。

总体看来，近世日本书商刊印的女训作品，不仅数量庞大、种类繁多，而且印刷技术很成熟。和刻本女训作品考虑到女子的识字水平较低，为了吸引读者的注意力，增加作品的可读性，往往采用图文并茂的形式，其中尤以大阪书商加贺屋弥兵卫刊刻的系列作品《曹大家女诫图会》《曹大家女论语图会》《郑氏女孝经图会》和《明孝慈列女传图会》的制版精美。这四套书后来还被大阪书商秋田屋太右卫门合刊为《女四书艺文图会》。由于此时私人刊刻典籍主要以盈利为目的，为了推销自己出版的作品，有的书商还会在其已经刊印的女训书籍上为即将出版的作品登载广告。如在1791年江户书商嵩山房出版的《女孝经》的跋文之后，刊登了"女孝经证注・同国字解嗣出"的书籍出版预告；1844年江户书商林道彰藏出版的《大和女诫》的刊记部分，也刊登了《大和女诫讲释》(首次插图版，全一册)的广告。与此同时，畅销的作品往往会被多家书商反复刊印，如《刘向列女传》就有小岛弥左卫门版、上村次郎卫门版、葛西市郎兵卫版等多个版本；小龟勤斋创作的《女五经》有西村市郎右卫门版、梅村弥右卫门版、松会三四郎版等。由于翻刻的情况比较普遍，当时甚至还出现了书商之间因为盗版问题而发生纠纷的情况。例如，1785年京都书商菊屋太兵卫刊印了《新撰女倭大学》之后，在第二年就被《女大学宝箱》的版权所有者柏原屋清右卫门告发其盗版，并进而发展为版权诉讼事件，最终这场官司以菊屋太兵卫被没收制版、停止销售而告终。[①] 通过上述分析不难看出，在近世日本，包括中国女训在内的所有女训作品，已经借书商的刊印而完全商品化了。近世私人刊刻事业的发展，促进了女训等书籍作为商品在社会上的流通，为中国女训进入寻常百姓之家创造了有利的条件，大大推动了中国女训作品在日本的广泛传播。

三、女训代表作的译介与流布

在江户时代，日本人一方面模仿中国刻印典籍的做法，大量翻刻中国女训，

---

① 参见[日]小泉吉永的往来物解题全文检索数据库检索的"新撰女倭大学"条。http://cgi2.bekkoame.ne.jp/cgi-bin/user/u109732/blocker/sgate.cgi，2018年12月28日。

另一方面为了方便本国民众阅读,也进行了相关的注解、译介工作。此外还仿照中国女训的编撰体例、借鉴其故事情节,编撰了大量的本国女训书籍。由此儒家女训充分发挥出了其作为女性道德训诫书的作用,影响力得以迅速扩大。接下来,笔者将重点考察刘向的《列女传》、曹大家的《女诫》、郑氏的《女孝经》以及王相的《女四书》在近世日本的流传情况。

1.《列女传》的译介与流布

刘向的《列女传》是最早东传的女训作品之一,也是对近世日本影响最大的女训作品之一。日本人不但以汉文版本为底本进行翻刻,而且还将其译为日文,并借鉴其编撰体例和内容,创作了众多本国的列女传。江户时代《列女传》的汉文和刻本有以下四个特点:

第一,由于此时最早传入日本的班昭注十五卷本已经亡佚,人们翻刻所用的底本主要是明代胡氏文会堂刊印的八卷本。文会堂是明朝著名的藏书、刻书家胡文焕在杭州开设的书局,其刻书以种类多、数量大、流传广而著称。万历年间,胡氏文会堂曾刊刻过刘向的《列女传》,而此胡氏刻本实际上又是以明朝万历三十四年(1606)黄嘉育刊刻的刘向《列女传》为底本,略加改造翻刻而成的。[①] 17 世纪前期,文会堂本《列女传》经由中日间书籍贸易东传之后,于 1653 年最早被日本人翻刻,成为对近世日本影响最大的一个版本。自胡氏文会堂本问世至其和刻本的出现,其间经历了近三四十年的时间。

第二,从事翻刻事业的以京都的私家书商为主。如前所述,随着商品经济的发展,江户时代出版印刷事业日渐兴旺,各大城市如京都、江户、大阪等地私人开版刊印汉籍已蔚然成风。目前已知刊印过《列女传》的书商均出自京都,有小岛弥左卫门、上村次郎卫门、葛西市郎卫门等。其中尤以承应二年(1653)小岛弥左卫门刊行的《新刻古列女传》最早,也最具代表性。此版本目前存世较多,是现存最古老的刘向《列女传》的和刻本。目前在日本的国立公文书馆内阁文库、三重大学图书馆、实践女子大学图书馆、筑波大学图书馆、关西大学图书馆等地均有收藏。值得一提的是,此本后来还回传到我国,现藏于上海图书馆。

第三,在《列女传》的和刻本中,均标注了日文训读标志,以帮助汉字读写水平低的日本民众的阅读和理解。以小岛弥左卫门的《新刻古列女传》为例,此本共 8 卷 8 册,每册于"新刻古列女传卷之某"下题曰:"汉光禄大夫刘向子政撰,明钱塘后学胡文焕德甫校。"其中依次收录了明万历三十四年(1606)黄嘉育之序、宋嘉定七年(1214)孔良之序和宋嘉祐八年(1063)王回之序,书中总目录散

---

① 参见刘赛:《明代官、私刊行刘向〈列女传〉考述》,载《明清小说研究》2008 年第 4 期。

入各卷之初，正文为楷书、小字、十行，为了便于日本人阅读，在汉字之旁还附有日文训读标记。

第四，日本人在翻刻文会堂本《古列女传》时，往往还同时翻刻了明代黄希周等人编辑的《新续列女传》，而且在《新续列女传》中还增加了朝鲜半岛的女性事迹，如百济的都弥妻、高丽的安东金氏等。由此或可推断《新续列女传》等有可能是经由朝鲜半岛传入日本的。以小岛弥左卫门的刊本为例，在承应三年(1654)，《新续列女传》三卷问世，与承应二年(1653)的《新刻古列女传》卷一至卷八相衔接，卷次分别标识为卷九、卷十、卷十一，每卷一册；而京都书商上村次郎卫门在1653～1654刊刻的则为6册，分别是《新刻古列女传》8卷，汉刘向撰，明胡文焕校，每两卷为一册；《新续列女传》3卷，明黄希周等辑，上卷为一册，中卷与下卷合为一册。刘向《新刻古列女传》的刊行为《列女传》在日本的广泛传播奠定了基础。

虽然刘向《列女传》的和刻本问世较早，但是毕竟对于一般的日本人而言，阅读汉文原典存在很大的难度，将《列女传》翻译成便于本国民众阅读的日文，便成为当务之急。于是在明历元年(1655)，日文版的《假名列女传》应运而生。译者是江户时代前期著名的和歌学者、徘人、古典学者北村季吟(1623～1705)。北村季吟，名静厚，通称久助，号芦庵、七松子等。他曾师从著名徘人松永贞德(1571～1654)研习俳句，遂有大成，并作为幕府的和歌师活跃于歌坛。北村季吟曾给《源氏物语》《枕草子》《徒然草》等日本古典文学作品作注释，为古典文学在庶民中的普及做出了很大贡献。明历元年(1655)，他凭借其深厚的古文造诣和汉学功底，将刘向的《列女传》全文翻译为日文，题为《假名列女传》。关于翻译《列女传》的动机，据北村季吟本人在《假名列女传》的跋文中所言：

> 《列女传》始于仁义、节义之妇，而终于孽嬖之流，旨在劝善惩恶，以使妇人修妇德、慎言行。吾邦之伊势、大和物语，源氏、狭衣草子等作品之主旨亦在于此。然则伊势、源氏之类皆为古昔之作，未习古文者难得其要旨。而《列女传》系汉文，女辈亦难解其意。故而得其训诫之要、解其要旨之深者鲜矣。今不揣谫陋，将难解之文译为易懂之句，以假名书其大意。有识君子固然不值一观，惟供女流之辈赏习，助其侍奉父母、曲从舅姑、顺从夫君、生育子嗣，以全妇德也。①

显然，北村季吟之所以翻译《列女传》，是为了方便当时的日本女子学习中国女训《列女传》，其根本目的是为了彰显三从四德、贞节柔顺的儒家妇道伦理，并以

① 《假名列女传》原文引自[日]《女子之友》记者编《东洋女训丛书》第二编，东洋社1901年版，"跋"第1页。

此来教化日本妇女。此书译成之后，由京都的书商中野小左卫门出版刊行，全套8册，分别为卷一《母仪传》、卷二《贤明传》、卷三《仁智传》、卷四《贞顺传》、卷五《节义传》、卷六《辩通传》、卷七《孽嬖传》和卷八《续篇》，共计124篇传记。据考证，北村季吟翻译所用的底本正是上文介绍的承应二年(1653)出版的和刻本《新刻古列女传》。[①] 全书省略了底本中的颂文，保留了插图。正文的翻译多采用长句短译，简单易懂；几乎全部用假名书写，很少使用汉字，便于女子阅读。《假名列女传》开创了《列女传》汉文日译的先河，其刊刻为当时日本人学习《列女传》提供了便利，大大推动了《列女传》在日本的传播。

汉文和刻本和日文翻译本的出现，为日本人阅读和学习《列女传》提供了极大的便利条件。在此基础上，日本出现许多仿作女训。总体而言，日本人对《列女传》的仿作共有两大类：一类是模仿《列女传》的编撰体例，以日本历史上的节妇烈女为素材编写的女训。这类作品有《本朝女鉴》(1661)、《本朝列女传》(1668)、《和汉贤女物语》(1669)、《本朝美人鉴》(1687)、《本朝贞女物语》(1695)、《古今和国新女鉴》(1714)、《本朝名女物语》(1736)、《和汉二十四贞女》(1838)、《烈妇传》(1844)等。这些作品中既有完全以日本本土女性为题材的作品，也有以中日两国历史上的贤女贞妇为题材的作品，其中影响较大的当属《本朝女鉴》和《本朝列女传》。

《本朝女鉴》的作者浅井了意(? ～1691)是日本江户前期著名的假名草子作家，号瓢水子、松云。他一生创作了大量具有训诫性质的假名草子作品，《本朝女鉴》便是专为训诫女子而创作的最具代表性的作品。之所以编撰此书，作者在序言中讲道：

> 世人虽有明眸，却不知观其面，故撰此鉴，以照其面；虽有才智，却不能明其心，故求诸道，以正其心……兹以为人之道喻之曰鉴……此本朝女鉴所载者，上自钟鼎之家，下及筚门圭窬，皆为本朝古今之名妇列女，堪当闺阁之典范也。今令愚顽之女朝夕诵读，或可见贤思齐，庶有补益也。[②]

据此不难看出，浅井了意编撰《本朝女鉴》的目的，是要用日本历史上著名的节妇烈女的典型事迹来训诫女子，使其明白身为女子所应当遵守的准则。此书在宽文元年(1661)由京都书商西村又左卫门出版刊行，全套12卷，每卷一册，共计12册。其中共收集了自古代至中世的85位日本妇女的传记故事，并将其依

---

① 《假名列女传》原文引自[日]《女子之友》记者编：《东洋女训丛书》第二编，东洋社1901年版，"解题"第3页。

② 《本朝女鉴》原文引自[日]同文馆编辑局编：《日本教育文库·孝义篇》(下)，同文馆1911年版，第89～91页。

照女德条目,依次分为“贤明”“仁智”“节义”“贞行”“辩通”五个类型,每个类型又分为上、下两卷,共计10卷。最后两卷中,共阐述了十条女子的生活准则,其中第十一卷《女式上》包括“初生女子之道”“训女工之道”“三从之道”“四德之道”“事夫之道”;第十二卷《女式下》则包括“事舅姑之道”“遣使下人之道”“戒除嫉妒之道”“善待继子之道”“寡妇守节之道”,这两卷是对妇德伦理的全面总结。全书使用假名与汉字相混合的日文书写,其中的汉字都附有训读标记,以方便女子阅读,各卷还附有数页插图。《本朝女鉴》从内容主旨来看,以儒家妇道伦理为主;就编撰体例而言,前十卷沿用了刘向《列女传》中《贤明传》《仁智传》《节义传》《贞行传》《辩通传》的分类方法,因而被称作是日本本土《列女传》的嚆矢。[①]

《本朝列女传》与《本朝女鉴》不同,全书不是使用日文撰写,而是使用汉文撰。作者安部弘忠,号石斋,字有邻,曾师从著名儒学家林罗山学习朱子学。作为一名儒学家,他编撰《本朝列女传》的用意自不待言,这是为了宣扬儒家的妇道伦理。因此在《本朝列女传》的自序中,开篇便以“稽古发今,贞妇节女世不为少矣”为全书奠定了基调,接着依次介绍了“胎教之法”“襁褓之教”“孩提之教”“纺绩女事之教”“出嫁时的父母之教”等儒家训诫女子的观点和做法,进而又从天地阴阳论出发,将儒家的男尊女卑观加以理论概括和总结。安部弘忠对儒家妇道伦理的推崇可谓是不惜笔墨,相关篇幅达6页,占到了整篇序文的一半。《本朝列女传》于宽文八年(1668),由京都书商胜村治右卫门刊行,全书10卷共10册,分别为卷一《后妃传》、卷二《夫人传》、卷三《孺人传》、卷四《妇人传》、卷五《妻女传》、卷六《妾女传》、卷七《妓女传》、卷八《处女传》、卷九《奇女传》和卷十《神女传》,其中共包含本传181人,附录36人,共计217人。从具体内容和编撰体例来看,正如作者在自序中所言,是要“穷阅国史,拾缀诸记,略拟刘更生《列女传》”[②],为日本本国的贞女节妇作传。此书全篇均用汉字书写,为了便于日本人阅读,在汉字旁边添加了日语训读标记。每篇传记之后,都绘有一幅插图,并且还仿照《列女传》的体例,附有一首四言八句的颂词。就这一点而言,《本朝列女传》堪称江户时代日本人自己编撰的为数不多的忠实模仿刘向《列女传》的女训作品。

日本人模仿《列女传》创作的另一类女训作品是具有自身特色的编撰体例,但在具体阐述妇道伦理时,借用了其中的部分故事情节的女训作品。这类日本女训数量较多,代表作有《鉴草》(1647)、《女五经》(1657)、《大和小学》(1658)、

---

① 参见[日]金子幸子等编:《日本女性史大辞典》,吉川弘文馆2008年版,第671页。

② 《本朝列女传》原文引自[日]同文馆编辑局编《日本教育文库·孝义篇》(下),同文馆1911年版,第279~282页。

《新板女学假名往来》(1673～1681)、《教训绘入比卖鉴》(1756)、《明孝慈列女图会》(1830)、《养育往来》(1839)等。在这些女训中，既有借鉴《列女传》中的故事来说教妇德的作品，也有引用《列女传》中的胎教故事来向女子传授育儿经验的作品。前者以中江藤树(1608～1648)的《鉴草》以及小龟勤斋(生卒不详)的《女五经》为代表。后者以小川保麿(生卒不详)的《养育往来》为代表。

中江藤树是江户时代前期著名的儒学家，日本阳明学派的创始人，一生著述颇丰。《鉴草》是中江藤树晚年的一部重要著作，集中体现了他的女子教育思想和女性观。正保四年(1647)由京都书商风月宗知刊行，全书共6卷6册，分别为卷一《孝逆之报》、卷二《守节背夫报》、卷三《不嫉妒毒报》、卷四《教子报》、卷五《慈残报・仁虐报》和卷六《淑睦报・廉贪报》，依次教导女子如何处理与公婆、丈夫、侍妾、子女、继子、下人、叔妹、族人等之间的关系。此书主要阐述了女子出嫁后所应遵守的各种伦理，主要包括孝顺公婆、为夫守节、戒除嫉妒、教导子女、慈爱继子、善待下人、和睦叔妹等。在论述这些儒家妇道伦理时，作者还从《列女传》等中国典籍中，借用了大量贞妇烈女的事例加以佐证。具体而言，《鉴草》卷二《守节背夫报》中引用了《列女传・贤明传》中的"陶荅子妻"以及卷四《贞顺传》中的"梁寡高行"和"陈寡孝妇"；《鉴草》卷三《不嫉妒毒报》中引用了《列女传・仁智传》中的"卫灵夫人"；《鉴草》卷四《教子报》中引用了《列女传・母仪传》中的"邹孟轲母"；《鉴草》卷五《慈残报》中引用了《列女传・节义传》中的"齐义继母"。从全书的结构和内容来看，不难发现作者撰写《鉴草》的主旨是培养儒家所推崇的恪守"三从四德"之道的贞妇烈女。据考证，此书是中江藤树写给妹妹的女训，[①]自问世之后便被人们广为传阅，继正保四年出版刊行之后，又分别于万治二年(1659)、宽文九年(1669)、延宝三年(1675)、天明元年(1781)、宽政元年(1789)多次重印，对江户时代的女子教育产生了深远影响。

《女五经》的作者小龟益英，号勤斋，字叔华，通称三左卫门，是江户时代前期的儒学者，著作多是对中国经典的注解，主要有《小学谚解》《大学谚解》《韵镜秘事》《正字韵镜》《韵镜谚解》等。《女五经》是专门为训诫女子所创作的假名草子作品。此书共5卷，正标题为《女五经》，这显然受到了中国女训《女四书》的启发，故而各卷的标题都与儒家的五经相关联，体现了作者以儒家伦理来规诫女子的创作意图。[②] 其中卷一和卷二均题为《春秋》，卷三和卷四均题为《诗经》，卷五则题为《礼记》。此书的副标题为《明石物语》，故而前三卷的内容主要围绕日本古典名著《源氏物语》中明石姬与公家大臣的恋爱经历展开。这虽然与《春

① 参见[日]浅沼アサコ:《中江藤树的女子教育论》(1)，载《东京家政学院大学纪要》第25号，1985年，第10页。

② 参见[日]青山忠一:《〈女五经〉研究》，载《二松学舍大学论集》1970年版，第67页。

秋》《诗经》等并无直接联系，但从第三卷后半部分开始，作者借助明石姬与侍女的对话，以问答的形式引入了《礼记》《列女传》等中国典籍的内容，以达到训诫女子的目的。具体而言，在第三卷后半部分，介绍了《礼记》中关于男女有别的论述以及中国贞妇烈女的事迹，其中取自《列女传·贞顺传》中的"宋恭伯姬""蔡人之妻""息君夫人""齐杞梁妻""楚昭贞姜"和"卫宗二顺"。第四卷中则着重介绍了女子的三从之道，并介绍了《列女传·孽嬖传》中所记载的"鲁桓文姜""鲁庄哀姜""陈女夏姬"及"楚考李后"等反面女性的事例。第五卷论述了女子日常生活中所应遵守的礼仪规范。

总体来看，《女五经》是一部杂糅了《列女传》《源氏物语》等中日典籍的、具有训诫性质的文学作品，因其依托日本人较为熟悉的明石姬的故事来阐述妇道伦理，故而具有较强的可读性，易于为人们所接受。此书在延宝三年(1657)由京都书商西村市郎右卫门刊行之后，又先后于延宝九年(1661)、元文六年(1741)和安永四年(1775)被重新刊行，对江户时代的女性产生了很大影响。

《养育往来》的作者小川保麿，号玉水亭，根据序言中"天保十年己亥三月小川保麿志"的署名可知，全书完成于天保十年(1839)。作者创作此书的目的是有感于教育子女的重要性，故而"辑录抚育幼稚之道种种、古人之金言，号之曰养育往来"。在封页之下，配有两幅贤母教子的插图，一是孟母，一是楠木正成之妻，图中以日文小字分别讲述了"孟母三迁"的故事和楠木正成之妻教育其子正行继承父亲遗志、为天皇尽忠的故事。显然，作者十分看重母亲在教育子女方面发挥的重要作用。正文是用汉语撰写，附有日文训读假名，开篇曰："凡有情者何莫不爱子"，而"人者为万物之灵"，故而"育我子，教以道事，岂可忽哉。"紧接着便引用了《列女传·母仪传》"周室三母"中关于胎教的论述，来强调"教子以道"的重要性：

> 《列女传》曰：古妇人怀妊子者，寝不侧，坐不立行是，口不食辛辣物、生臭物、油腻物、非时令物等。割不正不食，席不正不坐，目不视恶色，耳不听淫声。夜则论圣贤之道、读书籍令闻之。早为胎内之教，如斯则出生之子必面容端正不俗，智慧过人也。（注：～部分表示与《列女传》原文一致，＝部分是《列女传》中没有的内容。另文中句读为笔者所加）①

这里引用《列女传》中的胎教理论并没有原样照搬原文，而是在不偏离原文主旨的基础上，根据作者自己的理解，加以简化处理，以便于人们更好的领会胎教之法。如原文的"不食邪味"便比较笼统抽象，人们对于何为"邪味"一般不得要

① 《养育往来》原文引自东京学艺大学附属图书馆望月文库往来物目录电子数据库：《养育往来》电子版。

领，所以作者将其解释为“辛辣物、生臭物、油腻物、非时令物”等具体的食物，这样更加有利于读者身体力行。而作者引入《列女传》的胎教理论的目的，也并非是为了宣扬“母仪之德”，而是本着实用主义的立场，劝谏妇女“早为胎内之教”。

实际上《养育往来》也是一部实用性很强的育儿经。自胎教之后，文中依次阐述了乳母的选择之法、婴幼儿养育的秘诀、儿童七岁之后的家庭教育、寺子屋教育心得以及各种行为礼仪的教育等方面的内容。总体来看，其中的教子心得被归纳为十条[①]：子女教育的失败全是父母的责任；欲教子女先正父母之身；爱子之心不可混淆；早教善恶、严诫恶事；让孩子吃苦，不许其以自我为中心；礼仪法则要认真教育；慎重选择孩子的朋友及游乐；教师与家长要同心协力；不要搞错学习的目的；育儿是在不断的错误中总结经验，须用心学习。可以说，这些育儿经验至今仍然有较高的参考价值。这样一部实用性很强的育儿书中，引用《列女传》的胎教内容，更加突显了《列女传》的实用主义价值，而这与中国封建社会将《列女传》视作妇道教化的典范制作、一味追求彰显妇德的做法有着明显的区别。

《列女传》不仅对近世日本女训的创作产生了很大影响，而且还为当时庶民文艺作品的创作提供了素材。近世的假名草子《女仁义物语》(1659)、《堪忍记》(1659)、《女郎花物语》(1661)、浮世草子《武家义理物语》(1688)等文学作品中，都引用了《列女传》中的人物故事。具体而言：

《女仁义物语》采用三位在宫中任职的女官相互问答的形式，谈论了女人特有的矛盾和苦楚：如果独身，则倍感焦虑不安，难免晚年凄凉；如果嫁人，不但要与父母分离，还要忍受“三从”之苦，遵守各种妇道伦理的约束。书中还借年长女官之口，着重讲述了为人妻之道，包括遵守“三从”之道，戒除嫉妒之心，践行“仁、义、礼、智、信”的“五常”之教，等等。在具体论述过程中，作者引用了《列女传·贞顺传》“宋恭伯姬”和“蔡人之妻”的故事。[②]

在浅井了意早期的假名草子《堪忍记》中，罗列了日、汉古书中的名人逸事，宣扬处世必须忍让的思想。书中第六卷至第八卷是《女鉴部》，专门讲述“五障三从”“七出三不去”等女性必须接受的各种道德规范，并罗列了“女鉴之例”“孝敬舅姑之例”“养育继子之例”“孀居守节之例”“践行妇德之例”等众多女性人物的实例。其中引用的中国故事有《列女传·贤明传》“宋鲍女宗”、《列女传·母仪传》“有虞二妃”、《列女传·仁智传》“孙叔敖母”；从《新续列女传》中引用的故事有“晋冀缺妻”“鲍宣妻”“姜诗妻”“卫敬瑜妻”“魏溥之妻”等。[③]

---

① 参见[日]小泉吉永：《江户时代的育儿经十条》，柏书房2007年版，“目录”第1页。

② 参见[日]青山忠一：《假名草子女训文艺研究》，樱枫社1982年版，第234～235页。

③ 参见[日]青山忠一：《假名草子女训文艺研究》，樱枫社1982年版，第377～378页。

《女郎花物语》是北村季吟继《假名列女传》之后创作的作品，他假托“藤原氏女”之名，通篇采用女性化的语言，目的是为了便于女性阅读。全文以《源氏物语》中的紫姬为理想的女性形象，既注重女子和歌才能的培养，同时又受儒家伦理的影响，强调三从之道的涵养。在言及妇道伦理时，以《假名列女传》的翻译为参照，分别引用了《列女传・孽嬖传》“晋献骊姬”，《列女传・辩通传》中的“齐宿瘤女”“班婕妤”，《列女传・贤明传》中的“梁鸿妻”“晋赵衰妻”，《列女传・节义传》“齐义继母”，《列女传・母仪传》中的“卫姑定姜”“邹孟轲母”“周室三母”等人物故事。①

《武家义理物语》是近世著名作家井原西鹤创作的浮世草子，其中讲述了几个节妇义女的故事，这些故事都是以《列女传・节义传》为题材进行创作的，分别是“丢弃自己侄子，保全丈夫外甥”的故事，取材于“鲁义姑姊”；“只言片语见贞节”的故事，取材于“盖将之妻”；“死则同枕”的故事，取材于“梁节姑姊”；“一身怎可事二夫”的故事，取材于“郃阳友娣”等。②

值得注意的是，近世的文学作品中引用《列女传》的内容，并非单纯是出于文学创作的目的。这些作品本身亦具备很强的道德训诫性，所以其中对《列女传》的借鉴，也是为了宣扬封建妇德。因此就这一点而言，在对《列女传》的引用方面，近世文艺作品与平安时代文学作品之间有着根本的不同。而文学作品的道德化，也正体现了《列女传》等儒家女训所倡导的封建妇德在近世日本隆盛的程度。

2.《女诫》的译介与流布

曹大家班昭的《女诫》是中国儒家道德说教型女训的典型代表，也是最早传入日本的女训之一。但是，自从平安时代东传以后，直到江户时代才开始受到重视，进而成为近世日本人译介最多的中国女训之一。近世日本出现的《女诫》译介书总体而言可以分为三大类：

第一类是《女诫》的日文注解版。这类作品在汉文原文上标注日语训读标记，并以夹注的形式，逐字逐句地对正文进行注解。庆安五年（1652），由自警注解、京都书商中野道伴刊印的《女诫》，是现存最早的《女诫》注解本。其正文以小字著录了《女诫》原文，并添加日文训读标记。正文之后的“附录”中，用日文对班昭其人及《女诫》的主旨大意进行了解说。类似的作品还有樋口邦古注《曹大家女诫》（1802）、田山敬仪注《绘入女诫服膺》（1805）、薗田行保注《曹大家女诫和解》（1806）以及仓次重约注《女诫俚言》（1852）等，这些作品的共同特点是

① 参见［日］青山忠一：《假名草子女训文艺研究》，樱枫社1982年版，第46～47页。
② 参见［日］麻生矶次、富士昭雄译注：《西鹤武家义理物语》，明治书院1976年版，第115～124页。

在著录中文原文的基础上，用日文进行注解，内容大致都相同。其中比较有特色的当属《绘入女诫服膺》，其中不但配有人物插图，增加了文章的趣味性，而且正文不是像其他注解书那样用楷书书写，而是用草书写成，表现出其特色。

第二类是《女诫》的汉文注解版。这类作品不但保留了《女诫》的原文，而且注解也用中文，如斋藤鹤矶注《曹大家女诫》(1791)、加仓井松山注《女诫新注》(1796)等。一般而言，《女诫》的注解书都忠于原文，分为卑弱、夫妇、敬顺、妇行、专心、曲从、和叔妹七篇，往往省略了原著中的"自序"部分，代之以对曹大家班昭以及《女诫》的介绍。而《女诫新注》却分为8篇，即在正文7篇之前将"序言"也列为一篇。之所以如此，是因为注者认为"后汉书直书鄙人以下为自序，其余七章为本文。然此序其谦孙辞让、温润教诲之意亦足以为教，故今加之篇首，列以为八章"，这样一来就更加能够体现《女诫》的全貌。使用汉字注解，一方面显示了注者精深的汉文造诣，另一方面也对读者的汉文水平提出了更高的要求。从这一点而言，汉文注解版的普及程度应该不及日文注解版，因此其传世的作品数量也相对较少。

第三类是对《女诫》的翻译改编版。这类作品不著录汉文原文，而是直接用日文书写，以明历二年(1656)辻原元甫译注的《女四书》中的《女诫》最早。辻原元甫并非一字一句生硬地翻译，而是在保留原文主旨和篇章结构的同时，对原文进行了删减。以其所编译的《女诫》为例，从编撰体例来看，与班昭的《女诫》完全一致，共由八部分组成，包括"序言""卑弱章第一""夫妇章第二""敬慎章第三""妇行章第四""专心章第五""曲从章第六""和叔妹章第七"，但是从其内容来看，却不尽相同。以"序言"部分为例：

《女诫》原文：

> 鄙人愚暗，受性不敏，蒙先君之余宠，赖母师之典训，年十有四，执箕帚于曹氏，于今四十余载矣！战战兢兢，常惧黜辱，以增父母之羞，以益中外之累……但伤诸女，方当适人，而不渐加训诲，不闻妇礼，惧失容他们，取耻宗族，吾今疾在沈滞，性命无常，念汝曹如此，每用惆怅。因作女诫七篇，诸女各写一通。庶有补益，裨助汝身，去矣，其勖勉之。[1]

辻原元甫《女诫》：

> 此女誡七章は漢の曹大家の作れる書なり。人の子の中に、男子は、師をとり、学文をつとめさせて、古今のことわりを知らせ、身ををさむる道をならはしむるもあれど、女子にいたりては、教ふる人まれなり。女

① 《女诫》原文引自苏者聪：《中国历代妇女作品选》，上海古籍出版社1987年版，第478页。

子は幾程なくて他の家に嫁ぎ、夫にしたがひ、舅姑につかうまつるへき者なれば、親のかたに留まりをる事、しばらくの間なり。かねて婦たる道を教へ侍らずは、夫の心にそむき、一門の恥をなさん事、いかばかり物うからん事ならずや。されば、曹大家この理をおもんはかり給ひて、此書をあらはし、わが御むすめに與へ給へり。人の親たる人は、ことごとく曹大家の志をたつとび、此書をうつし、女子に授けをしへ、習はしめ侍るべき事ならずや。[①]（笔者译文：此女诫七章乃汉曹大家所作，世人多有令男子从师习文、知晓古今之事，以习修身之道者。而至女子，则受教者鲜矣。女子长成皆适人，从夫君而事舅姑，故事亲时日甚短。若不教以为妇之道，恐其背逆夫意，令家门蒙耻，何其忧哉！如是曹大家以此为念著此书，授以女子修身之道）

在《女诫》的序言中，患病的曹大家班昭回忆了出嫁后“战战兢兢”“执箕帚于曹氏”的生活经历，担忧宗族诸女不通“妇礼”而使宗族蒙羞，所以撰写了女诫七篇以示训诲。日文版的《女诫》序言中，没有一句是对原文的翻译，对《女诫》的介绍也仅仅在开篇以“此《女诫》七章乃汉曹大家所作”一语带过，其后作者便大谈训诫女子之必要性。“序言”部分如此，其他各章也同样，在内容方面均有所删减变更。再以“卑弱章第一”为例：

《女诫》原文：

古者生女三日，卧之床下，弄之瓦砖，而斋告焉。卧之床下，明其卑弱主下人也；弄之瓦砖，明其习劳主执勤也；斋告先君，明当主继祭祀也。三者盖女人之常道，礼法之典教矣。谦让恭敬，先人后己，有善莫名，有恶莫辞，忍辱含垢，常若畏惧，是畏卑弱下人也。晚寝早作，勿惮夙夜，执务私事，不辞剧易，所作必成，手迹整理，是谓执勤也。正色端操，以事夫主，清净自守，无好戏笑，洁齐酒食，以供祖宗，是谓继祭祀也。三者苟备，而患名称之不闻，黜辱之在身，未之见也。三者苟失之，何名称之可闻，黜辱之可远哉！[②]

辻原元甫所译《女诫》：

卑弱というはわが身を謙り卑くして、心かたち物やはらかなるを謂ふなり。されば古の教に、女子を生めば三つの禮法あり。一つには生ま

① 辻原元甫《女诫》原文引自[日]《女子之友》记者编：《东洋女训丛书》第三编，东洋社 1901 年版，第 109 页。

② 《女诫》原文引自苏者聪：《中国历代妇女作品选》，上海古籍出版社 1987 年版，第 478～479 页。

れて後三日牀の下に伏せしめ、二つには瓦塼を弄ばしめ、三つには齋して先祖の霊屋に参りて、女子をまうけ侍ることを告げ奉るものなり。其の三日牀の下に伏せしむる心は、女は地の道をうけて生れ侍る者なればゞ、我身を卑く謙りて、夫を敬ひつつしみ、萬の事につきても夫を先だて、我身を後にし、わがなせる事に善き事ありとても、誇る心なく、又悪しき事ありて人にいはれても、争ひいふ事なく、人におとしめらるるとても、我身を潔くして堪へ忍び、常に物を畏れつつしむ心を教へ知しめん為なり。其瓦塼を弄ばしむる心は、女は紡績縫針のわざを勤むべきものなればゞ、そのしわざを習ひ、明暮おこたらず勤めはげませ、苦労を知らしめん為なり。物いみして先祖の霊屋に参り告げ奉る心は、先祖の祭は、夫婦共に執り行ふものなればゞ、身を潔くし操をまもりて、戯れ濫がはしきふるまひなく、誠をつくして先祖を祭らしめん事を教ふる心なり。此三つのわざ、いづれも女人の常に行ふべき道にして、礼法の定まれる教なればゞ、生まれ出づると其まま此三つの作法をなし、教へ示すものなり。幼き時より、此教を心にかけ身を修め侍らば、夫に嫁ぎ侍るとも、辱しめ黜けらるる患なくして、行末さかえ行くべし。もし此をしへにし違ひ侍らば夫に事ふる道たたずして、遂に禍を招くべき事にこそ。[1]（笔者译文：卑弱者，谦逊卑下、心性柔和之意也。古者生女，礼法有三。一曰出生三日，卧之床下；二曰弄之瓦砖；三曰斋戒祭祖，敬告祖先。三日卧之床下者，乃是为了教育女子生而主地，须卑下谦恭，尊敬夫君，凡事以夫为主，以己为辅。自己所做之事中，有善事莫要骄傲，有恶事被训斥也不要争辩，被人贬斥也要忍辱自爱，常思畏惧。弄之瓦砖者，指女子应专于缝补纺绩等女工，应勤于劳作，日夜不怠。斋戒祭祖者，意指祭祀之事乃夫妇共同操持，须洁身守操，无嘻笑轻浮之举，诚心祭祖。此三项乃女子常守之道，礼教之典范也。女子出生之后，便要时常学习此三项礼法。自幼遵从此教，则可确保嫁人后无有过失，而终生无虞。如若违背此教，则将偏离事夫之道，必将招致灾祸）

将《女诫》原文与译文对比可以发现，辻原元甫在翻译过程中并没有一一对照原文，而是根据自己的理解加以意译，将原文中“执务私事，不辞剧易，所作必成，手迹整理，是谓执勤也”等对于日本民众而言较为抽象、难解的词句，演化为“专于缝补纺绩等女工，应勤于劳作，日夜不怠”等贴近女子日常生活的语句，更

---

① 辻原元甫《女诫》原文引自[日]《女子之友》记者编：《东洋女训丛书》第三编，东洋社 1901 年版，第 110～112 页。

加通俗易懂。这种翻译方式比起那些在原文基础上做注的注解本而言，更加便于大众女子学习和诵读。因而这个版本的《女诫》翻译作品在近世的影响最为广泛，后来出现的许多《女诫》译介之作都是参考了它。如在1828年出版的、太田晋斋编著的《曹大家女诫图会》中，正文翻译内容就与辻原元甫的翻译完全一样，这部作品后来还被收入畑银鹤等编撰的《女四书艺文图会》(1835)中。

《女诫》的日文翻译著作中，除了上述意译的类型之外，还有直译型的作品。堀田正谷校注的《曹大家女诫和解》(1812)、林道彰所著《女教第一大和女诫》(1844)便属于此类。这两部作品中都省略了《女诫》的"自序"部分。正文七章均是逐字逐句一一对应翻译，力求忠于原文，尤其是《曹大家女诫和解》独具特色。在标题"曹大家女诫和解"之下对原作者曹大家解说，之后分别是正文标题"女诫"和章节标题"卑弱第一"，标题之下均有详细的词汇解释，正文分段翻译，每段之下有相关的词句解释和考证。具体内容如下文所示：

曹大家女诫和解①

後漢の曹大家名は恵班一の名は姫といひ大家と號す家は姑とおなじ大家は女子の尊称なり王相が註に大家の號は和熹・斬盛……扶風の班彪といふ人の女来て同郡の曹世叔の妻なり博学にして才高く夫の世叔は早卒せしかど節行法度あり兄は班固とて前漢書の作者なり……成就せずして卒せしかば後漢の和帝昭に詔して東観の蔵書閣にをいてついてこれをつくらしむ帝しばしば宮中にめして皇后をよび諸の貴人をして師としつかえしんよつて女戒七章をつくり内訓を助るもありといふ……此書を曹大家女戒と名るなり和解とは和は和語なり解はとくなり漢文にしるせし義理を和語にやわらげてときさとすゆへに和解と題するなり②。(笔者译文：后汉曹大家名惠班，又名姬，号大家。家者，姑也。王相注曰，大家之号乃和熹、斩盛之意……扶风班彪之女，嫁于同郡曹世叔为妻，博学高才，世叔早逝而节行有度。其兄班固著《前汉书》……未成而卒。奉后汉和帝之诏，于东观藏书阁续著汉书。帝常召其入宫，尊为皇后及诸贵人之师，因著《女诫》七章以助内训……此书名曰曹大家《女诫》。所谓和解，和者，和语也，解者，释也，以易懂和文，解释汉文之义理，故号曰"和解")

① 《曹大家女诫和解》原文取自奈良女子大学附属图书馆的"女性相关资料"的电子版，原著中正文及释文的字体、字号相同，均是竖排，释文比正文缩进一字，此处为了便于分辨，特以楷体表示释文。

② 此处的日文是著者堀田正谷的对"曹大家女诫和解"这一标题所作的注释和解题。

女诫

戒はいましむるなりいましむるといふはつげさとすの意にてまた禁止するの意をふくみ女子の身のうへあけくれのことわざにつきかくは為すべからずと禁じとどめまたかくのごときことは為すべきことと教さとすなり。[①]（笔者译文：诫者训诫也，训诫者劝告晓谕、禁止之意也。乃是教育女子于日常生活中何等事情不可为之训诫）

卑弱第一

卑はいやしきなり弱はよはきなり卑弱とつらねいふときは其身をいやしとし人にくだることにて人にさきだたずしかもものやはらかにものごとたをやかにするをいふ女子の道は卑弱を専とすれば女戒七章のはじめにまづ卑弱の章ををきて卑弱のことを述いましめ一章の名とするなり章はあやなりたとへば織ものの模様紋がらあるごとく言葉をあやどりてその道理をのべつづるをいへるなり第一は次第順次にて一二三と次第をなし其章をわかつなり卑弱第一夫婦第二敬慎第三婦行第四専心第五曲従第六和叔妹第七これその次第順次をもつて其章をわかつこと左のごとし。[②]（笔者译文：卑者，低微也，弱者，柔弱也，卑弱连用，意指其身低贱而下人，不可为人之先，行事柔顺之意也。女子之道以卑弱为专，故而《女诫》七章首推卑弱章，叙述卑弱之事，以其为一章之名。章节乃文之经纬，宛如织物之纹路也。连缀词句，讲述道理，由第一而始，依次成一、二、三之顺序，而分为章节。“卑弱第一”“夫妇第二”“敬慎第三”“妇行第四”“专心第五”“曲从第六”“和叔妹第七”，以此顺序为其章节是也）

古女を生ば三日これを床下に臥これに瓦専を弄せしめものいみして告これを床下に臥ることは其卑弱にして人に下ることを主とするを明にするなりこれに瓦専を弄せしむるは其労にならひ勤を執ことを主とするを明にするなり斎して先君に告るは祭祀に継ことを主とすべきを明にするなり。[③]

古女を生ば三日これを床下に臥これに瓦専を弄せしめ斎して告とはいにしへ女子を生ときの作法をあげて言葉を発なり詩経の小斯干といふ篇の句のうちにも女を生ばこれを地に寝しめこれに瓦を弄せしむ

---

① 此处的日文是著者堀田正谷的对“女诫”这一标题所作的注释。

② 此处的日文是著者堀田正谷对“卑弱第一”这一章节题目所作的注释和解题。

③ 此处的日文是该书正文。

とあり床下はゆかした瓦専は紡専とてつむと訓ずつむは糸苧をつむぐに用る器なり斎して告案ずるに下の文先君に告といふときはここ先君の二字脱落するに似たり……[①]（笔者译文:所谓古者生女三日,卧之床下,弄之瓦砖,而斋告焉者,乃是列举古昔女子出生后之礼法仪式。《诗经·小斯干》曰:乃生女子,载寝之地,载衣之裼,载弄之瓦。瓦砖乃纺专,纺锤之意也。纺锤者纺织麻线所用之器具。斋告之下或有"先君"二字,此处疑脱此二字……)

从上述内容来看,《曹大家女诫和解》对班昭《女诫》的翻译是在忠实于原文的基础上,还为了便于读者理解,做了详细的注释和解题。如仅关于"女诫"这一标题和章名"卑弱第一",作者不但解释了具体的字面意思,而且还结合《女诫》的主旨,详细论述了其中的女德含义。

此外,将《曹大家女诫和解》的原文与辻原元甫翻译的《女诫》相比较,可以发现二者存在有很大不同。《曹大家女诫和解》的翻译不但忠于原文,而且还附有详细考证和解说,表现出作者严谨的治学态度。根据作者堀田正谷的自序所言,他之所以这样做的目的有两个:一方面是"教谕吾家的女儿以及左右的童女",让其明白女子所应遵守的道德伦理;另一方面则是因为明历版辻原元甫的《女四书》虽然"载唐陈邈妻郑氏之《孝经》、宋若昭之《女论语》、明仁孝皇后之《内训》及曹大家之《女诫》",却"只记录其大意",很难体现原著原貌及主旨。更重要的是,辻原元甫的《女四书》中谬误不少,不但将"《女论语》视作是曹大家之作",还将"清王相之《女四书》中《女范》"删去,而"代之以《女孝经》",难免有杜撰之嫌。正是出于校正明历以来杜撰之风的考虑,所以,作者堀田正谷不但将《女诫》逐句翻译,而且还要"校合数本",以正谬误。为此,在该书正文之后的附录中,还详细记载了校勘记录,共计 23 条,如"卑弱第一"的第一条校勘记录是"常若畏惧是谓卑弱下人也"下注以小字注曰"王氏笺注是谓二字无"等。同时此处明确记载了校勘所用的六个版本,分别是:"明历翻刻张氏校正后汉书、寄板廿一史后汉书、汲古阁十七史毛氏正本后汉书、陈仁锡评阅后汉书、说郛曹大家女诫、曹大家女诫王相笺注。"因此我们可以认为,如果说辻原元甫的翻译推动了《女诫》在日本的一般民众中普及的话,那么堀田正谷的翻译则作为考证校勘的佳作,更加突显了《女诫》在学问研究方面的价值。还有一点值得关注的是,堀田正谷本人出身高贵,是宫川藩藩主,为此书作序的分别是曾经担任过幕府首席老中的白河藩藩主松平定信以及当时掌管幕府文教事业的大学头林述斋。由此可见,在近世日本,《女诫》不但受到辻原元甫等普通儒学者的关注,而

① 此处的日文是著者堀田正谷对上述正文的注释。

且还受到了幕府上层武士阶层的重视，这与同时期其他中国女训在日本传播的状况有明显不同。

综上所述，班昭的《女诫》在近世日本的译介与传播有以下特点：

首先，日本人对《女诫》的译介作品数量多，持续时间长。据笔者粗略统计，近世日本刊行的相关翻译就有十几种版本。从创作时间来看，最早的是1652年自警注的《女诫》，最晚的是1852年仓次重约注解的《女诫俚言》，可以说自近世初期至近世末期都有译注本问世，相关的译介工作在整个日本近世一直不曾间断。

其次，近世日本出现的《女诫》翻译版本形式多样，既有《绘入女诫服膺》那样的插图版，也有《女教第一大和女诫》那样的纯文字版；既有《女诫新注》那样的汉文注解版，也有《曹大家女诫》之类的日文注解版；既有《曹大家女诫图会》那样的日文意译版，也有《女教第一大和女诫》那样忠于原文的直译版。

再次，《女诫》普及的广度及深度前所未有。既有过原元甫的《女诫》那样面向一般大众的普及版，也有堀田正谷的《曹大家女诫和解》那样旨在匡正谬误的校勘研究版。特别值得一提的是，《女诫》比之其他中国女训，更受到近世上层武士阶层的青睐。不仅宫川藩藩主堀田正谷将其用于自己女儿的教育，近世大名的典范、米泽国藩主上杉鹰山也根据《女诫》主旨创作了《妇行俚解》等女训，教导自己的孙女嫁为人妇应该孝敬公婆、顺从丈夫，谨守妇道。《妇行俚解》还在近世的大名家族中被广泛应用，成为近世武家社会女子教育的重要教材。

3.《女四书》的译介与流布

中国的《女四书》全称《闺阁女四书集注》，是明末清初的儒学者王相对其母亲刘氏所撰的《女范捷录》、东汉曹大家班昭的《女诫》、唐代宋若昭的《女论语》以及明成祖的徐皇后所撰的《内训》这四部女训作品一一加以笺注之后，于明朝天启四年(1624)由民间书坊多文堂合刻而成的一套经典女训丛书。其中收录的各部女训作品的具体内容包括，《女诫》自序及“卑弱”“夫妇”“敬顺”“妇行”“专心”“曲从”“和叔妹”，共7篇；《内训》有“德行”“修身”“慎言”“谨行”“勤励”“节俭”“警戒”“积善”“迁善”“崇圣训”“景贤范”“事父母”“事君”“事舅姑”“奉祭祀”“母仪”“睦亲”“慈幼”“逮下”“待外戚”，共20章；《女论语》有“立身”“学作”“学礼”“早起”“事父母”“事舅姑”“事夫”“训男女”“营家”“待客”“和柔”“守节”，共12章；《女范捷录》有“统论”“后德”“母仪”“孝行”“贞烈”“忠义”“慈爱”“秉礼”“智慧”“勤俭”“才德”，共11篇。该书自明末多文堂刊刻发行后迅速流传开来，被清人多次刊行，并收入《四库全书》中。不仅如此《女四书》还传入了日本，在多文堂刊印《闺阁女四书集注》之后，仅过三十余年的时间，在日本便出现了相关的注解翻译版本。

最早的日文版《女四书》当属辻原元甫编的明历版《女四书》。该书于日本后西天皇明历二年(1656)，由江户书商中野仁兵卫刊刻，其中收录的四部女训作品分别是《女诫》《内训》《女论语》《女孝经》。与中国通行的《女四书》相比，日本明历版的《女四书》将王相之母刘氏的《女范捷录》替换成了唐侯莫陈邈之妻郑氏的《女孝经》。之所以出现这样的差异，日本学者青山忠一认为在王相笺注《闺阁女四书集注》之前，其实还存在另一个版本的《女四书》，见之于其母亲所著《女范捷录》的"才德篇"曰："大家之续《汉书》，一代之鸿章以备，《孝经》者于陈妻，《论语》成于宋氏，《女诫》作于曹昭，《内训》出于仁孝。"据此推断，在"旧《女四书》"中就有《女孝经》。及至王相笺注时，他便将《女孝经》替换成了自己母亲的《女范捷录》，"新《女四书》"进而流传开来，以致《女四书》的原貌在中国已经丧失，而日本辻原元甫翻译的明历版《女四书》才是其原貌。[①] 然而，这种推断并不足信，因为在王相的《闺阁女四书集注》问世之前，中国的文献中并未有关于《女四书》的记载，仅凭《女范捷录》中将四位女性所撰的女训作品罗列并提，就断定"旧《女四书》"的存在，缺乏令人信服的依据。更何况《女范捷录》中之所以将四部女训并提，乃是为了突出"女子应该具备才学"的观点，并非是对所谓"旧《女四书》"的介绍。笔者以为日本明历版的《女四书》之所以用《女孝经》代替《女范捷录》，主要还是《女孝经》传入日本时间较早、影响较大的缘故。而辻原元甫对王相的《女四书》的改编不局限于收录书目的更改，在各女训的具体内容方面，也做了较大的改动。具体而言，作者改编的形式主要有如下三种：

其一，在忠于中国女训主旨的基础上，作者对文章的词句内容进行改编意译。这种形式的改编贯穿《女四书》的全文，作者对每部作品的翻译都不是一一对应式的翻译，而是根据作者自己的理解做的日文转述。其中最典型的当属《女诫》的日文翻译，关于这方面的情况，上文在论述《女诫》在近世的译介与流布时，对明历版《女四书》中的《女诫》的改编情况已经做了详细介绍。此处不再赘述。

其二，采取夹叙夹议的形式，在翻译和改编中国女训原文的同时，为了方便读者理解其内容，作者自行添加了相应的人物故事作为例证，这些人物故事大多取自《列女传》《续列女传》等中国的人物故事型女训作品。这种形式的改编在《女论语》《女孝经》中表现尤为突出。下面就以《女论语》的"学作章第二"为例来具体考察一下：

《女论语》原文：

---

① 参见[日]青山忠一：《假名草子女训文艺研究》，樱枫社 1982 年版，第 133～134 页。

学作章第二

凡为女子，须学女工。纫麻缉苎，粗细不同，机车纺织，切莫匆匆。看蚕煮茧，晓夜相从。采桑摘柘，看雨占风。滓湿即替，寒冷须烘。取叶饲食，必得其中。取丝经纬，文匹成工。轻纱下轴，细布入筒。绸绢苎葛，织造重重。亦可货卖，亦可自缝。刺鞋作袜，引线绣绒。补联纫缀，百事皆通。能依此语，寒冷从容。衣不愁破，家不愁穷。莫学懒妇，积小痴慵。不贪女务，不计春冬。针线粗率，为人所攻。嫁为人妇，耻辱门风。衣裳破损，牵西遮东。遭人指点，耻笑乡中。奉劝女子，听取言终。[①]

辻原元甫所译《女论语》：

学作章第二

学作といふは、女の芸能を習ひなす事なり。紡み緝ぎ、蠶をかひ、機を織り、縫針などの所作おこたるへからず。高きも卑しきも、夫は外のいとなみを為し、女は内のいとなみを勤むる道なれば、女は夫の養ふものなりと思ひて、なす事もなくて徒に月日を送り侍らば、その家かならず衰へ侍るべし。夫の衣裳垢づき綻びても、補ひ綴らず、縫あはせても褄はづれ合はざれば、見る人ごとに、はぢしめ笑ひ侍るべし。芸能なき女は。嫁してのち、いまれつきの無器用にてやとて、その身もおとしめられ、育ての悪しきゆゑにやとて、親の名まで下すものなれば、最たしなみ習ふべき事にこそ。[②]（笔者译文：学作者，乃学习女子艺能之事也。纺绩、养蚕、织布、缝纫等事不可怠惰。无论身份贵贱，丈夫治外业，女则主内庭之事，是故女子乃赖丈夫之抚养也。若妇人终日无所事事、虚度光阴，则其家必败。丈夫衣裳陈旧破绽，亦不知缝补。即使缝合，针脚粗鄙，亦会招人鄙视。无女工艺能之女子，嫁入夫家，则为无用之人，必将辱没父母之名。是故，女工之技艺乃女子学习之第一要务也）

晋の文明皇后は、御とし八歳にて、毛詩論語を誦み給ひ、御徳行すぐれさせ給ひけるが、御子に帝うまれさせ給ひ、貴き御位にそなはり給へども、聊おごりたまふ事なく、かかる御身にても、天が下の女を教へ導かせたまはん為にや。みづから苧を紡み、絲を績ぎたまひ、萬の御器物にいたるまで、飾り文なす事をきらひ給ひ。御衣裳にも、綾錦のうるはしきを着たまはず。洗濯したるをも召したまひ、朝夕の御食物にも、濃き

① 《女论语》原文引自苏者聪：《中国历代妇女作品选》，上海古籍出版社 1987 年版，第 488 页。

② 辻原元甫《女论语》原文引自［日］《女子之友》记者编：《东洋女训丛书》第三编，东洋社 1901 年版，第 46 页。

味をかさね給はず。されば、世も豊に治まり、御子孫長久におはしまし、めでたかりし御代なりけるとかや。①（笔者译文：晋朝文明皇后八岁能读《毛诗》《论语》，甚有德行。其子继位为帝，虽尊为皇太后，而不好骄奢，为教导天下之女子，躬执纺绩，所用器具均非装饰奢华之物，所着衣裳亦朴实无华，不好绫罗绸缎。浣濯之衣亦亲自揉洗，一日所吃食物亦是清淡素雅。如此而天下富足，其子孙绵延长久，乃为难得之治世也）

通过以上具体的文本考察可以看出，《女论语》原文采用四字对仗的形式，通俗易懂，朗朗上口。而辻原元甫的翻译并没能保留这种特色，作者重新组织语言，只做到了主旨意思大致相当，在此基础上添加了原文中所没有的"晋朝文明皇后"的事迹。这种通过添加人物故事来增强可读性和趣味性的做法，几乎贯穿《女论语》全篇，除了"早起章第四"与"和柔章第十一"之外，其余的十章均添加了相应的故事，具体如表3-1所示：

表3-1　辻原元甫所译《女论语》各章所添人物故事及出处

辻原元甫所译的《女论语》各章	添加的人物故事	故事的出处
立身章第一	伯姬之事	《列女传・贞顺传》"宋恭伯姬"
	郑瞀之事	《列女传・节义传》"楚成郑瞀"
学作章第二	晋文明皇后之事	《新续列女传》上卷
学礼章第三	孟姬之事	《列女传・贞顺传》"齐孝孟姬"
早起章第四	无	
事父母章第五	房爱亲之妻	《新续列女传》上卷
事舅姑章第六	俞新之妻	《元史・列女传》
	赵孝妇之事	《新续列女传》中卷
	汉张氏妻之事	《新续列女传》上卷
	顾德谦妻之事	《新续列女传》中卷
事夫章第七	郤缺妻之事	《新续列女传》上卷
	孟光之事	《续列女传》"梁鸿妻"

① 辻原元甫《女论语》原文引自[日]《女子之友》记者编:《东洋女训丛书》第三编，东洋社1901年版，第46～47页。

续表

辻原元甫所译的《女论语》各章	添加的人物故事	故事的出处
训男女章第八	魏缉之母	《温公家范》
营家章第九	文伯之母	《列女传・母仪传》"鲁季敬姜"
待客章第十	络秀之事	《晋书》
	孔明妻之事	《蒙求》"孔明卧龙"
和柔章第十一	无	
守节章第十二	庄公后之事	《列女传・贞顺传》"黎庄夫人"
	王凝妻李氏之事	《新续列女传》中卷
	秋胡子妻之事	《列女传・节义传》"鲁秋洁妇"

从表 3-1 中可以看出，辻原元甫在改编《女论语》时，所添加的女性人物故事均是中国历史上的贞女节妇，这些人物故事大部分取材于《列女传》《新续列女传》等女训作品。

如果说是辻原元甫根据原文的训诫主旨，从《列女传》等女训中自行选定人物故事的话，那么在《女孝经》日文版中所做的添加，则是对原文内容的扩充。具体而言，在日文版《女孝经》的"广守信章第十三""谏诤章第十五"和"举恶章第十八"三个章节中出现了这种改编形式。以"广守信章第十三"为例来看，原文中"是以芣苡兴歌，蔡人作诫"这两句话提示的是《列女传・贞顺传》"蔡人之妻"的故事，但并没有具体展开。而辻原元甫在翻译时，便根据《列女传》的记载将其详细介绍如下：

> むかし蔡といへる国の人、宋の国の女をめとれり、既に夫婦となりてのち、此夫はからざるに悪しき疾をわづらひ出せり。女の母之をうたてて思ひとり返し、又こと所へ嫁させむと云ひけるに、此女母にむかひ申けるは、わが夫の幸なくして、かかる疾をわづらひ出せるも、みづからが前世よりの定まりごとにて怨むべきにあらず。一たび夫婦となりては身を卒ふるまで、貞心をまもり夫につかふまつるこそ、女の道にて侍るべけれ、かかる疾をうけ給ふとて、之を見すて侍らば、いかでか人の妻となりたる道にかなひ侍らんや。ここに喩のさふらふなる。これを聞き給へとて語りけるは、芣苡といふ草は、その臭きはめて悪しきものなれども、子を安く産する薬なれば、人ごとに手に採り懐に入て馳走し侍るなり、手にあるさへ臭あしければ、まして懐には入れまじき事なれど

も、尊き功能ある薬なれば此のごとし。其ごとく夫といふものは、極めて貴きものなれば、悪しき疾有りとても、いかでか見すて侍るべき。とてなほなほ夫に親みつかへ侍るとなり。[1]（笔者译文：古时蔡国之人娶宋国之女为妻，已成夫妇，不料其夫身患恶疾。其母反悔，欲将女嫁于别处。此女谓母曰：夫虽不幸罹患恶疾，此乃前世之宿缘，不可反悔。一朝为夫妇，终身不改贞心，侍奉丈夫，此乃女子之道也。因遇恶疾而见弃之，岂是人妻之道乎。又做比喻曰：芣苢之草其臭虽恶，而能治不孕之症，故而捋采之怀撷之。持于手中犹有恶臭，而况揣入怀中乎，因其有可贵之药效也。以此喻夫，乃可贵之人也，虽有恶疾，怎可弃之，当敬慎侍奉也）

从上段日文的意思来看，除了颂文之外，本文的内容基本上是对《列女传》中"蔡人之妻"故事的全文翻译。而且，由于原文中关于芣苢的比喻较为难懂，所以作者在翻译时，对芣苢的功效等还作了适当的解释。诸如此类的扩充和编译，在《女孝经》中还有几处，分别是"广守信章第十三"中根据原著"匪石为叹，卫主知惭"两句补充了《列女传・贞顺传》"卫宗二顺"的故事；"谏诤章第十五"中根据原著中"周宣王晚朝，姜后脱簪珥，宣王为之夙兴"等简短的介绍，分别对《列女传・贤明传》中的"周宣姜后""楚庄樊姬""齐桓卫姬""晋文齐姜"以及《续列女传》之"班婕妤"的故事进行了详细的补充。"举恶章第十八"中根据原文提示分别对《列女传・孽嬖传》中"夏桀妹喜""殷纣妲己""周幽褒姒""陈女夏姬"以及《晋书》中贾皇后南风谋害太子愍怀作了详细介绍。

笔者认为辻原元甫在翻译《女孝经》时，之所以要对这些人物事迹进行补充，一方面是想通过人物故事的大量引入来提高该书的趣味性；另一方面也是因为原著中关于人物的介绍大都一带而过，十分简略，如果不加以补充说明，对于一般的日本人而言，很难真正理解其中的含义，如此将使原文的训诫效果大打折扣。辻原元甫通过对这些人物故事的补充介绍，既提高了读者的阅读兴趣，也将其中的训诫主旨通过相关人物故事，很好地传达给了读者。

其三，结合全书训诫女子的主旨，作者自由创作了《内训》下卷。《内训》是明成祖仁孝文皇后模仿《女诫》，广泛搜集古代贤妇贞女的事迹撰写而成的宫廷女子教育读本。其内容包括"德性""修身"等 20 章，分别阐述了妇女与主君、尊亲的关系；妇女自身道德修养；妇女与血缘宗亲的关系等，通篇都是道德说教的言论，并无人物故事的介绍。而在辻原元甫翻译的《女四书》中，将《内训》分成了上、下两卷，各 20 章。上卷是对《内训》原文的意译，下卷则是其从《列女传》

---

① 辻原元甫《女孝经》原文引自[日]《女子之友》记者编：《东洋女训丛书》第三编，东洋社 1901 年版，第 22～23 页。

《新续列女传》等女训中筛选了20位人物编撰而成的故事集。具体人物如表3-2所示：

表3-2 辻原元甫所编《内训》下卷人物及其出处

《内训》下卷人物	出处
第一章　汉明帝马皇后之事	《续列女传》"明德马后"
第二章　宋仁宗曹皇后之事	《新续列女传》中卷
第三章　元世祖顺圣皇后之事	《新续列女传》中卷
第四章　班婕妤之事	《续列女传》"班婕妤"
第五章　怀嬴之事	《列女传·节义传》"晋围怀嬴"
第六章　越姬之事	《列女传·节义传》"楚昭越姬"
第七章　冯昭仪之事	《续列女传》"汉冯昭仪"
第八章　周主父妻之事	《列女传·节义传》"周主忠妾"
第九章　孟母之事	《列女传·母仪传》"邹孟轲母"
第十章　陶侃母之事	《新续列女传》上卷
第十一章　敬姜之事	《列女传·母仪传》"鲁季敬姜"
第十二章　穆姜之事	《新续列女传》上卷
第十三章　乐羊子之事	《新续列女传》上卷
第十四章　乐羊子妻之事	《新续列女传》上卷
第十五章　晏子御妻之事	《列女传·贤明传》"齐相御妻"
第十六章　黔娄妻之事	《列女传·贤明传》"鲁黔娄妻"
第十七章　京师节女之事	《列女传·节义传》"京师节女"
第十八章　孟姜之事	《新续列女传》上卷
第十九章　梁纬妻之事	《新续列女传》上卷
第二十章　王氏妻之事	《新续列女传》中卷

从上表中可以发现，在辻原元甫创作的《内训》下卷中，除了第十三章的主人公乐羊子是男性之外，其他各章的主人公都是中国历史上贤女贞妇的典范。作者之所以从《列女传》《续列女传》以及《新续列女传》中选取这些人物故事，并将其译为日语，正如在序言中所言，是因为"《内训》二十章可流传万世，乃女子

应守之法则”,所以要在“卷末列举列女故事二十条,以广传圣训贤范”。[①]

总体来看,明历版的《女四书》不仅有对《女诫》《女孝经》《女论语》和《内训》这四部道德说教型女训的编译,还有对《列女传》《新续列女传》等人物故事型女训的介绍和引用,称得上是一部中国女训经典作品的日文版集成丛书。其内容兼顾了道德说教和故事熏陶两方面,具有通俗易懂、趣味性强的特点,是近世日本人教育女子的重要教材之一。在当时日本人创作的《妇女教训当世心筋立》(1790)、《心学女子训》(1793)等女性读物中,都将《女四书》列为女子修身的必读书目。由于广受欢迎,这部作品的刻板还在近世的书商之间转卖,明和九年(1772)京都书商境屋嘉兵卫就利用购买来的刻板翻印了《女四书》。[②] 天保六年(1835)还出现了插图版的《女四书艺文图会》。然而,辻原元甫的翻译虽然推动了《女四书》在近世社会的传播,但是其对原著随意增删的改编方式也招致了一些学者的批判。前一节中《曹大家女诫和解》的作者堀田正谷便批评其“只记录其大意”,“难免杜撰之嫌”。金泽藩西坂衷也认为翻译成日文的中国女训“殊不知以易读故,不生敬畏、尊奉之心,反嫚弄之,与稗官野乘不异”[③]。在他看来,包括辻原元甫的《女四书》在内的日文版女训都不够严谨,更像野史小说,其训诫教化之功效远远不及汉文版女训。因此他曾致力于复原王相《女四书》的原貌,于嘉永六年(1853)对包括《女范捷录》在内的汉文版《女四书》进行注解,并作训读标记,力求忠于原著,其目的也正是为了彰显汉典的教化之功。由此,近世日本流传的《女四书》便出现了两个系列:一个系列是以《女孝经》代替《女范捷录》;另一个系列则是忠于王相的《女四书》。无论哪个系列的《女四书》,作者译介都是出于教化女子、维护封建体制的目的。在日本人的不断努力下,《列女传》《女四书》等中国女训在近世社会得以广泛传播。与此同时,日本还模仿中国的女训创作了大量的本国女训,从而推动了儒家妇德在日本的本土化。

第三节　儒家妇德的日本本土化

近世是日本女训最为繁盛的时期,也是女性受压迫最重、社会地位最低的时期。近世的日本女训数量众多,类型丰富,普及广泛,以三从四德为核心的儒家妇道伦理正是通过形形色色的女训作品,灌输给广大女性的。“垂老孤兄守

---

① [日]辻原元甫《内训》,原文引自[日]《女子之友》记者编:《东洋女训丛书》第三编,东洋社1901年版,第90页。

② 明和九年版的《女四书》在东京学艺大学图书馆有电子版资料,在其中《女诫》卷末的刊记中明确标示:“明历二丙申年季春谷旦明和九年壬辰二月求板”,“求板”二字表明是通过购买刻板后刊印的。

③ [日]山崎纯一:《列女传》(上),明治书院1996年版,第68页。

故园，山长水阔转消魂。由来女有三从在，膏沐今皆夫子恩。”[①]这首汉诗题为《旅感》，是日本近世的女诗人梁川红兰在弘化三年(1846)随丈夫梁川兴岩前往伊势的途中，因怀念家中兄长，有感而发所作。诗的后两句“由来女有三从在，膏沐今皆夫子恩”反映了当时日本女性深受儒家伦理道德影响，远离娘家亲人，谨守三从之道的现实状况。实际上，在近世日本，女训被广泛用作女子家庭教育和寺子屋教育的教材，其所强调的柔顺、恭敬、守贞等女德，也作为近世社会正统的道德伦理被人们接受，从而实现了儒家妇德的日本本土化。

一、近世日本女训的分类

正如本书第二章所述，日本女训的创作最早可追溯到镰仓时代中期，代表作有《乳母之文》《乳母草子》《身之遗物》等。不过中世的女训不但数量有限，而且多是面向某个贵族小姐或者地位很高的武家小姐的训诫之作，并没有普及开来。其内容也并非全是道德方面的训诫，而是涵盖了贵族、武家小姐的日常起居、艺术修养、化妆服饰、出家修行等各个方面。由于中世的出版印刷技术还不发达，只有上层社会的女子才有读书识字的条件，一般的平民女子基本上与其无缘，这也大大限制了《乳母之文》等女训的普及。经过镰仓、室町时代的发展，到了江户时代，日本女训才迎来了发展繁荣期。

近世以来，随着新的封建统治秩序的确立，“家”制度成为幕藩体制的支柱之一。女性在家中要承担孝敬公婆、侍奉丈夫、生儿育女、操持家务的职责，为此她们自幼就要接受有别于男性的“妇道”训诫。在近世封建家族制度及儒家思想的直接影响下，在出版文化的有力推动下，日本人开始模仿中国女训，大量创作供女子阅读的训诫读物，由此推动了近世日本女训的发展繁荣。近世女训的发展可以大致分为两个时期：第一个时期为借鉴模仿期，时间范围是自德川幕府建立时起至17世纪末18世纪初为止。这一时期的女训主要是对中国儒家女训的借鉴和模仿，其训诫对象以身份地位较高的武家女性为主。第二个时期为本土化时期，范围是自18世纪初期直至幕末。在这一时期，日本人开始创作具有本国特色的女训，这些女训虽然在思想主旨上沿袭了儒家伦理，但在创作形式上实现了突破，形成了女大学系列、女今川系列、女实语教系列等独特的形式。同时，这一时期的女训不再仅仅服务于上层社会的女性，而是在广大的庶民女性中普及开来，这也推动了儒家妇德的本土化。

总体来看，近世的女训不论是从数量还是从类型上看，都是日本女训发展的顶峰时期。从训诫对象来看，既有专为武士阶层女性所作的训诫，也有直接

---

① [日]福岛理子：《儒者与女训书》，载《雅俗》1998年第5号。

以庶民女性为教育对象的训诫;既有以妻子、女儿等某个具体人物为训诫对象的作品,也有面向一般大众女性创作的作品。从内容来看,既有以人物故事为主要内容的人物故事型女训,也有以道德条目的直接说教为核心的道德说教型女训。人物故事型女训的代表作有《本朝女二十四孝》《本朝女鉴》《本朝列女传》《古今烈女传》《女郎花物语》《假名列女传》《女鉴》等,它们通过讲述中日历史上节妇烈女的典型事迹,为广大女性树立了妇道的楷模。道德说教型女训是以道德、教养的说教来直接训诫女性的女训,日本的大部分女训都属于此类,代表作有《女小学》《女中庸》《女论语》《女训孝经》《千代元草》《唐锦》《女式目》、女大学系列女训、女实语教系列女训、女今川系列女训等。日本女训虽然是模仿中国女训创作的,但与中国女训之间也存在很多不同之处。按其训诫对象、内容体例及普及程度,大体上可以分为两大类:第一类是以上层女性为训诫对象的长篇女训,第二类是面向庶民女性的短篇女训。

1. 以上层女性为训诫对象的长篇女训

这类女训的训诫对象主要是上层社会的女性,在内容上深受中国儒家女训的影响。依据其内容主旨和编撰形式的不同,又可以细分为以下三种:

第一种是直译型女训。这种女训的特点是缺少独创性,基本上对中国典籍原文及编撰体例的全盘吸收和模仿。其内容或是直接引用中国女训原文,只标注日文假名;或是在保留汉文原内容的同时,用日文进行注释和解说。在其代表作中,江户时代著名学者北村季吟的《假名列女传》(1656)是对汉代刘向所编的《列女传》的直接翻译;而江户时代初期的儒学家熊泽蕃山的《女子训》(1691)则是对中国典籍《诗经》中《周南》《召南》的直译和解说。下面就以《女子训》为例来考察此种女训的特点。

熊泽蕃山(1619～1691)生于京都的武士之家,是江户初期著名的阳明学家,《女子训》是其晚年所做,分为《周南之解》和《召南之解》两卷[①],是熊泽蕃山女子教育观的集中体现。其中《周南之解》涵盖了《诗经》中《周南》的《关雎》《葛覃》《卷耳》《螽斯》《桃夭》《兔罝》《汉广》《麟之趾》等 11 篇;《召南之解》涉及《召南》的《鹊巢》《采蘩》《甘棠》《行露》《羔羊》《小星》《江有汜》《何彼襛矣》等 14 篇,并为其标注了日文训读假名。在原文之后还附有关于字句的解释和全文的解说,并附加了对中日习俗的比较和对日本社会现状的分析等内容。以《周南·关雎》为例来看:

① 关于《女子训》的内容还有一种观点认为:除了《周南之解》和《召南之解》之外,还包括《或问》上、下和《和昔物语》,一共五卷,正宗敦夫编的《增订蕃山全集》(名著出版社 1978 年版)中收录的《女子训》便属于后者。

> 関々タル雎鳩ハ、在ニ[①]河之洲一、窈窕タル淑女ハ、君子ノ好逑（ヨキタグヒ）ナリ……
>
> 我思ふ事をいはんとて先他の物をいふ。是レ興の詩の躰也。詩人文王后妃の事をいはんとて先雎鳩をいふ。雎鳩は水鳥也……此鳥天然別あり、雌雄の居ところ常に一丈ばかりをへだつ、他の鳥の雌雄よりも中よくして相なれば、夫婦の礼儀有がごとし。夫婦の能相和して永久なる者は賓主の如し、是を別ありといふ……世間に聖女賢女といへば金言妙句もあらんやうに思へり。行儀高にすくみかへらんやうに思ふはあやまれり。何のわきまへもなき愚夫愚婦の目にも扨も女しく見事なる躰かなと見ゆるが聖女也……[②]（笔者译文：关关雎鸠，在河之洲。窈窕淑女，君子好逑。欲言我之所思，先言他物，此为兴体诗也。诗人欲言文王后妃之事，而先言关雎。关雎者，水鸟也……此鸟天然有别，雌雄所居常距丈余，然较他鸟之雌雄更相和合，恰若夫妇之有礼仪。夫妇能永久相和者犹如宾主，是为有别……世间言及圣女贤妇者，并无金言妙语。谓之仪行孤高则谬矣。令世间愚夫愚妇观之亦感其优雅之行者，可谓圣女也……）

熊泽蕃山首先为原文标注假名读音，然后又对诗的内容进行解释。这一段内容即以关雎比喻夫妻，论述了亲而有别的夫妻之礼，再以文王之妃太姒为例，赞美了他所推崇的女性形象——“圣女”。他所看来的“圣女”应该是夫唱妇随、相敬如宾的妇女典范，而且其言行对周围人也有很大的感染力和影响力。《女子训》中的每一篇都是按照这样的体例编撰的，是直译型女训的代表作。

第二种是编译型女训。代表作如辻原元甫的《女四书》（1656）、浅井了意的《本朝女鉴》（1661）、黑泽弘忠的《本朝列女传》（1663）、成濑维佐子的《唐锦》（1688～1704）等。这种女训在模仿中国女训的编撰体例，借鉴其思想主旨的同时，根据作者的喜好对中国女训进行了一定程度的编译，不但在编撰形式上有所增删，在内容中也增加了日本本国素材，体现了作者一定的独创性。以《唐锦》为例，该女训篇幅较长，共十三卷，包括《女则》五卷，主要讲述女学之法；《装束抄》一卷，主要介绍身为妻子的装束及四季应时之样式；《姿见》一卷，主要介绍中国贤妃的故事；《写绘》一卷，主要介绍日本本国的贞女事迹；《古教训》一卷，主要讲述学习之道；《柳樱集》四卷，内容主要为拾遗杂集。从书名来看，并没有同名的中国女训可以借鉴参考。但是从内容来看，在讲述女学之法的《女则》篇中，共由九章构成，分别为“学范第一”“卑弱第二”“婚礼第三”“孝行第四”

---

① 此处“一”“二”是表示音读的先后顺序。

② 本节中熊泽蕃山的《女子训》原文引自［日］正宗敦夫编：《增订蕃山全集》第 2 卷，名著出版社 1978 年版，第 313～315 页。

"贞烈第五""内治第六""胎养第七""母道第八""妇功第九",这显然是模仿和借鉴了中国女训的写作风格和体例。不过其正文部分通篇都使用了日本的假名文字来书写,具体内容中既有对中国典故的运用,也大量引用了日本各种文献典籍。

第三种是仿作型女训。代表作有《女鉴》(1649)、《鉴草》(1647)、《女仁义物语》(1659)、《女式目》(1660)、《贤女物语》(1669)、《女五经》(1671)等。这类女训模仿了中国女训的创作主旨,在吸取中国儒家的男尊女卑、三从四德等伦理思想的同时,还融入日本固有的神道女性观、在日本颇有影响力的佛教女性观以及作者的个人理念等。因此,这类女训具有相当程度的独创性。以《女式目》为例,近世前期曾经有不少冠以"女式目"之名的女训问世,这些女训成为考察近世前期的女子教育和女性观的重要参考资料。据有关学者研究表明,现存的"女式目"根据其内容的异同,大致上可以分为两类。① 其一是两卷本,作者为野田基春,最早的刊行时间大致可以推测为万历三年(1660)。这类女式目现存大约有十几部,其中主要以刊行年代不详的版本和宽延四年(1751)发行的版本为主,各个版本的内容都大同小异。其二为三卷本,是将《本朝女鉴》(浅井了意编,1661年刊行,全十二卷)第十一、十二卷的内容稍加改编后形成的。这一类女式目现存数量很少,而且其内容与第一类截然不同,两者可以说是同名不同文的作品。笔者所考察的《女式目》属于前者,以宝历四年(1754)的刊本为底版翻刻而成,现被收录于《日本教育文库·女训篇》中。

该女训由序言、目录、上卷11节、下卷3节组成,其目录为:

上卷

贵妇人之行
商家妇人之行
贵族侍女之行
商家侍女之行
乳母之行
女尼之行
教养幼女之法
唐土婚庆仪礼
五常之道
五伦之道

① 参见[日]深泽秋男:《女式目之诸版本考证》,载《近世初期文艺》第9号,近世初期文艺研究会,1992年,第75页。

五戒之训附五逆十恶之事

下卷

女子习字之要

附源氏物语之目录

荣花物语之目录

伊势物语之概况

文章撰写之法

同义语之种种①

从其目录中可以看出,《女式目》上卷是关于女子道德规范的训诫,根据女子的身份地位,依次论述了贵妇人、商家妇人、贵族侍女、商家侍女、乳母、女尼等所应遵循的道德行为规范。具体来看,作者认为贵妇人应该“心胸宽宏、姿态优雅,尤应以诚为本、体恤下人、心怀慈悲”。商家妇人的规范是“不论富贵贫贱,均不得奢费,亦应体恤下人、心怀慈悲”。身为贵族侍女最重要的是“心怀忠诚,昼夜侍奉主君左右,不违背主君之令”。对商家侍女的要求是“不可怀有恶心”,“勤于差役而不遗余力,朝夕劳作,处事慎重,谨防谬误”。身为乳母最重要的是“爱顾幼主,竭力哺育”,“戒骄戒奢,谨慎而行”。对出家为尼的女性则要求“侍奉佛祖,悲悯世人,不事谄媚,不为利欲所动”。②

此外,《女式目》中还介绍了养育幼女的心得。作者认为,“家有女子应好生教养,怜惜之情更甚于男子”,所以教育女子的态度要柔和,即“凡事皆和颜软语、徐徐教之”。文中以中国古代孟母三易其邻的故事为例,指出“母贤则善育其子”,“母子皆可名扬天下、流芳后世”,以此来强调应“谨慎选择心正之人”来教育女子。关于女子应当学习的内容,《女式目》中写道:“女子七岁可令读书习字,教其应对之词。十岁则足不出户,谨遵仪行礼法,不违父母之言。再稍长大可令其纺苎织麻、教以针缝女红,以助其母。”此外还强调由于“女子侍奉父母之时日甚短于男子,故应多尽孝道”。③

《女式目》上卷中介绍了古代中国的婚庆习俗、五常之道、五伦之道、五戒之训和五逆十恶的具体内容。其中“五常之道”是指仁、义、礼、智、信,作者认为

① 《女式目》原文引自[日]黑川真道编:《日本教育文库·女训篇》,日本图书中心1977年版,第650～651页。

② 《女式目》原文引自[日]黑川真道编:《日本教育文库·女训篇》,日本图书中心1977年版,第652～658页。

③ 《女式目》原文引自[日]黑川真道编:《日本教育文库·女训篇》,日本图书中心1977年版,第658～659页。

"常者,恒也",所以"五常之道"是"存于万物、恒久不变"的法则。[①] 而"五伦之道"则是指君臣、父子、夫妻、兄弟、朋友。"五常""五伦"都是儒家的道德理论,而书中"五戒之训附五逆十恶之事"则是佛教思想的体现。"五戒"是佛家的五种戒律,即戒杀生、戒偷盗、戒邪淫、戒妄语、戒饮酒。"五逆"是指"杀父、杀母、出佛身血、杀阿罗汉、破和合僧也。""十恶"则除了包括"五戒"中涉及的"杀生、偷盗、邪淫、妄语"四项之外,还包括"两舌、绮语、恶口、贪欲、嗔怒、愚痴"这六项。[②] 这些都是信奉佛教者必须遵守的律条。《女式目》中并没有就相关的儒教伦理和佛教伦理进行深入阐发,只是对相关概念做了大致的解释和说明,可见作者认为这些伦理都是女子应当掌握的常识。下卷关于道德训诫的内容很少,主要向当时的女性介绍了习字作文的方法、遣词造句的常识和日本传统文学《源氏物语》《荣花物语》《伊势物语》的基本内容以及日语中常用的同义词语等知识性较强的内容。《女式目》体现了仿作型女训的特色,比如上卷的道德训诫按照训诫对象身份地位的不同,分门别类地展开论述,这种体例与中国女训多按照妇德条目来论述的体例不同。再如下卷的内容很少涉及道德方面的训诫,而是强调女子读书识字的重要性,并从这方面对女子加以教育等,这些都是值得肯定的地方。

《女式目》问世于江户时代前期,是日本女训的典范之作。通过该作品,我们可以了解日本女训从佛教思想盛行的中世向儒家思想渐次兴盛的近世过渡的历史脉络。在战乱频仍的中世,受难最深的莫过于社会地位日益沦落的女子。主张厌离今生、只修来世的佛教可以帮助她们暂时逃避现实的伤痛,所以中世很多女性皈依佛门,与青灯古佛相伴,而中世的女训中也充斥着大量的佛教内容。到了近世,以儒家伦理为指导思想的日本女训正是在排斥佛教女性观的过程中发展起来。在近世初期,一些儒学者如藤原惺窝、山崎暗斋、熊泽蕃山等,分别在他们的女训著作《千代元草》《大和小学》《女子训》中对佛教思想进行不同程度地批判,而这也恰好反证了佛教影响之大。不仅近世初期如此,到了元禄时期以后,以佛教训诫书《童子教》《实语教》为模本创作的"女实语教系列"女训在社会上广泛普及,这说明佛教思想对近世中后期女训的影响也不容忽视。由此可见,近世日本的女训始终没有彻底摆脱佛教思想的影响,儒佛并存可以说是日本近世女训的特色之一。

总体来看,上述三种女训都以上层社会女性为训诫对象,且大部分是以某

① 《女式目》原文引自[日]黑川真道编:《日本教育文库·女训篇》,日本图书中心1977年版,第662页。

② 《女式目》原文引自[日]黑川真道编:《日本教育文库·女训篇》,日本图书中心1977年版,第670页。

个或某些特定人物为对象。例如,近世后期思想家佐久间象山曾给其侄女写过《女训》,儒学者吉田松阴也曾给其妹千代作过《女训》,近世政治家松平定信曾给妻子作过女训《难波江》。这些女训的共同之处是,内容词句艰涩难懂,阅读者需要具备一定程度的文化基础和汉学修养才能理解。只有那些出生在公家或武家的上层社会女子才能阅读与理解,因为她们有足够的财力、时间和学问素养。另外这些女训大多篇幅冗长,不利于出版刊行,很难在市面上流通。每部女训都有几卷乃至十几卷,如《假名列女传》共 8 卷,《鉴草》有 6 卷,《女四书》则包括《女诫》一卷共 7 章;《女孝经》上、下两卷共 18 章;《女论语》上、下两卷共 12 章;《内训》上、下两卷共 20 章;等等。这样的长篇大著,没有相当的财力很难付梓翻刻,即使出版了,有能力购买的人也很有限。篇幅冗长还为携带和收藏带来不便,妨碍了此类女训的传播,导致其很难在一般民众中普及。因此,以上层社会女性为训诫对象的长篇女训影响力比较小。

2. 以庶民女子为主要训诫对象的短篇女训

第二类女训是以庶民女子为主要训诫对象的短篇女训。据推测,最早以庶民女性为对象的女训出现在贞享年间(1684～1687)。[①] 从内容和编撰体例来看,这类女训已经处于对中国儒家女训的消化期,不仅表现出很强的日本特色,还被广泛用于庶民女子教育当中,实现了女训的庶民化。此类女训中最重要的作品,就是被当时的庶民教育机构——寺子屋所广泛使用的教科书,称作女子用往来物,代表性作品是女今川系列女训、女实语教系列女训、女大学系列女训。

第一,女今川系列女训。此系列女训是近世以来以"女今川"命名的一系列女训的统称,也是三个系列女训中最早问世的作品。目前存世的最早的版本是元禄十三年(1700)刊行的《女今川》,文字执笔为泽田みち,插图作者是菱川师宣,现藏于日本玉川大学图书馆。[②] 该系列女训模仿了日本南北朝时期的家训《今川状》的体例。《今川状》是中世武将今川了俊于 1412 年写给弟弟今川仲秋的训诫书,前半部分是"不通文武之道中无以制胜"等 23 条简短的训诫,后半部分则用近千字的篇幅论述了作为武士所应具备的素养。女今川系列女训的代表作是《女今川锦子宝》,大约出版于元文二年(1737)。这部作品的前半部分是主妇在日常生活中应当遵循的德目,后半部分是妇道总论。具体而言,前半部

① 参见[日]石川谦、石川松太郎编:《日本教科书大系・往来篇・第 15 卷・女子用》,讲谈社 1973 年版,"解说"第 20 页。

② 参见[日]石川谦、石川松太郎编:《日本教科书大系・往来篇・第 15 篇・女子用》,讲谈社 1973 年版,"解说"第 20 页。

分共有 23 条训诫,内容既有关于孝敬父母和公婆、顺从丈夫、善待继子、严守男女之别、谨口慎言、戒除骄奢等道德方面的训诫,也有参拜寺院、遣使佣人、衣着服饰等日常生活方面的训诫;后半部分的妇道总论集中阐述了男阳女阴、男尊女卑、男主女从的儒家妇道伦理,要求"凡事不可专断,皆顺从夫君之意",因为"夫天为阳,刚也,男之道;地为阴,柔也,女之道。阴从阳者,天地自然之理",故而"以天地喻夫妇,则夫为天,敬慎事之"等。[①] 与《女今川锦子宝》内容类似的作品还有《女童专要女今川》(1771)、《绘本女今川》(年代不详)等,共计约有 38 部,是女今川系列女训中数量最多的作品。另有一些作品或是更改了《女今川锦子宝》的正文前半部分第二条、第五条、第二十二条等的训诫内容,或者改变了后半部分关于妇道纲要的论述,代表作是京都菊屋七郎兵卫出版的《女今川姬小松》(1763)。此外,还有将上述两类女今川杂糅而成的作品,如在《仿今川状所做女子训诫之各条》(1811)中,前半部分从上述两类女今川中共摘录了 25 条训诫,而后半部分关于妇道伦理的论述大部分都取自第一类女今川。也有只是冠以"女今川"之名,而内容词句与上述女训完全不同的作品,如《女用教养女今川》(1728)等。上述各种女今川女训虽然内容不尽相同,但是其宗旨都是在宣扬儒家男尊女卑的妇道伦理。

第二,女实语教系列女训。女实语教系列女训是以"女实语教"冠名的女训作品的总称。该系列女训仿照中世训诫书《实语教》《童子教》的编撰方法和体例,阐述女子日常生活中应当遵守的各项规范。据考察,现存最古老的女实语教系列女训是元禄八年(1695)三月由京都钱屋庄兵卫出版刊行的《女诫插图女实语教·女童子教》。[②] 全文由《女实语教》和《女童子教》两篇组成,其中《女实语教》47 句,《女童子教》128 句,共计 175 句。在其序言中指出此书"遂仿实语教、童子教体例,聊借四书之趣,冠以女诫二字"[③]。显然该书不但模仿了《实语教》《童子教》的编撰体例和训诫内容,而且其主旨中还融入了《女四书》中的儒家伦理。此外,因为受到中世佛教思想的影响,佛教女性观在文中也有所体现,如"不守三从德,何免五障恶""无报四恩心,谁保八苦身""女为地狱使,佛根无所续"等。[④] 除了《女诫插图女实语教·女童子教》之外,还有一些作品或者对

① 《女今川锦子宝》原文均引自[日]石川谦、石川松太郎编:《日本教科书大系·往来篇·第 15 卷·女子用》,讲谈社 1973 年版,第 197 页。

② 参见[日]石川谦、石川松太郎编:《日本教科书大系·往来篇·第 15 卷·女子用》,讲谈社 1973 年版,"解说"第 39 页。

③ 《女诫插图女实语教·女童子教》原文引自[日]石川谦、石川松太郎编:《日本教科书大系·往来篇·第 15 卷·女子用》,讲谈社 1973 年版,第 240 页。

④ 《女诫插图女实语教·女童子教》原文引自[日]石川谦、石川松太郎编:《日本教科书大系·往来篇·第 15 卷·女子用》,讲谈社 1973 年版,第 245 页。

“女实语教”和“女童子教”不加区分，将二者合为一体，如播磨屋九兵卫等刊行的《女实语教》(1806)等；或者从“女实语教”和“女童子教”中随意摘录几条混为一卷，如西村屋与八板出版的《女实语教姬镜》(1784)等。总的来看，该系列女训在贯穿了儒家男尊女卑、三从四德的女性观和教育观的同时，杂糅了轮回转世、因果报应等佛教思想。

第三，女大学系列女训。女大学系列女训是以“女大学”冠名的女训作品的统称。在该系列作品中，最具代表性的、影响最大的是享保元年(1716)八月，由大阪的柏原清右卫门与江户的小川彦九郎合作出版的《女大学宝箱》，俗称《女大学》。《女大学》的内容主要是对贝原益轩的《和俗童子训》第五卷《教女子法》的改编和缩写。书的末尾有“益轩贝原先生述”的署名，跋文又指出“此乃贝原先生著作”，所以一直以来学界的主流观点认为作者为贝原益轩。但是，日本学者石川松太郎认为该书是别人假托贝原益轩之名，参考贝原益轩的《教女子法》编写的。① 大致看来，《女大学》主要参考了《教女子法》的第十条(“七去之法”)、第十六条(“父母对出嫁女子的十三条训诫”)，舍弃了《教女子法》中男女平等的价值观。全书共19条德目，以妇德为中心，主要论述了女子教育的必要性和主妇应当遵守的日常规范，内容涉及如何孝敬公婆、侍奉丈夫，怎样与丈夫的兄弟姐妹等亲戚和睦相处，怎样遣使佣人等内容。具体来看，包括如下四个方面②：

其一，关于一般性女德规范的论述，共有7条：

1. 女子出嫁皆事舅姑，故而较之男子更应受到父母训诲。若一味溺爱，他日必将任意而为，疏远夫君，不遵舅姑教诲，怀恨诽谤，乃至见弃于夫君，令家人蒙羞……此皆父母不加训诫之故也。

2. 女子应心胜于貌，美而心浮、怒而侧视、高语喧哗、出言鄙俗、嫉恨他人而夸耀自身、嘲讽他人之不足而自命不凡者，皆非女子之道。为女子者，当和顺贞节、委婉淑静。

3. 女子自幼须正男女之别，不好戏谑。《礼》曰：男女不同席。衣不同置。浴不同处。不相授受。夜行以烛。夫妇、兄妹亦应正男女之别。今庶人女子不知礼法、惑乱祖规、玷污名节、辱没父兄、虚度一生者有之，何其憾也！《小学》云：非父母之命、媒妁之言，不相亲交。故纵令丧命，亦坚若金石，守节尚义。

9. 谨口慎言。不道人是非，不可撒谎骗人。闻有谤言，且记于心，不可宣扬。说三道四必令亲族相恶，家无宁日。

---

① 参见[日]石川松太郎编：《女大学集》，平凡社1994年版，第311页。

② 《女大学》原文引自[日]石川松太郎编：《女大学集》，平凡社1994年版，第30～59页。

10. 为女子者常思用心，谨守其身。早起晚寝，专事女工，专心家事，织缝纺绩，不可惰怠。不贪食茶酒。不闻歌舞伎、短歌、净溜璃等淫乐。年过四十方可去街市、寺院等人多之处。

14. 衣饰不可引人注目。沐浴干净、服饰清洁。极尽修饰，招人注目，恶莫大焉。衣着须与身份相符。

19. 女子心性多有恶疾：和顺阙如、怒恨难止、长舌谤毁、嫉妒频频、愚钝智浅。女子十之八九有此五疾染五疾者，盖因其愚钝无知。女属阴性，阴则暗如黑夜。故较之男子，妇人不明是非、不辨毁誉、不分福祸……妇人愚昧不堪，故万事须谦卑顺服、遵从夫君……男为天，女为地，故万事以夫为先，谦谨恭顺。行事正确，不可夸耀；人指谬误，勿要争辩，早日改正，不可再犯。遭人轻侮，不敢愤怒，忍气低声，退身相让。如此必能夫妻长久，家中和睦。

其二，关于侍奉公婆的道德训诫，共有 3 条：

5. 女子在室孝敬父母，出嫁则侍奉舅姑，敬爱孝顺重于事父母。不可重父母而轻舅姑。晨昏请安，不可或缺；舅姑之事，不敢怠慢。舅姑有命，谨遵勿悖。万事请示，依命而行。舅姑讥谤，不敢怨恨。虔心尽孝，必能和睦。

7. 伯叔姑妹乃夫之同胞，敬而处之……和睦相处，以合舅姑之意……妯娌之间，常相亲睦。敬重兄嫂，比同兄妹。

16. 女子所继承者乃舅姑之家而非父母之家，故而敬孝舅姑应甚于父母。为人妇者，少回娘家……不可谬赞娘家益处。

其三，关于顺从丈夫的道德规范，共有 5 条：

4. 女子以夫家为家……夫家贫贱，不可怨恨。家贫乃天意，己之过也。一朝出嫁，终生守节，女子之道也。古圣贤有去妻之训。不守妇道而遭弃，实乃终生之耻。去妻者有七恶，一曰不孝舅姑；二曰无子，娶妻为传宗接代之故。然若妇人心术正派、仪行端庄、不好嫉妒，无子可养同姓之子。或妾有子，而妻无子，则不去；三曰淫乱；四曰吝啬；五曰有恶疾；六曰多舌，妇人妄言，中伤亲友、为乱家门者可去之；七曰盗窃。此七去之法皆圣贤之教。女子遭夫家弃去，纵再入富贵之门，亦为莫大耻辱。

6. 女子别无主君，以夫为主君，敬慎侍奉，不可轻侮。妇人之道，一切贵在从夫。应对夫君，殷勤恭顺，词色谦和。不可忤逆争辩，不可骄奢无礼。此女子之第一要务。夫君训诫，不敢违背。疑难之事问诸夫君，依言而行，不敢专擅。夫有所问，正色应对，疏忽轻慢，是为无礼。夫若嗔怒，惶恐顺从，不可争吵，以逆其心。女子以夫为天，逆夫而行，将受天罚。

8. 女子切忌多妒。夫若淫乱，好言规谏，不可怨怒。妒意即生，言辞冷淡，表情可怖，反遭冷落。夫多行不义，和颜悦色，柔声软语，谆谆谏之。若愠怒不从，暂且停止，伺其心情愉悦时复又规谏。不可暴语厉声，忤逆夫心。

13. 不近夫家亲友、下人之年轻男子，不与其嬉笑打骂。固守男女之界。无论何等事宜，不可与年轻男子互通书简。

15. 不可重娘家亲友而轻夫家亲友……节日往来，先夫家而后娘家。无夫君允诺，不得专行，不擅自与人往来。

其四，关于一家主妇的职责，共有 4 条：

11. 勿为巫、觋所惑，亵渎神佛。勤俭持家，不需祈祷，神佛自当庇佑。

12. 既为人妻，好自持家。为妻者行为不端，放浪形骸，其家必败。万事以节俭为本，不可浪费。衣食与身份相符，不可奢华。

17. 虽奴婢众多，万事应亲身操持，不辞辛劳，此乃为妇之法。缝衣调羹，孝敬舅姑；叠被铺席，侍奉夫君；养儿育女，洒扫浆洗，常居家内，不思外出。

18. 慎用奴婢……切勿信其谗言而薄舅姑、叔妹之情。若其粗恶多舌，可弃之不用……宜时时训导以正之。稍有过失，可忍而不发。内则宽厚仁爱，外则严加训诫，不令惰怠，此乃用人之法。授予恩惠，不吝财物，然不给无用之人。

上述文字浅显易懂，除正文之外，在各卷卷首、卷尾、头注中，都附有大量与正文相关的人物故事，并且配有许多插图。这样的编排模式既提高了内容的趣味性，也增强了作品的实用性。女子不但可以依之学习到必要的妇德，还能将其作为习字临摹的范本。享保版《女大学》问世之后，出现了大量的仿作，有的作品是从正文、附录到插图等都完全照搬享保版；有的作品，像《女大学教文库》(1842)等，则只有正文模仿享保版《女大学》，而附录则完全另行创作；还有的作品与享保版《女大学》在思想、理念上一致，而具体内容、附录等完全不同，代表作如《新撰女倭大学》(1785)等。

总体来看，上述以女今川系列、女实语教系列和女大学系列为代表的短篇女训，不是面向某个女性所作，而是以一般庶民女性为训诫对象，使得女训开始走向大众化、庶民化。从其内容来看，既有关于儒家三从四德、男尊女卑等道德伦理的教诲，也有参拜神社、寺院，敬神崇佛、布施僧侣、节庆祭祀等与神道、佛教相关的训诫,还有饮食起居、化妆、裁剪、洗涤以及遣使佣人等与日常生活密切相关的实用性内容。再从其编撰体例来看,已经基本脱离了《女四书》《列女传》等中国女训的创作模式,形成了女今川系列、女实语教系列、女大学系列等日本独特的编撰形式。不仅如此,这些女训的内容简洁易懂、篇幅短小,便于出版。所以在近世被反复翻刻,大量刊行,同样内容的女训往往会出现多种版本。无论从刊行数量还是从普及程度来看,以庶民女性为训诫对象的短篇女训都是近世日本女训中最重要的组成部分。这些女训不仅被用于庶民女子的教育中,还反过来对武士阶层的女子教育产生影响,其中所倡导的女性形象也成为在近世日本占据主导地位的、最理想的女性形象。

二、近世日本女训中的儒家妇德

日本近世以来,儒家思想逐渐占据官学地位,为女训的繁荣发展奠定了必要的思想基础。近世的日本女训正是在不断输入、借鉴、模仿和消化《女诫》《列女传》《女四书》等形形色色的中国儒家女训的过程中发展壮大起来的。儒家思想早已在日本女训中留下了深深的印记,对儒家妇道伦理的吸收和阐发是日本女训的鲜明特色之一。大致看来,近世日本女训中的儒家妇德主要体现在以下三个方面:

第一,从维护封建家族制度出发,要求媳妇孝敬公婆重于父母。在中国古代的封建宗法制社会中,女性从政治社会的公共领域被完全排除出去,并被牢牢禁锢在家庭这一私有领域中。在这样的社会基础上,以孔子为代表的儒学者们,为了维护宗法制家族制度,提倡"妇无公事,休其蚕织"[①]"无非无仪,唯酒食是议"[②],主张女子的职责主要是在家庭内从事家务劳动。因此对于封建社会的女性而言,家庭中的人伦关系是最重要的人际关系。这种家庭伦理关系主要集中在女儿与父母、媳妇与公婆、妻子与丈夫这三方面。儒家主张女子在未嫁之前要"从父",尽心孝敬父母;出嫁后则要"从夫",通过与丈夫的结合,作为他的附属物,取得成为另外一个家族成员的资格。封建时代的女子一般十四五岁就要出嫁,来到另外一个完全陌生的家族中扮演为人媳、为人妻的角色,她一生中的大部分时间都要在这个家族中度过,能否处理好与公婆、丈夫的关系,将直接关系到她一生幸福与否。因此她们被要求要谨小慎微、任劳任怨,尽心孝养公婆、顺从丈夫,为夫家生养男性继承人。在要求女性以孝事父母、公婆,顺从丈夫的同时,儒家又强调"百行孝为先",出嫁后对公婆的孝敬要重于对丈夫的顺

① 《诗经》(插图典藏本),万卷出版公司2016年版,第222页。
② 《诗经》(插图典藏本),万卷出版公司2016年版,第150页。

从，即上下之伦重于夫妻之伦。[①]《礼记·内则》中规定了一系列媳妇侍奉公婆的礼仪：日常生活中要对公婆嘘寒问暖、端茶进水、奉饭备羹、缝补浆洗，对待公婆的态度要恭敬谨慎、下声怡气，不许与公婆争辩是非、惹其生气，以公婆的是非为是非，完全曲从其意。公婆有权决定儿媳的去留，若不能取得他们的欢心，就会遭到丈夫休弃。正因为公婆对儿媳有生杀予夺的大权，所以历代中国女训都十分重视出嫁女子日常生活中教养、规范的习得和修炼，更强调"事舅姑"。《女诫》中则提倡媳妇要"曲从舅姑"，"姑云不尔而是，固宜从令，姑云尔而非，犹宜顺命。勿得违戾是非，争分曲直"。[②]

日本的封建家族制度虽然与中国的宗法制家族制度有很多不同之处，但有一点却是共通的，即它们都是父权家长制家族。不同之处在于，中国的家族注重的是血缘的存续和繁盛，而日本的家族更重视家业的世代相继。[③] 在日本的封建家族制度下，女子根本无缘家业、财产的继承，只能在出嫁后以丈夫家为家。如何与丈夫的家人，特别是公婆相处，是女子日常必须面对的重要课题。日本女训受中国女训的启发和影响，对侍奉公婆作了详细规定，十分强调媳妇对公婆的绝对服从和孝敬。例如，在《女诫插图女实语教·女童子教》中反复强调要"恭敬事舅姑"，将父母、公婆比作天地、日月，"父母如天地，舅姑犹日月，朝夕事父母，恭敬事舅姑"，还要"事舅随舅心，奉姑顺姑意""敬孝事舅姑""曲从曲己理"，[④]以曲从之道博得欢心。怎样顺从公婆之意，博得他们的欢心是每个嫁为人妇的女子所面临的最重要的任务，也是日本女训中反复强调的内容之一。

然而，与中国女训相比，日本女训不仅强调孝敬公婆、曲从其意，还强调女子对公婆的孝敬程度要重于对自己的亲生父母。在《女大学》第五条中这样明确写道："女子在室孝敬父母，出嫁则侍奉舅姑，敬爱孝顺重于事父母，不可重父母而轻舅姑。晨昏请安，不可或缺；舅姑之事，不敢怠慢。舅姑有命，谨遵勿悖。万事请示，依命而行。舅姑讥谤，不敢怨恨。虔诚尽孝，必能和睦。"[⑤]中国女训虽然也强调对公婆的孝敬和曲从，也注重对父母的孝敬，但是并没有厚此薄彼。日本的女训之所以强调重公婆而轻父母，在《女大学》第十六条中给出了解释，

---

① 参见杜芳琴：《女性观念的衍变》，河南人民出版社1988年版，第59～62页。

② 《女诫》原文引自苏者聪选注：《中国历代妇女作品选》（增订本），上海古籍出版社1987年版，第480～481页。

③ 参见李卓：《家统一尊——中日父权家长制比较》，载李卓编《家族文化与传统文化》，天津人民出版社2000年版，第79～80页。

④ 《女诫插图女实语教·女童子教》原文引自[日]石川谦、石川松太郎编：《日本教科书大系·往来篇·第15卷·女子用》，讲谈社1973年版，第243～244、256、267页。

⑤ 《女大学》原文引自[日]石川松太郎编：《女大学集》，平凡社1994年版，第40页。

即“女子所继承者乃舅姑之家而非父母之家,故而敬孝舅姑应甚于父母”[①]。由此可见,正是由于在日本“家”制度下,女子“三界无家”,只能依附于丈夫,以夫家为家,所以日本的女训才从家的角度为其重公婆而轻父母的论调寻找合理化理由,这样做显然是出于维护封建家制度的需要。

另外,《女大学》等日本女训中还对出嫁女子提出了“为人妇者,少回娘家”“不可谬赞娘家益处”“节日往来,先夫家而后娘家”等要求。[②] 之所以如此,是因为日本自古就有尊重母权的传统,与中国相比,日本女性曾经在很长时期内占据主导地位,基于有这样的传统,可以推测实际上在近世社会,出嫁后的女子不可能完全适应夫家的要求,自觉地彻底归属其中。她们对娘家的归属感较之中国封建社会的女性要强,这对于维护夫家的完整和存续是十分不利的。正是基于这样的现状,日本女训中才会出现众多对女性赤裸裸的贬损和诬蔑,才会要求女性重公婆而轻父母。

第二,从男性本位思想出发,要求妻子顺从丈夫,严守贞节。在中国封建社会,儒家素来注重以纲纪来统合人际关系,提出“君为臣纲、父为子纲、夫为妻纲”的理论,将夫妻关系与君臣、父子关系相并列,强调妻子对丈夫的绝对服从。而女子从夫的根本在于“顺”,《孟子·滕文公下》曰:“以顺为正者,妾妇之道也。”顺,指柔顺,不忤逆。也就是说,出嫁后不管丈夫是什么样的人,女子都要恭敬有礼,不能违背丈夫的意愿。班昭在《女诫·敬慎第三》中要求妻子不能与丈夫争是非曲直,如果因此而惹丈夫发怒,遭到辱骂殴打,那是妻子咎由自取,责任完全在妻子。日本女训完全吸取了儒家“谨慎”“恭敬”“柔顺”的妇道标准,《女大学》将夫妻关系纳入主从关系,指出“女子别无主君,以夫为主君,敬慎侍奉,不可轻侮。妇人之道,一切贵在从夫”,同时还要求女子对待丈夫就像仆人侍奉主人一样恭敬、谨慎、柔顺。对于顺从丈夫的具体做法,《女大学》以中国的《女论语·事夫章》为模板,要求妻子“应对夫君,殷勤恭顺,词色谦和。不可忤逆争辩,不可骄奢无礼。此女子之第一要务。夫君训诫,不敢违背。疑难之事问诸夫君,依言而行,不敢专擅。夫有所问,正色应对,疏忽轻慢,是为无礼。夫若嗔怒,惶恐顺从,不可争吵,以逆其心”[③]。为了让妻子遵守这样的规则,日本女训中甚至还出现了“轻视夫君,纵情骄奢,有违天道”(《女童专要女今川》[④]),“逆夫而行,将受天罚”(《女大学》)的恫吓之语。可见,与中国女训相比,日本女

① 《女大学》原文引自[日]石川松太郎编:《女大学集》,平凡社 1994 年版,第 50 页。

② 《女大学》原文引自[日]石川松太郎编:《女大学集》,平凡社 1994 年版,第 50 页。

③ 《女大学》原文引自[日]石川松太郎编:《女大学集》,平凡社 1994 年版,第 40 页。

④ 《女童专要女今川》原文引自[日]石川谦、石川松太郎编:《日本教科书大系·往来篇·第 15 卷·女子用》,讲谈社 1973 年版,第 203 页。

训更加突出了男性的专制。

与为人媳的曲从之德相对照，中日女训都要求妻子对有过失的丈夫加以劝谏。因此，为人妻的顺从和为人媳的曲从有很大不同，作为妻子有权劝诫丈夫，比为人媳多了一定的主动性。《女论语》的“事夫章第七”中提出了“夫有恶事，劝诫谆谆，莫学愚妇，惹祸临身”①的教导，而在《女孝经》中更是专设“谏诤章”，来突出劝谏的必要性和重要性。其书中指出：“天子有诤臣，虽无道，不失其天下。诸侯有诤臣，虽无道，不失其国。大夫有诤臣，虽无道，不失其家。士有诤友，则不离于令命。父有诤子，则不陷于不义。夫有诤妻，则不入非道。”②将诤妻与诤臣、诤友、诤子相提并论，认为丈夫若犯了错误走入“非道”，妻子加以劝谏乃是妇人堪称“贤”的重要标准，充分肯定了女性“贤内助”的作用。中国的女训多出自女性作家之笔，她们站在女性的立场上在强调妻子谏诤的必要性和重要性，同时又自觉地以儒家的修身之道来自律，这既为女子谏夫提供了有力的理论支撑，又培养了女性的能动性，为女性适应男权社会、求得一席安身立命之地提供了有益的借鉴。

日本的女训大多出自男性之笔，虽然也主张妻子劝谏丈夫，但是却站在男性的立场上，要求妻子察言观色、谨小慎微、谏而不诤。如《女大学》中写道：“夫多行不义，和颜悦色、柔声软语，谆谆谏之。若愠怒不从，暂且停止，伺其心情愉悦时复又规谏。不可暴语厉声，忤逆夫君。”③佐久间象山的《女训》中也讲道：“夫若有过，谨慎劝谏。若因不合我意，一争曲直，必逆夫意。此无以正其过，徒负无礼之恶名矣。”④妻子的劝谏若是合乎情理，对于犯了过错的丈夫而言，必然是忠言逆耳，妻子的劝谏能否有效，完全取决于丈夫的好恶，很难真正发挥作用。

除了要求妻子顺从和劝谏丈夫之外，中日的女训作品都要求妻子对丈夫忠贞不贰、从一而终。在刘向《列女传》的《贞顺》章中，有的女性为守礼而丧命；有的从一而终、守节不移；还有的为夫殉节、贞烈果敢。她们因为恪守封建道德礼教而“青史留名”。后世的历朝历代均仿效刘向的《列女传》，在正史中设《列女传》一节，为那些因封建礼教殉身的节妇立书做传。然而直到宋代之前，贞节观并没有发展到极致。宋明以后，程氏兄弟和朱熹等儒学者们公开倡导寡妇不能

---

① 《女论语》原文引自苏者聪选注：《中国历代妇女作品选》(增订本)，上海古籍出版社 1987 年版，第 491 页。

② 《女孝经》原文引自苏者聪选注：《中国历代妇女作品选》(增订本)，上海古籍出版社 1987 年版，第 486 页。

③ 《女大学》原文引自[日]石川松太郎编：《女大学集》，平凡社 1994 年版，第 40、46 页。

④ 佐久间象山《女训》原文引自[日]黑川真道编：《日本教育文库・女训篇》，日本图书中心 1977 年版，第 729～739 页。

再嫁的论调，宣扬饿死事极小，失节事极大，要求寡妇宁愿无人照料而饿死，也不能再嫁他人而失节。从此贞节观演化成了畸形的贞烈观。

受儒家思想的影响，日本女训也有要求妻子单方面为丈夫守节的训诫，《女大学》就强调"一朝出嫁，终生守节，女子之道也"①，《女诫插图女实语教·女童子教》中也要求女子"妇行存心间，洁白守贞操"②，《假名列女传》中更不乏对贞女、烈妇的记载，以日本历史人物为素材编写的《本朝女鉴》中也设有"节义""贞行"等章节。不过需要指出的是，日本女训中关于女子的贞节问题，并不像中国女训那样重视，《女大学》等女训中的相关训诫都是只言片语，一带而过。同时，日本女训也没有完全杜绝女子改嫁，如《女大学》中就认为"女子遭夫家弃去，纵再入富贵之门，亦为莫大耻辱"③，女子被丈夫休弃后再嫁，虽然是"莫大耻辱"，但并没有被完全禁止。这种情况遭到了当时以吉田松阴为代表的儒学家的批判。吉田松阴在其创作的《女训》中，批判《女大学》类女训"柔顺幽闲、清苦俭素有余，节烈果断之训不足。太平无事之时犹可，变故之际，尚不足以励女子之贞操峻节"④。由此可见，日本的女训并没有吸取中国的极端贞烈观，人物故事型女训《假名列女传》《本朝女鉴》等也遵循刘向"不存一操"的编撰宗旨，没有把贞节、贞行等德目当作唯一的标准。

日本女训中之所以没有吸取中国封建社会极端的贞烈观，究其根源，是由于中日的家族制度之间的差异造成的。中国的父权家长制家族注重的是男性父系祖先血统的延续，所以男婚女嫁的最主要目的是传宗接代，延续"香火"。为了保证男系血统能够世代延续，丈夫必须要保证子孙后代与其自身有直接血缘，而能够继承家族财富和权力的继承人选也必须是其直系男性后代，由此便产生了单方面要求妻子守节的观念。随着封建家族制度的不断完善和儒家思想的演变，贞节观日趋保守，最后达到了病态的程度。与注重血缘延续的中国封建家族制度不同，日本父权家长制下的"家"是一种超越家族成员生死而存在的经济共同体概念，在一切以家业繁荣为要务的大前提下，只要对发展壮大家业有利，就可以成为家族的继承人，他与家长之间有无直接血缘关系已经退居次要地位。日本封建社会中很多继承家业的家督都是与家长毫无血缘关系的养子，近世以来很多人也都是通过给别人当养子继承家业来立身扬名，出人头

---

① 《女大学》原文引自[日]石川松太郎编：《女大学集》，平凡社1994年版，第34页。

② 《女诫插图女实语教·女童子教》原文引自[日]石川谦、石川松太郎编：《日本教科书大系·往来篇·第15卷·女子用》，讲谈社1973年版，第267页。

③ 《女大学》原文引自[日]石川松太郎编：《女大学集》，平凡社1994年版，第30页。

④ 吉田松阴《女训》原文引自[日]黑川真道编：《日本教育文库·女训篇》，日本图书中心1977年版，第740页。

地的。[①] 正是由于受到日本独特的家督继承制和家业观念的影响，人们对后代血缘纯正性的要求不像中国那样强烈和极端，所以日本女训中对女性贞节观的强调也就不像中国那样极端。

第三，从儒家阴阳二元对立的角度出发阐释男尊女卑观念。早在人类文明的初期，男尊女卑观念就随着母权制的衰退和父权制的崛起而诞生了。儒家思想作为几千年来中国封建社会的正统思想，对男尊女卑观念的阐发形成了完备的理论基础。这种理论基础概言之就是天地阴阳说。在西周至战国末期，人们把对天地、男女等自然现象的关照引入到对社会现象的阐述中，提出“天尊地卑，乾坤定矣；卑高以陈，贵贱位矣；动静有常，刚柔断矣”[②]的观点，从而分别赋予男性和女性以乾坤、阴阳、天地、刚柔、尊卑、贵贱等意义。在儒家看来，乾为阳，代表具有支配权威的天、君、父、夫；坤为阴，代表受支配的地、臣、子、妻。因而身为女子受男子支配乃是天经地义的事，这便为男尊女卑观念提供理论基础。儒家最具代表性的女训《女诫》在开篇便以“卑弱第一”来开宗明义：“古者生女三日，卧之床下，弄之瓦砖，而斋告焉。卧之床下，明其卑弱主下人也。”[③]男尊女卑作为儒家女性观的基本论调，并由此衍生出了三从四德等一系列的封建妇道伦理。

日本女训受中国儒家思想的影响，在阐述男尊女卑观念时，也大都借鉴了儒家的天地阴阳之说。《女童专要女今川》后半部分的妇道论述纲要中写道：“夫天为阳，刚也；地为阴，柔也。阴从阳者，天地自然之法也。故而以天地喻夫妇之道，则夫为天，敬慎事之。地感天之恩泽而生万物，故敬事夫君乃女子孝行之道也。”[④]《女大学》的妇道总论也中写道：“女属阴性，阴则暗如黑夜”，“男为天，女为地，故万事以夫为先，谦谨恭顺”等。日本女训不仅全面借鉴了儒家的天地阴阳之说，把天地、阴阳比作男女、夫妇，将天尊地卑、阳刚阴柔的“自然之道”引入夫妇关系中，甚至还加以发挥，污蔑女子“不明是非，不辨毁誉，不分福祸”，“愚昧不堪”，并以此为依据要求女子“万事须谦卑顺服，遵从夫君”。[⑤] 由此可见，日本女训中的男尊女卑观念较之中国可谓是有过之而无不及。

综上所述，在中国女训的影响下，以男尊女卑为基础、以三从四德为核心的

---

① 参见李卓：《血缘的延续与家业的延续——中日血缘观比较》，载李卓编《家族文化与传统文化》，天津人民出版社2000年版，第118～126页。

② 《周易·系辞上》。

③ 《女诫》原文引自苏者聪选注：《中国历代妇女作品选》（增订本），上海古籍出版社1987年版，第478页。

④ 《女童专要女今川》原文引自[日]石川谦、石川松太郎编：《日本教科书大系·往来篇·第15卷·女子用》，讲谈社1973年版，第204页。

⑤ 参见[日]石川松太郎编：《女大学集》，平凡社1994年版，第55页。

儒家妇道被奉为正统思想,深深影响了封建时代的日本女性。日本女训对女性角色的定位与中国相同,都重视女性作为"儿媳妇"和"妻子"的道德规范,而忽视了她们身为"母亲"的职责。在封建家族制度下,女子通过婚姻加入丈夫的家族,她们不仅要端茶送水、调羹进饭来尽心孝养公婆,还要"曲从其心",以公婆的意志为转移,不能有自己独立的人格,这样才能成为一名公婆眼中合格的儿媳。同时,作为一名妻子,生儿育女、操持家务、任劳任怨是她们的"本份",柔顺、守贞是她们需要牢记的金科玉律;她们不能违背丈夫的意愿、不能背叛丈夫、不能有丝毫嫉妒之心;丈夫行为不端还要敢于冒着被斥责为"多舌"的危险加以劝谏,但又不能引起丈夫的不满。不论在中国还是日本,曲从公婆、顺从丈夫的女性形象都是封建社会"理想化"的女性形象。此时的女性地位不断沦落,女性的人格遭到贬损和诬蔑,女性的自我意识被剥夺。近世以来,以塑造这种封建保守的女性形象为目标,日本人创作了大量女训作品,并将其用于近世的女子教育中。随着近世庶民教育的发展,儒家妇道也开始在全社会普及开来。

三、庶民女子教育与儒家妇德的普及

日本近世以前的女子教育十分落后,无论出身贵贱,公立和私立的教育机构都只招收男性,女性没有到家庭以外的教育机构接受教育的机会。即使同为女性,受教育的程度也由于其所属阶级的不同而有很大的差别:贵族出身的女子有条件聘请教师到家中授课,可以读书习字,在艺术修养等各方面受到比较专业的教育;而庶民女子只能在家庭中学习与日常生活密切相关的技能。贵族女子的学识和修养远远高出庶民女子。

在近世初期,中国儒家的女训大量传入日本,涌现出很多对女子教育抱有极大热情的儒学者,如藤原惺窝、中江藤树、熊泽蕃山、山鹿素行、山崎暗斋等。他们大多提倡用儒家妇道伦理来教化女子。藤原惺窝的《千代元草》是为其母亲所做,当时其母已经年过花甲且笃信佛教,受到儿子的影响,对"儒道之新学问"有所动心,因此要求儿子为其写一部介绍儒教的书。这部作品实际上是他为母亲讲解儒学的简易解说书,后来被世人不断翻抄、刊行,成为具有很大影响力的女训。山鹿素行在其所著的《山鹿语类》中谈到了对武家女子的教育,强调"夫妇为人伦之大纲",要求武家的女子应"以柔和随顺",承担起"劝谏丈夫""践行母仪"的职责,严守贞节之道,为此便要"令其常读经传",而"女子之规范皆出自《列女传》"[①]。荻生徂徕也倡导庶民女子应多读《孝经》《列女传》等典籍。[②]山崎暗斋的《大和小学》模仿朱子学典籍《小学》,全篇章节模仿《小学》的内

① [日]志贺匡:《日本女子教育史》,琵琶书房1977年版,第243页。

② 参见[日]山崎纯一:《列女传》(上),明治书院1996年版,第67页。

篇——立教、明伦、敬身、稽古，外篇——嘉言、善行的章节安排，设有“立教”“明伦”“敬身”三章，在序言中就提出了为了方便不认识汉字的女子诵读，故而改用假名著述，其训诫女子的意图十分明显。总之，在近世初期，随着儒学地位的提高和儒学者们的大力倡导，中国儒家的女性观开始对日本的女子教育产生影响。

从17世纪末期开始，德川幕府已巩固了在全国的统治，幕藩体制、身份制度及家族制度等均逐步趋于完善，近世社会进入稳定的发展时期。随着政治稳定、经济繁荣，交通、运输、贸易等产业渐兴，庶民阶层的力量逐渐壮大起来，进而成为庶民文化的主要创造者和享受者，由此形成了具有庶民特色的元禄文化。庶民阶层的成长和庶民文化的繁荣，增加了他们对教育的需求，希望读书、识字的人数不断增加，由此推动了庶民教育机构——寺子屋的不断发展。据统计，宝历年间（1751～1764）平均每年开设的寺子屋数量为2.6所，天明年间（1781～1789）是12.6所，至文政年间（1818～1830）上升到56.3所，到了天保年间（1830～1844）则达到141.7所。[①] 随着寺子屋数量的增加，庶民女子教育也迎来发展机遇。当时不仅男孩子可以接受寺子屋教育，很多人家也把女孩子送往寺子屋中去学习。特别是元禄时代以后，在江户、大阪、京都等大城市中，传授识字、书写、算盘等初级知识的寺子屋中开始允许女童入学。在香月牛山著的《小儿必用养育草》中，就记载了元禄时期京都町家的男女子弟到寺子屋学习的情况。[②] 近世招收女学生的寺子屋共有8636所，占寺子屋总数的63%，在寺子屋中学习的女学生共有148138名，占学生总数的20%。[③] 从这些数据中不难看出，近世日本的女子教育已经突破了家庭教育的藩篱，发展成较为兴盛的学校教育。

在寺子屋中学习所用的教材是往来物，女子所用的教材则称作女子用往来物。这些往来物都是为适应庶民女子的知识水平及学习特点而编写的启蒙读物，其特点是篇幅短小精悍、语言通俗易懂。据日本学者研究表明，江户时代的女子用往来物根据其内容不同可以分为四大类：训诫型、消息型、社会型、知识型。[④] 训诫型往来物主要讲述女子应当遵守的道德规范、行为准则、礼节修养等内容；消息型往来物教授女子习字、作文的基础知识以及社交礼仪、书信往来等一般常识；社会型往来物的内容是社会生活中的风俗、习惯、祭祀、节日以及大

① 参见[日]平田宗史：《教科书中所见的近代日本教育制度史》，北大路书房1991年版，第27页。

② 参见[日]《讲座日本教育史》，第一法规出版社1984年版，第8页。

③ 参见[日]石川谦、石川松太郎编：《日本教科书大系·往来篇·第15卷·女子用》，讲谈社1973年版，“解说”第7～8页。

④ 参见[日]石川谦、石川松太郎编：《日本教科书大系·往来篇·第15卷·女子用》，讲谈社1973年版，“解说”。

众文化等社会常识；知识型往来物介绍和传授的是历史、地理、产业等知识。据统计，近世女子用往来物共计约 1109 种，其中训诫型往来物数量最多，共计约 377 种，占到总数的 34％左右。[①] 而训诫型往来物的主要作品就是上文已经介绍过的女今川系列、女实语教系列和女大学系列。随着寺子屋中庶民女子教育的开展，《女大学》等女训中所倡导的三从四德、男尊女卑的儒家妇道伦理也日益普及开来，成为在近世日本占主导地位的女性道德观。

① 参见[日]石川谦、石川松太郎编：《日本教科书大系·往来篇·第 15 卷·女子用》，讲谈社 1973 年版，“解说”第 46 页。

第四章　近代国民社会:良妻贤母观的确立

明治维新以后,日本走上了建设近代国家的道路,在政治、经济、文化等领域开展了一系列改革。其中,仿照欧美国家建立近代教育体制,大力发展教育事业,培养适应近代国家发展需要的国民成为改革的重要任务之一。然而,由于受男尊女卑传统观念的影响,女性并没有获得与男子同等的国民身份。在近代家族制度的根本大法《明治民法》中,女性被视作家族的附庸,处于无权的地位。与之相呼应,在女子教育领域也形成了将女子视作次等国民的良妻贤母观。在这种女性观的主导下,近代日本不仅出现了许多女训作品,而且还将其用作女子学校教育的修身教材。这表明在近代日本社会,女训作为女德教化的重要手段,依然拥有很强的生命力。

第一节　近代家族制度与良妻贤母

一、民法中的性别歧视

明治维新以后,为了提高本国的国际地位,修改与西方国家签订的不平等条约,日本开始仿照西欧国家编纂近代法律。而民法的编纂更是可以改变"自古无民事法律之书"的落后状况[①],因而备受重视。从明治三年(1870)起,相关的工作就已经开始了。当时洋学者箕作麟祥受太政官制度局官员江藤新平委托翻译了《拿破仑法典》,并据此提交了民法草案《民法决议》。1872年江藤新平任司法卿之后,民法编纂转由司法省负责,明治十年(1877),在司法省内专设民法编纂课。然而在此期间完成的民法草案基本上都是对法国民法的全盘照搬,与日本社会实际严重脱节,很难受到认可。1880年起,民法编纂课升格为民法

---

① 参见李卓:《家族制度与日本的近代化》,天津人民出版社1997年版,第40页。

编纂局，在法国自然法学家博阿索那多（Gustave Emile Boissonade de Fontarabie）的带领下重新起草民法草案。博阿索那多虽是法国人，却反对全盘照搬法国法律，主张民法要与日本的社会现状相结合。于是在起草民法时，只有财产法部分参考了法国的法律，而人事、家族制度等方面的内容则由日本人自己撰写。经过多年的努力，民法草案终于通过了元老院和枢密院的审议，于 1890 年作为法律第 28 号和第 98 号分两次正式公布，并决定于 1893 年正式实施。这部民法史称"旧民法"。然而由于"旧民法"中对幕末、维新以来封建家族制度开始瓦解、家长权威逐渐削弱的状况予以认可，因此一经公布便在社会上引起了轩然大波，受到了猛烈攻击。围绕"旧民法"实施与否，形成了以东京大学法学部教授穗积八束为代表的英国法学派学者组成的"延期实施派"和以博阿索那多的弟子、东京大学法学部教授梅谦次郎为中心的"坚决实施派"两大阵营，双方开展了激烈论争。最终，这场"民法典论争"以"延期实施派"的胜利、"旧民法"的夭折而告终。1893 年，明治政府决定由梅谦次郎、穗积八束之兄穗积陈重、富井政章三人共同负责重新起草民法草案，新起草的民法草案于 1898 年通过审议，同年 7 月 16 日正式开始实施，这就是《明治民法》。

《明治民法》共由五编组成，即总则、物权、债权、亲属、继承，共计全部法律条文共有 1044 条。其中物权和债权是财产法，以德国法为蓝本；亲属和继承是家族法，充分吸纳了日本固有的家族主义传统，将封建时代武士阶层的家族制度强加给全体国民，使得父权家长制和家督继承制法制化。[①] 因此《明治民法》所确立的近代家族制度是日本人以传统思想吸纳西方先进文明的近代化模式使然，其中保留了大量的封建残余因素。而其中将歧视女性的观念法律化则是其封建性的集中体现，具体如下：

第一，在婚姻关系中，夫权大于妻权。在《明治民法》中，除了招赘婚的户主可以为女方之外，一般默认家族的户主为男方。而作为户主的丈夫在法律上拥有的权利远远大于妻子。第 788 条中规定"妻子因婚姻而入夫家"，也就是说，女子在婚后就要脱离自己原来的家庭，成为夫家的一员。而根据第 746 条规定"户主及家族称户主家之氏"[②]的原则，女方在婚后要冠以夫姓。在近代之前，日本妇女婚后并不必改姓，而《明治民法》则将夫妻同姓法制化，表面上看是遵循欧美近代法的原则，倡导夫妇一体。而实际上，日本的夫妇同姓并非是基于个人主义基础上的夫妇一体，而是为了强化妻子的家族观念，以妻子丧失独立人格、沦为丈夫的附庸为代价，其真正的目的是倡导家族一体化。进而通过家族

① 参见李卓：《日本近现代社会史》，世界知识出版社 2010 年版，第 103 页。

② 本节中《明治民法》的原文引自［日］汤泽雍彦编：《日本妇女问题资料集成·第 5 卷·家族制度》，家庭出版社 1976 年版，第 239～276 页。

一体向“亲属一体、地方自治一体、国民一体的意识发展”，这是近代日本“家族主义的根本精神”。[①] 夫权大于妻权的另一个体现是关于家庭财产的管理。丈夫有权使用妻子的财产并获得收益（第799条），妻子的财产由丈夫管理（第801条），妻子只是家政事务的代理人，其代理权需要获得丈夫的许可（第804条）。不经丈夫允许，妻子不能有任何经济行为。在离婚问题上，虽然第808条规定“夫妻可以协议离婚”，赋予了女性离婚权。但是在行使离婚权时，法律明显偏向男性。第813条规定：妻子与人通奸，丈夫就可以要求与其离婚；而只有丈夫犯奸淫罪并因此获刑的情况下，妻子才能提出离婚。也就是说，即使丈夫有通奸行为，只要不被判处奸淫罪，妻子就不能提出离婚诉讼，这显然是对妻子贞操的单方面约束。而在非婚生子的认领方面，丈夫认领的非婚生子称庶子，而妻子认领的只能称私生子（第735条）。庶子与私生子的称呼不同，且地位悬殊。庶子是仅次于嫡子的家督继承人选，而私生子的地位最低，“虽为女子亦在私生子之先”（第970条）。也就是说，虽然家督继承制遵循男子优先的原则，但私生子的地位连女子也不如。

第二，在亲子关系中，父权重于母权。《明治民法》中对家族的定义是“户主之亲属且在家者及其配偶”（第732条），户主的配偶位列户主亲属之后。也就是说，在父权家长之下，母亲的次序排在子女之后，母亲的亲权远远不及父亲的权威。根据第877条规定，母亲只有在“父亲不明时、死亡时、离家时或不能行使亲权时”才能行使亲权。而母亲行使亲权时还有诸多的限制，如第886条中规定“行使亲权的母亲代替未成年子女实施或者同意其子实施如下六项行为时，必须征得亲族会的同意”，这些行为包括：“一营业；二借贷或担保；三不动产或重要动产的转让；四不动产或重要动产的纠纷和解或签订仲裁契约；五放弃继承权，六拒绝接受赠予或遗产赠予。”如果母亲违反此规定，则其行为无效（第887条）。即便是母亲拥有了亲权，在关系到家族重大利益的事情上依然不具备父亲那样的权威。甚至在遗产继承方面，法律规定“被继承人的直系亲属为遗产继承人”（第994条），只有在被继承人没有子女的情况下，配偶才有权继承遗产（第996条），这也就意味着身为母亲是没有财产继承权的。正因为失去了经济上的独立，所以母亲对子女的管辖力和约束力十分微弱。多数情况下，母亲只能依附于身为家督的子女生活，亲权无从谈起。

通过上述论述可以看出，在近代家族制度之下，虽然日本女性的地位较之封建时代有所改观，如法律上承认了女性的离婚权，但是她们仍然处于受歧视、受压迫的境地。男尊女卑的状况非但没有得到根本的改善，反而通过近代法律

① ［日］新见吉治编：《家族・婚姻研究文献选集9：家族主义》，クレス出版1999年版，第97页。

的形式被法制化、合理化了。而在近代,日本社会奉行家国一体的家族国家观,家是国的基础,国是家的扩展。为了家族的兴旺,广大女性承担着为家族生养继承人以及操持家务、伺候公婆的职责;为了国家的富强,她们又被赋予了教育子女、辅助丈夫的职责。甘于被歧视的地位,做一个为家族和国家利益献身的良妻贤母便是在近代日本所倡导的主流女性观。

二、良妻贤母观的确立

良妻贤母观是近代日本女性观的核心内容,它的形成并非一日之功,而是在明治维新以后的日本近代化过程中,随着女子教育不断发展而逐步确立的。从日本历史的发展进程来看,近代日本良妻贤母观的确立经历了三个阶段:欧式贤母观兴起阶段、儒教妇德观回潮阶段和国家主义思潮隆盛阶段。

1. 欧式贤母观的兴起阶段

文明开化期是欧式贤母观的兴起阶段。明治维新后,日本出现了倡导西方自由民主思想的启蒙运动。福泽谕吉(1834～1901)、森有礼(1847～1889)和中村正直(1832～1891)等启蒙思想家纷纷著书立说,批判男尊女卑的观念,为文明开化政策呐喊助威。他们作为明治初年的启蒙团体明六社的成员,对女性问题也十分关注,在文明开化时期都曾发表文章,对封建时代完全无视女性人格的传统道德进行深刻批判,积极宣传欧美的女性观。早在 1872 年福泽谕吉就发表了著名的《劝学篇》,从天赋人权的理论出发,发出"天不生人上之人,也不生人下之人,天生万人皆平等"的呼声,提出"男人是人,女人也是人""天下不可一日无男人,也不可一日无女人,其作用确实相同"的观点,进而批判了封建家族制度下要求妇女恪守三从之道、"七出"之条的陋习。[①] 1874 年,森有礼在《明六杂志》上发表《妻妾论》一文,抨击了传统家族制度下夫妻之间的主从关系,指出"丈夫有要求妻子辅助之权利,也有保障妻子之义务,而妻子有要求丈夫保障之权利,也有辅助丈夫之义务",强调夫妻之间互相尊重的权利和义务关系。不仅如此,森有礼在该文中论及女性身为母亲的职责和作用时指出,"女子为人妻,其治家之责既已不轻,而又为人母,其教子之任实难且重"。因此,"为人母者,必先身体强健","又须其性公平,其质纯清","为人母者还须常怀高见。若见识不高,其子焉能成就正大事业","故欲美其子之资质,不可不美其母"。[②] 在森有礼看来,母亲肩负着教育子女的重任,其性情品质以及思想见识直接影响

① 参见[日]福泽谕吉:《劝学篇》,商务印书馆 1950 年版,第 40 页。

② [日]山口美代子编:《资料明治启蒙期妇女问题论争的周边》,家庭出版社 1989 年版,第 17～18 页。

子女的成长,要想培养品性优良的后代,需要先培养身体强健、品性正直、见识高远的母亲。文明开化期,森有礼的贤母论思想建立在对日本传统家族制度及女性观进行批判的基础上,是从重视母亲作用的角度来倡导改善女性地位的。

另一位启蒙思想家中村正直则是从国家富强的高度,大力倡导欧式贤母观。1875 年 3 月,他在《明六杂志》上发表了著名的《造就善母说》一文,指出:"子女之精神心术大体与其母亲相似,乃至其嗜好癖习也多似母亲。欲使人民移风易俗,并达到开明之境界,必须造就善母。先有绝好之母亲,而后才有绝好之子女。如此及至我等子孙之辈,日本自然成为优良国家","吾辈所受教育先天不足",只能"钦羡欧美之开明",所以"深望吾辈子孙能得善母之教导,而造就善母唯在女子教育。"中村正直是从母亲在精神、习惯、嗜好等方面都对子女具有重大影响的角度,提出了"造就善母"的命题,强调女子教育的目标不仅要塑造具备教育子女的教养和知识的"善母",还要塑造"畏天道、敬真神、好技艺、嗜学问,可以辅助丈夫、相敬相爱"的"良妻"。在他看来,所谓的"良妻",不是恪守"三从四德"的儒家妇道伦理,一切以丈夫的意志为转移的仆从,而是既具有"亲爱四分、好意见二分、巧智一分、美丽一分"的"好性情",又掌握了"良善之教育才艺",能够"辅助丈夫"的伴侣。[①] 关于"善母""良妻",中村正直不仅在《造就善母说》中进行了论述,在其他如《东京女子师范学校开学演讲》(1875)、《母亲的感化》(1887)、《女子高等学校不应废弃》(1891)等著述和演说中也反复强调。因此,中村正直也被认为是日本明确提出"良妻贤母"观的第一人。[②] 明治初期,启蒙思想家们所倡导的欧式贤母观以西方女性为参照,把一夫一妻制下与男子具有同等权利、在教育子女方面颇有见识的欧式贤母视作理想的女性形象。这种欧式贤母观十分重视女性身为母亲的职责,认为母亲在教育子女方面发挥着重要作用,有必要让女子学习一定的文化知识,因而具有鲜明的进步意义。

2. 儒教妇德观的回潮阶段

大约从明治十年(1877)起,进入了近代良妻贤母形成的第二个阶段,即儒教妇德观回潮阶段。当文明开化浪潮过后,人们开始批判明治初期的全盘欧化政策,以元田永孚(1818～1891)为代表的儒学者们扯起了复古的大旗,开始倡导恢复传统的儒教妇道伦理。元田永孚是明治天皇的侍讲,他凭借自己的特殊身份对天皇施加影响,为天皇宣讲《论语》,大力宣扬儒家忠孝伦理。1879 年,他趁明治天皇赴各地巡视学校之际,以"圣旨"的名义撰写《教学大旨》,并向全国

① 参见[日]山口美代子:《资料明治启蒙期妇女问题论争的周边》,家庭出版社 1989 年版,第 35～37 页。

② 参见[日]山川菊荣:《两代女人记》,平凡社 1980 年版,第 33 页。

发布。《教学大旨》中批判了明治维新以来“专尚知识才艺”“徒洋风是竞”“轻仁义忠孝”“品行破而风俗伤”的欧化教育，要求恢复以儒家伦理为主要内容的道德教育，主张“自今以后，以祖宗之典训为基，专明仁义忠孝，道德之学，以孔子为主”①。作为恢复儒教的具体措施，要求各小学校内悬挂古今的忠臣、义士、孝子、节妇的画像，其目的在于“使学生先于脑髓中感受忠孝之大义”。在撰写《教学大旨》之后，元田永孚又奉天皇之命，依照大旨的精神编写了修身教科书——《幼学纲要》，用于指导小学的道德教育。其中关于女子道德教育的内容共两章：“和顺”章和“贞操”章。前者以山内一丰之妻、丰臣秀吉之妻浅野氏、后汉鲍宣之妻桓氏、唐太宗皇后长孙氏、周宣王之后姜氏等女性为典范，讲述了“人有男女，故必有夫妇，有夫妇然后有父子、有兄弟，以成一家。夫则治其外，妇则修其内。夫妻和顺则一家齐整”的道理。“贞操”章中则列举了源渡之妻袈裟、源义经之妾静、楚国之白贞姬、汉朝之陈孝妇等节妇烈女的故事，讲述了“嫁为人妻则终身不移，遭遇事变而严守贞操”②的道理。《幼学纲要》于 1882 年由宫内省出版后，颁发到全国的小学校，其中所鼓吹的妇道伦理也随之被贯彻到了全国的女子教育中。以元田永孚为代表的复古派倡导对女子进行贞专、柔顺的妇道教育，其内容与封建时代《女大学》式的女子道德说教一脉相承。

儒教复古派势力的抬头，引发了关于道德伦理建设的激烈论争，形成了主张复古儒教伦理的保守派和反对复古的开明派之间的尖锐对立。到 19 世纪 80 年代末期，有关道德教育的论争愈演愈烈，使得思想界、教育界处于比较混乱的状态，“国民精神四分五裂，犹如乱麻”③。在这种局面下，1890 年 10 月，明治天皇亲自签发了《教育敕语》，确立了近代日本道德教育的总方针和国民道德的最高准则。此后直至日本战败为止，“遵照《教育敕语》精神，涵养贞淑之德”，一直是近代日本女子道德教育的主要内容。“孝父母，友兄弟，夫妇相和，朋友相信”的儒家伦理道德成为全体国民应遵守的道德规范。井上哲次郎编撰的官方注释书《敕语衍义》中明确指出，由于“妻子的知识才学都不及丈夫”，要达到“夫妇相和”，就要求妻子“不可指责丈夫的是非，尽量服从”，同时要对“丈夫温柔顺从，不忤逆其意”，还要“保守贞操”，“始终与丈夫同甘共苦”。④ 从以上论述可以看出，在元田永孚等人的极力宣扬下，以《教育敕语》的颁布为标志，以柔顺、守贞为核心内容的儒家妇道伦理正式成为近代日本女性道德伦理的核心内容之一。

---

① ［日］三井为友编：《日本妇女问题资料集成·第 4 卷·教育》，家庭出版社 1976 年版，第 175～176 页。

② ［日］三井为友编：《日本妇女问题资料集成·第 4 卷·教育》，家庭出版社 1976 年版，第 181 页。

③ ［日］片山清一：《近代日本的女子教育》，建帛社 1984 年版，第 44 页。

④ 参见［日］井上哲次郎：《敕语衍义》，载松本三之介编《近代日本思想大系 31 明治思想集Ⅱ》，筑摩书房 1977 年版，第 93 页。

3. 国家主义思潮的隆盛阶段

从19世纪末期开始，良妻贤母观的形成进入了第三阶段，即国家主义思潮的隆盛阶段。19世纪末20世纪初，甲午中日战争和日俄战争的获胜大大刺激了日本国家主义思潮的滋长。当时日本社会普遍认为，女子教育的发达带来了日本国力的增强，这是日本能够在对外战争中获胜的重要原因。当时的华族女子学校校长细川润次郎发表了著名的《国力与女子教育》一文，指出在中国、朝鲜、土耳其等女子教育不发达的国家，“女子的见识浅薄”，“她们虽占国民的半数，但却没有发挥任何作用”，甚至还会牵制男子发挥作用，导致“只占国民半数的男子之力再减去一半”。而在英、法、德、美等女子教育振兴的国家，“女子见多识广，其思想自然与国家休戚相关，可以养成公共意识和爱国精神”，所以其国力很强大。[①] 细川润次郎把女子教育的发达与否同国家力量的强弱紧密相连，强调发展女子教育有利于培养女子的国民意识，有利于塑造辅助丈夫的“良妻”。这里的“良妻”具有鲜明的国家意识，将自己视作国家的一员，能够自觉承担管理家庭事务的“内助”职责，使得为了国家发展而努力工作的丈夫免除了后顾之忧。继细川润次郎之后，女子高等师范学校校长秋月新太郎也提出了尤其应该“培养女子的世界思想，让她们牢固树立女子占有四千万国民之半数的观念，让她们认识到自己的天职虽然是负责家庭事务，但女子的本分并不仅限于此，还应该为国家承担一定的责任，让女子在养育子女之时，抱着为国家培养善良有为的国民的观念”[②]，细川润次郎主张女子教育的目标在于培养能够辅助丈夫“致力于国家事务”的“良妻”，而秋月新太郎则从“造就未来有用的国民”的角度，论述女子教育的目标在于培养可以胜任家庭教育，能把子女培养成有用之才的“贤母”，其共同之处在于她们都要具备明确的国家意识。由此形成了具有国家主义色彩的“贤母观”以及“良妻观”，为良妻贤母观的确立奠定了必要的思想基础。综上所述，近代以来文明开化运动的开展和近代女子教育的发展对人们的女性观念产生了很大冲击。日本人在接受西方文明和保留传统妇女道德方面进行了一系列论争，最终在国家主义思想膨胀的背景下形成了独具特色的良妻贤母观。

日本近代社会理想的女性并不是愚昧无知，一味顺从丈夫和公婆的好媳妇，而是既有文化知识，能够教育子女，又守妇道，能够辅助丈夫的良妻贤母。作为近代主流女性观，良妻贤母观首先是作为女子中等教育理念被提出来的。

---

① 参见[日]三井为友编:《日本妇女问题资料集成·第4卷·教育》，家庭出版社1976年版，第247～248页。

② [日]秋月新太郎:《女子教育管见》，女子高等师范学校1895年版，第28页。

1902年5月,文部大臣菊池大麓在高等女子学校校长会议上明确指出"成为一家之主妇、做良妻贤母是女子的天职",而"女子教育的主要目的就是为了让女子实现这种天职","高等女子学校是为了实现这一目的而设置的必要的中流以上的女子教育机关"①。在菊池大麓之前,人们关于女子教育目标的提法有很多种,比如"贤女""淑女""良妻""良母""贤母""慈母""贤妇良母""贤母良妻""良妻贤母""善良的母亲""善良的妻子"等不一而足。② 到菊池大麓发表讲话时,他以文部大臣的身份将其统一为"良妻贤母",并从此固定下来。所以,菊池大麓是将国家的女子教育指导方针明确定格为良妻贤母主义的第一人。良妻贤母观提出之后,当时直接负责女子中等教育工作的高等女子学校校长们纷纷予以响应。当时的《妇女新闻》中写道:"现任的菊池文相凭借其强势地位,主张在女子高等师范学校等所有的女子教育机关中实行良妻贤母主义,一时间,众多的女子教育家皆趋之若骛。"③如京都府高等女子学校校长河原一郎撰文指出,"我校的方针主要是培养外柔内刚的良妻贤母"④。米泽高等女子学校校长近新次郎也表示,"本校的教育方针只是要培养尊奉《教育敕语》之圣意的良妻贤母"⑤。这些高等女子学校校长的言论都没有离开"良妻贤母"这个关键词。由此可见,良妻贤母观一经确立,便得到了教育界的广泛认可。

第二节 良妻贤母观的内涵

良妻贤母观既不同于近世在日本占主导地位的儒家女性观,也有别于明治初期盛行的欧式贤母观。它是在国家主义思潮日益膨胀的背景下,随着女子中等教育的发展而确立的。良妻贤母教育的标准,借用当时著名的教育家成濑仁藏(1858～1919)的话来讲,就是既要"把女子作为女人",教育其遵守传统的妇道,也要"把女子作为人",教育其学习一定的知识技能,还要"把女子作为国民",教育其养成必要的国家观念,这三者缺一不可。⑥

一、遵守传统的妇德伦理

以"三从四德"、贞专柔顺为核心内容的儒家传统妇德曾是在近世占主流地

① 《教育时论》,明治三十五年(1902)五月五日。

② 参见[日]关口礼子:《从"贤母良妻"到"良妻贤母"——明治28～31年的高等女子学校论》,《圣德学园岐阜教育大学纪要》1978年第5期。

③ 《妇女新闻》,明治三十六年(1903)5月25日。

④ 《妇女新闻》,明治三十四年(1901)7月15日。

⑤ 《女鉴》,明治三十四年(1901)8月5日。

⑥ 参见[日]片山清一:《良妻贤母主义教育的意义》,载《女子教育》1978年第1期,第12页。

位的女性道德观。明治初期，在西方文化的影响下，传统妇道伦理的说教被暂时淡化。到明治中期时，在元田永孚等儒学者的倡导下，以《教育敕语》的颁布为标志，传统妇道伦理再次成为女子道德教育的主要内容。19世纪末期良妻贤母观确立之后，仍旧以《教育敕语》为女子德育教育的指导方针，强调对传统妇道的涵养。

在以塑造良妻贤母为宗旨的高等女子学校中，道德修身课被置于所有课程之首，教学内容则是"遵照《教育敕语》的主旨，培养道德思想情操，使学生具备中等以上社会的女子所必备的品格"①。根据该指导精神编撰的文部省版《高等女子学校修身教科书》(1902)中，公然将"侍奉丈夫""孝敬舅姑""和睦丈夫之亲友""恪守贞操""忠于丈夫"等妇德条目列为课文标题。从其内容来看，不仅要求女子"常思侍奉丈夫，免其后顾之忧，日常诚心爱敬丈夫，万事谨慎不悖礼仪"，还要求她们"为丈夫恪守贞操，一朝出嫁，终身再无二心"。② 在御用学者井上哲次郎编的《女子修身教科书》(1907)中，将贞操当作女子应该遵守的首要品行，甚至提出了"贞操乃女子之生命，若无贞操，无论其才学如何深、门第如何高，皆不足道"③的论调。此外还要求女子"严戒嫉妒、怨恨之心"，遵循"夫唱妇随之道"，"即使丈夫虐待妻子有违为夫之道，如若妻子有所反抗亦属背离妇道之举"④。这些关于为妻之道的说教与封建时代《女大学》等女训中的内容几乎如出一辙。为了培养符合妇德规范的良妻贤母，文部省还发布了《宿舍训育要旨》，对女学生的服饰装扮、外出活动，乃至通信交际等各个方面都做了详细的规定。这就为我们勾画出了这样一幅良妻贤母形象图：身为妻子以及母亲的女性，要服从身为丈夫以及父亲的男性的意志，相对于丈夫而言，良妻只是一个善理家务、温柔顺从、固守贞操的家庭主妇，而相对于父亲而言，贤母也不过是具有一定文化修养的高级保姆。儒家妇道伦理作为良妻贤母观的一个重要因素，随着近代女子教育的不断发展日益普及，对当时的女性产生了很大影响，因此有些学者甚至直接称之为儒教式良妻贤母思想。⑤

良妻贤母观之所以要求女子遵守传统的妇德伦理，其目的是为了维护近代

① [日]三井为友编：《日本妇女问题资料集成·第4卷·教育》，家庭出版社1976年版，第268页。

② [日]高等女子学校研究会编：《高等女子学校资料集成·第10卷·修身教科书》，大空社1989年版，第34～35页。

③ [日]高等女子学校研究会编：《高等女子学校资料集成·第10卷·修身教科书》，大空社1989年版，第130页。

④ [日]高等女子学校研究会编：《高等女子学校资料集成·第10卷·修身教科书》，大空社1989年版，第148～149页。

⑤ 参见[日]广田雅纪(音)：《生存模式的诸类型》，载女性史综合研究会编《日本女性生活史》第4卷《近代》，东京大学出版会1995年版，第250～251页。

日本的父权家长制家族制度。如前文所述，《明治民法》在人格、财产、亲权、诉讼等方面，把女性置于无权地位。比如其中规定女子结婚后要改称夫家的姓氏；妻子被视为法律无能力者，无权管理家庭财产，不经丈夫许可不能有任何经济行为和诉讼行为；子女应当服从父亲的亲权，只有在父亲不明、死亡、离家或者不能行使亲权时，母亲才能代为行使亲权等。《明治民法》的出台，表明近代日本依然奉行父权家长制家族制度，女性的地位虽然比封建社会有所改观，但从根本上说依然没有摆脱被压迫的境地。良妻贤母观正是在近代父权家长制家族制度下形成的女性道德观。而其内涵虽然保留了传统的儒家妇道伦理，但并不是原封不动的全盘照搬；对儒家妇道伦理的强调，也不能囊括良妻贤母主义理念的全部内容。在强调贞淑、顺从等妇道德目的同时，受西方女性观及国家主义思想的影响，它还强调对女子进行必要的才智教育和国家观念的灌输。

二、拥有一定的学识修养

早在明治初期，日本受欧美各国女子教育的影响，主张让女子同男子一样学习近代的知识技能。到 19 世纪末期良妻贤母观确立以后，有知识、懂学问是女子堪称贤与良的一个重要标准。为了提高女子的学识修养，培养出符合国家需求的良妻贤母，高等女子学校在课程设置及教学内容方面，都充分考虑到了才智教育的必要性。

首先，从课程设置来看，根据 1901 年公布的《高等女子学校校令施行规则》规定，高等女子学校的课程设置如表 4-1 所示：

表 4-1　　高等女子学校的课程设置(1901)①

课程＼年级	第一学年	第二学年	第三学年	第四学年	合计	占比(%)
修身	2	2	2	2	8	7.1
国语	6	6	5	5	22	19.6
外语	3	3	3	3	12	10.7
历史 地理	3	3	2	3	11	9.8

① 参考[日]三井为友编：《日本妇女问题资料集成·第 4 卷·教育》(家庭出版社 1976 年版，第 269～270 页)的表格以及[日]文部省编《学制百年史资料篇》(帝国地方行政学会 1975 年版，第 136～138 页)的内容制成。

续表

年级 课程	第一学年	第二学年	第三学年	第四学年	合计	占比(%)
数学	2	2	2	2	8	7.1
理科	2	2	2	1	7	6.2
裁缝	4	4	4	4	16	14.3
家政	0	0	2	2	4	3.7
图画	1	1	1	1	4	3.7
音乐	2	2	2	2	8	7.1
体操	3	3	3	3	12	10.7
合计	28	28	28	28	112	100

从表 4-1 可以看出，高等女子学校各年级每周都有 28 个课时，四个年级加起来，每周共有 112 个学时，其中外语占 10.7%，历史与地理占 9.8%，数学占 7.1%，理科占 6.2%，这些课程总计占比为 33.8%，已经超过的全部课时的 1/3。

再从具体的教学内容来看，外语课以英语或法语为主，主要学习外语的发音、词汇、文章读解、作文、语法概要等内容，要求“能够实际运用，以资增进知识修养”；历史课所学内容既有日本历史也有外国历史，主要“传授历史上的重要事件”，目的是为了使学生“了解社会变迁及文化由来”等；地理课内容包括日本的地理位置、日本与其他国家的关系等，课程目标是“让学生了解地球形状、地表人类生活、我国及外国国势”；理科主要传授“植物、动物、矿物、人体构造、生理卫生、机械构造、元素及化合物知识”等内容。[①] 除此之外，在修身课上，也会鼓励学生积极学习知识技能。在上文提到的文部省版《高等女子学校修身教科书》(1902)中，就有一篇题为《励志学艺》的课文，专门讲述学习文化知识的重要性。其中认为“人并非生来就有智德的，如若不从幼时勤修学艺，以开启智慧，增进才能，并涵养德行，就不能尽到人之本分”；有才学的人“可以掌握待人接物之要，能够有益于社会及他人，进而获得幸福”，而不学无术的人“对于社会及他人无太大益处”。[②] 由此可见，培养女子才智与学识，教育女子勤修学业以成为

① [日]三井为友编：《日本妇女问题资料集成・第 4 卷・教育》，家庭出版社 1976 年版，第 285～286 页。

② [日]高等女子学校研究会编：《高等女子学校资料集成・第 10 卷・修身教科书》，大空社 1989 年版，第 148～149 页。

有用之人，是高等女子学校教育的一个重要目标。

良妻贤母观要求女子应该具备一定的学识修养，是基于近代以来形成的“男主外，女主内”的社会性别分工。所谓“男主外，女主内”，借用当时著名的教育家下田次郎的话来讲，是指“女子成为妻子和母亲，男子成为丈夫和父亲，这就是双方的职责，是天然的分工，是不可互相逾越的界限。为人妻、为人母只能是女子的职责。如果采取这种最自然的分工，那么丈夫在外面供职以积蓄维持家庭生活所需的资财，妻子在家内从事家务并教育子女，这是最为顺当的事，也是男女各自的天职”[①]。这种社会性别分工首先诞生于西方社会，是在近代资本主义社会形成之后，随着一夫一妻制为核心的近代家庭形态的产生而出现的，要求男女双方各守本分，互不僭越。[②] 日本近代的家族制度既残留了大量封建家族制度的因素，同时也受欧美文化的影响，从“男主外，女主内”的社会性别分工的角度来界定女子的“本分”与“天职”。因此，在近代日本，“女子天职论”“女子本分论”备受推崇。当时的文部大臣菊池大麓就曾经指出“男子有男子的本分，女子亦有女子的本分”，“在日本，女子将来结婚而成为妻子和母亲，这是理所当然的事”，“成为一家之主妇，做良妻贤母是女子的天职”，因此“女子教育的主要目的就是为了让女子实现这种天职”。[③] 正是从“女子本分论”“女子天职论”的观点出发，良妻贤母观才强调女子应该兼顾知识技能的学习。在“女子本分论”“女子天职论”的制约下，女性因为不能参与社会工作而在经济上依赖男性，所以女性的地位依然低于男性。但是这与封建家族制度下女性被视作智力上比男子愚蠢，本质上比男子低劣的男尊女卑观之间有着很大的区别。从这个角度而言，良妻贤母观具有一定的进步意义和开明性。

三、具备必要的国民意识

良妻贤母观形成于19世纪末期国家主义思潮不断滋长的背景下，因此必然受到了国家主义思想的影响，要求女子胸怀国家观念，具备作为近代国家国民的自觉意识，能够把相夫教子的家务劳动同国家的繁荣与发展联系起来。将国家主义立场融入女子教育之中，对女子进行国家意识的灌输，是良妻贤母教育的重要内容之一。在高等女子学校中，学生国家观念的培养渗透于道德修身、国语、历史等各种课程之中，尤其以道德修身课最为突出。在文部省版《高等女子学校修身教科书》(1902)中，有些课文以“注重国体观念”“尊重国家宪法”“遵守国家法律”“服兵役”“纳税”“维护国家利益”等为标题，专门对日本的

---

① ［日］下田次郎：《女子教育》，玉川大学出版部1973年版，第452～453页。

② 参见［日］伊藤公雄、牟田和惠：《性别社会学》，世界思想社1998年版，第75～76页。

③ ［日］《教育时论》，明治三十五年(1902)五月五日。

国体、国家宪法等进行介绍。同时还明确指出“女子在家中照顾家人生活，营造家庭的和乐，这是造就一国的淳风美俗之所在。女子身为母亲，能否教育好孩子，影响到其子能否成才，进而关系到国家的盛衰。所以女子同男子一样，肩负着重大职责，应该时刻谨记自己的本分”①。概言之，就是将女子在家中“照顾家人”“教育子女”等个人行为与“淳风美俗”“国家的盛衰”联系在一起，教育她们作为近代国家国民的一员，可以通过在家庭中发挥良妻与贤母的作用，间接地为国家的发展贡献力量。井上哲次郎编的《女子修身教科书》(1907)从尊重国体、遵守国家宪法及法律、义勇奉公三方面，讲述女子“对国家的心得”和“对国家的义务”，向女子进行国家观念的灌输。如其中写道：“凡为我国国民，都应该维护国家利益，一旦危急时刻，女子虽不能同男子一样走上战场，但义勇奉公并不仅仅限于此。女子谨守妇道，完成管理家政，教育女子的职责，使丈夫无后顾之忧，这也是义勇奉公。”②

在良妻贤母观下，女子不仅被当作家族的成员，更是被视作国民的一员。这样的“良妻”既不同于封建时代无条件地服从丈夫意志的妻子，也不同于明治初期具有浓厚的自由主义和个人主义色彩的欧式“良妻”“善妇”。她将自己作为国家的一员，自觉通过发挥“内助”作用，即主动承担家务劳动并管理家庭事务，来为国家发展做贡献。此时的“贤母”也不同于明治初期盛行的以教育子女为职责，并强调个性的欧式贤母。她不仅要肩负起教育子女的职责，更重要的是，还要具备强烈的国家观念，关心国家大事。为了能够将子女培养成合格的国民，她在履行母亲职责的同时，也要自觉地向子女灌输忠君爱国的国家观念。总之，作为良妻贤母，要求具备明确的国家意识，通过在家庭中辅助丈夫和教育子女的方式，来完成自己身为“国民”所应尽的职责，最终为国家的繁荣发展服务。

综上所述，良妻贤母观是在近代日本占主导地位的女性道德观，一个合格的良妻贤母要同时具备三个基本要素：恪守传统的妇道伦理；具备一定的学识修养、能够胜任相夫教子的职责；胸怀国家观念，具有作为国民的自觉意识。通过对其内涵的考察，我们可以看出良妻贤母观的进步性与保守性并存。

首先，从其进步性来看，良妻贤母观将女性纳入近代国民的范畴之内，要求女性同男性一样为国家的发展贡献力量。从国家的角度来看，女性所承担的管理家庭、教育子女的职责与男性所从事的社会工作具有同等重要的作用。这种

① [日]高等女子学校研究会编：《高等女子学校资料集成·第10卷·修身教科书》，大空社1989年版，第36～37页。

② [日]高等女子学校研究会编：《高等女子学校资料集成·第10卷·修身教科书》，大空社1989年版，第116页。

"男女同等论"虽然不主张男女在各种权利上实现完全平等,但也受西方男女平等思想的影响,"不以男子为尊,不以女子为卑"①,重视女性在维护家庭稳定、教育子女成才方面的作用,希望她们掌握一定的知识,具备一定的文化教养。这与江户时代强调女性绝对服从丈夫的传统女性观相比是一个很大的进步。从这个意义上讲,良妻贤母思想是对以儒家伦理为核心的前近代女性观的否定。它反映出女性在家庭中地位的提高,即女子由毫无权力变为"男主外,女主内",由完全从属的关系发展为对等的关系。在这种女性道德观的影响下,明治政府为推进女子教育做了大量工作,女子拥有了受教育的权利,这对于国家的发展、社会的进步无疑是有积极意义的。

其次,从其保守性来看,良妻贤母观虽然在理论上认可男女对于国家而言具有对等性,但是从现实的社会分工来看,男性可以通过参加社会工作、服兵役等形式直接为国家服务,而女性只能通过在家中发挥"为人妻""为人母"的作用来间接为国家服务。这就决定了女性无论是在家庭里,还是在国家中,相对于男性而言,都处于次等地位,难以实现真正的平等。为了维持这种实际上的不对等状况,就需要对女性进行妇德涵养的灌输,使其自觉遵守贞节、谨慎、顺从等儒家德目。因此,良妻贤母观中依然残留了很多保守的因素。而且随着时间的推移,这种保守性还得到了不断的强化,最终为天皇专制主义政权和军国主义政权所恶用,染上了浓重的军国主义色彩,日本的女性也在这种极端化女性观的驱使下,沦为了侵略战争的工具。

总之,良妻贤母观中既有进步的因素,也有保守的内容,二者的折中和结合是出于维护乃至扩张国家利益这一立场。在国家主义这面大旗下形成的良妻贤母观,将东方的儒教传统和西方的近代文明加以折中。借用当时的教育家细川润次郎的话来讲,就是"东方女性通过缠足,被禁锢在家庭中,西方女性除家务、育儿之外,在社交方面要耗费很多时间",这两者都不适合日本的女子,"日本女子处于东西方女子之间"。② 也就是说,在当时的日本人看来,传统的儒教妇道伦理不能与时俱进,难以满足现实社会的发展需要,而具有很高的学问修养、男女交际广泛等西方女性的生活方式也不适合日本的国情,所以就从二者之中各自选取有用的因素,进行杂糅而形成了所谓的"日本独特性"。良妻贤母观是日本以固有的封建传统去拥抱西方的科学技术与物质文明的近代化范式下出现的矛盾产物,是"和魂洋才"的指导精神在女性道德领域的折射。

---

① ［日］田村美治编:《菊池文相演讲九十九集》,大日本图书 1903 年版,第 199 页。

② ［日］细川润次郎:《论日本女性的好地位》,载《女学讲义》,1897 年版,第 5 页。

第三节 女训与良妻贤母主义教育

明治维新以后，日本模仿欧美大力发展学校教育，建立了较为完善的女子教育体制，树立了良妻贤母主义教育理念。培养适应近代国家发展需要的良妻贤母一直是整个近代日本女子教育的核心目标。所谓良妻贤母，要同时具备三个要素：教育子女所必备的文化知识、通过主理家政而为国家建设服务的国民意识、自觉践行传统妇道伦理的道德操守。为了将女子培养成这样的良妻贤母，近代日本女子教育的内容也相应地分为三部分：文化知识、家政技能及道德修身。而在近世日本女子教育领域，尤其是女子道德教育领域中发挥了重要作用的女训，并没有随着近代化学制的建立而退出历史舞台。在近代日本，不仅涌现了《参订刘向列女传》《女四书评释》《改正女今川》等众多以阐述妇女道德为主旨的女训作品，而且有些作品还被直接用作女子学校教育的教材。如明治十年(1877)的文部省年报显示，枥木模范女学校中所学的修身教材是《日本列女传》。[①] 显然，女训这种传统的道德训诫形式，因其具备强大的教育功能，故而在近代仍然具有很强的生命力。它们摇身一变成为女子道德修身课的教材，从而很自然地融入了近代女子学校体制之中。

一、近代日本的女训作品

近代以来日本人创作女训作品的热情并没有随着封建制度的终结而减退，反而随着新时期的到来出现了持续增长。大致来看，近代日本的女训作品共分为三大类：《女四书》类作品，《女大学》《女今川》类作品以及《列女传》类作品。

1.《女四书》类作品

《女四书》类作品有明治十四年(1881)安藤一郎的《改正女四书》、明治二十六年(1893)若江薰子的《和解女四书》、明治四十四年(1911)嘉悦孝子的《女四书评释》和大正元年(1912)棚桥绚子的《新释女四书》等。这些作品都是对《女诫》《内训》《女论语》《女孝经》四部中国女训著作的翻译和注解，而这个系列的《女四书》也正是近世以来在日本流行的版本。除此之外，近代以来还注重对王相编的《女四书》(包括《女诫》《内训》《女论语》《女范捷录》)进行介绍和译介。如安藤一郎的《改正女四书》中就将《女范捷录》的内容散入各篇中加以介绍。棚桥绚子的《新释女四书》更是将中日的《女四书》版本合二为一，在王相《女四

① 参见[日]深谷昌志：《增补良妻贤母主义的教育》，黎明书房 1981 年版，第 72 页。

书》之上，将日本《女四书》中的《女孝经》附录于后。

近代以来，日本之所以反复出现关于《女四书》的注解书，主要还是看重其在培养女子的道德伦理方面所发挥的功效。正如《女四书评释》的作者嘉悦孝子所言："此书以女子训诫为目的，不论女子之贫富贵贱，皆可以训育之。同时，亦可作家庭之宝鉴。"[①]实际上，《女四书》不仅适用于女子的家庭教育，还被用于近代女子学校教育。如在近代著名女教育家跡见花蹊所创办的跡见女子学校中，就明确将刘向的《女四书》列为汉学课的教材；[②]明治十五年(1882)，东京女子师范附属高等女学校的教学规则显示当时女子修身课使用的教材有《女论语》《女诫》等儒家女训；此类作品诸如《列女传》《内训》等女训亦被用作了京都府女学校和群马女学校的女子修身教育中。[③]《女四书》还被当时的昭宪皇太后敕命为华族女子学校的修身教科书。[④] 由此看来，《女四书》在近代日本女子的道德修身教育中发挥了重要的作用。实际上，为《女四书》相关注解工作的也大都是从事女子教育的教育者。如为《改正女四书》作序的是跡见女子学校的创始人跡见花蹊；《和解女四书》的作者若江薰子曾担任明治天皇的女御一条美子(即后来的昭宪皇太后)的御用教师；《女四书评释》的作者嘉悦孝子是女子商业学校的创始人；《新释女四书》的作者棚桥绚子是东京高等女子学校的首任校长。如前所述，近代日本施行良妻贤母主义的教育，传统妇德依然受到重视。正因为如此，《女四书》作为传统妇道伦理的集大成之作，才受到近代女子教育家们的青睐。除了《女四书》之外，近代日本出版的妇德训诫作品还有细野栗斋的《女学必用女诫和训》(1873)以及东条琴台的《小学必读女三字经》(1873)和《小学必读女四字经》(1874)等。这些女训作品的问世也表明儒家女训在近代日本的妇女伦理道德构建中依然发挥着十分重要的作用。

2.《女大学》《女今川》类作品

近代日本出现的第二类女训作品是《女大学》《女今川》类。如果说第一类是对中国儒家女训作品的借鉴和模仿的话，那么第二类作品则是对近世以来诞生的、日本独特编撰体例《女大学》《女今川》等传统女训作品的借鉴和模仿。这类作品共分为三种：其一是固守封建时代女训的思想主旨，宣扬男尊女卑观念

---

① 嘉悦孝子：《女四书评释》，日本女子商业学校 1911 年版，"凡例"第 3 页。

② 据该校明治二十七年四月修订的《私立跡见女子学校规则》中所载的课程表显示，二、三年级的汉学课中各有一部教材是儒家女训，二年级为《女四书》，三年级为《刘氏列女传》。

③ 参见[日]深谷昌志：《增补良妻贤母主义的教育》，黎明书房 1981 年版，第 82 页。

④ 参见[日]山崎纯一：《东亚女子教育史上的中国女训的作用——教材的特质、编成技术、在他国特别是日本的传播》，载《多贺秋五郎博士喜寿纪念论文集・亚洲的教育与文化》，严南堂书店 1989 年版，第 140 页。

的女训，包括高田义甫的《女学必读女训一名一新女大学》(1874)、关苇雄的《改正女大学》(1880)、萩原乙彦的《新撰增补女大学》(1880)、蒲野直辉的《改正女今川》(1880)等。这些作为明治维新以后的作品，名称均冠以“改正”“新”等字样，论述中也不乏“女子有自由自主之权，长大后将嫁入夫家，侍奉公婆，料理家政，故而应从幼时进入学校学习”“女子幼时从父，长大从夫，老来从子”(《女学必读女训一名一新女大学》)、“盖风俗今昔不同……于当今制度变革之时，教训不可守旧因循”(《新撰增补女大学》)等适应新时代的、倡导新风尚的词句。[①] 但是其关于女子道德的论述却并没有什么新意，无非强调“女子生而阴暗，万事皆须顺应别人之教诲”[②](《改正女今川》)、“女子之德在于贞、信、孝、慈”(《改正女大学》)、“女子嫁人后敬事公婆重于父母”[③](《改正女大学》)等。这些均是在赤裸裸地宣扬封建社会男尊女卑、三从四德的妇道伦理。

其二是在保留了传统妇德的同时，倡导近代良妻贤母观的作品，有土居光华的《近世女大学》(1874)、小原燕子的《明治女今川》(1880)、指原安三的《新编女大学》(1896)、加藤弘之与中岛德藏合著的《中等教科明治女大学》(1906)等。这类作品在保留了传统妇道伦理和男尊女卑思想的同时，适应新时代的潮流，重视母亲教育子女的职责和妻子辅助丈夫的职责。如在《明治女今川》中指出“国之本在家，家之本在妇人，妇人之责在于治理家政”，而“不明妇德，品行不正，即使有才艺也难治其家”，这是对“女主中馈”的传统性别分工的阐发，也是对传统妇德的强调。与此同时，又指出“母亲乃幼儿之模范，须注意言语、动作务必端正”，“子女之品行乃母亲之责任”，“应具备辅助丈夫的见识和思想，不可一味以容貌媚惑”，这显然是要求女子成为一个教育子女、辅助丈夫的良妻贤母。[④] 在《近世女大学》一书中，一方面认为“不论男女，皆有自主自立之权利”，“妇人在子女入校之前应当教授其读书、算术及裁缝技能等”，“母亲不可戏谑，不说妄语，以做幼子之楷模”，“妇人当与丈夫齐心合力，辅助丈夫经营家业”；另一方面又指出“女子的天然位次亚于男子，故对待男子不可欠缺礼仪，丧失信从之德”，“丈夫乃一家之主君”等。[⑤] 可见，在强调男女同权、要求女子做良妻贤母的同时，并没有摒弃男尊女卑、柔弱顺从的传统妇道持。

其三是彻底批判封建妇道伦理的作品，有土居光华的《文明论女大学》(1876)、福泽谕吉的《女大学评论・新女大学》(1899)。土居光华与福泽谕吉一

① [日]石川松太郎编：《女大学集》，平凡社 1994 年版，第 77、81、154 页。

② [日]石川松太郎编：《日本教科书大系・往来篇・第 15 卷・女子用》，讲谈社 1973 年版，第 231 页。

③ [日]石川松太郎编：《女大学集》，平凡社 1994 年版，第 172～173 页。

④ 参见[日]石川松太郎编：《女大学集》，平凡社 1994 年版，第 226～227 页。

⑤ [日]石川松太郎编：《女大学集》，平凡社 1994 年版，第 110～113 页。

样,也是近代日本积极倡导文明开化、批判封建伦理道德的启蒙思想家。或许是认识到了自己在《近世女大学》中观点的不彻底性,仅过了两年,他便发表了更为积极开明的《文明论女大学》,针对近世盛行的《女大学宝箱》的内容,逐条加以批判,认为那些贱视女性的言论是"不知天地间有男女同权的真理,源于将女子视作男子的奴隶的野蛮未开化的风俗",从而高举起了女性解放、男女同权的旗帜。福泽谕吉的《女大学评论·新女大学》发表于良妻贤母观业已确立的明治后期,是对其女子教育观和女性观的综合概括。其中在逐条批判了《女大学宝箱》的封建妇道伦理的基础上,发出了"女子与男子同等,生而得父母养育"的倡议,提出了"学问教育男女无异"的观点,主张在知识学问的学习方面应该实行男女无差别的教育,显示了作为启蒙思想家的进步性和开明性。

3.《列女传》类作品

据笔者初步考察,明治时代便出现了《本朝列女传》《西洋列女传》《日本列女传》等近十种冠以"列女传"之名的女训。这些作品中除了松本万年的《参订刘向列女传》(1878)是对汉籍原著的注解和改编之外,其余作品都是借《列女传》之名称和体例而创作的作品。根据其具体内容可以分类为四种:

其一是对刘向《列女传》的注解本。这类作品以明治十一年(1878)东京万青书屋出版的《参订刘向列女传》为代表。该书由明治初期的教育家、东京师范的教师松本万年校注,松本万年的长女松本荻江校正,启蒙思想家中村正直撰序。从其内容来看,该书实际上是从刘向的《列女传》以及明朝黄希周的《新续列女传》中节选部分章节,标注了日文训读标记而成。据松本荻江在"凡例"中介绍,其父亲"参订缮写"《列女传》的目的是为了"使士女学",而书中删除节选的原则是"务在择其近于人情、切于鉴戒",而那些诸如"断臂截鼻妄伤遗体者","非所以为教",并不足取。此外"有虞二妃"至"汤妃有莘"的五篇传记因为"怪奇妄诞""年代悠邈不足取证",所以都删而不存。另外《列女传》中的"《孽嬖传》虽出于美丑并举,以为劝惩,而不如美言善行之有感于人心之为愈",所以也弃繁就简,去之不存。还有一些贞女烈妇的事迹,"散在小学蒙求诸书而人之熟知者",亦删去不存。由此看来,松本万年所标注的刘向《列女传》并非是对原著的忠实注解,而是适应女童学习的特点,删繁就简,进行了相关的改编。如《列女传·母仪传》原著共14篇,而此书中只存了"周室三母""齐女传母""邹孟轲母""鲁季敬姜""楚子发母""魏芒慈母"这6篇,删去了原著中的一多半内容。《列女传·贞顺传》删去了原著中"宋恭伯姬""蔡人之妻""齐孝孟姬""齐杞梁妻""楚昭贞姬""卫宗二顺""陈寡孝妇"共7篇。作者在编辑节选时,删去了上古时代的传奇故事和那些极端节烈的例子,其他内容都忠实于原著,分为"母仪""贤明”“贞顺”“节义”和“辩通”5 个篇目。显然，他所提倡的女德既重视贞节柔顺等妇德的涵养，也不反对女子应该具备聪明才智。

其二是记录日本本国妇女事迹的作品。这类作品数量最多，有疋田尚昌的《本朝列女传：插图》(1875)、小嶋玄寿的《日本列女传》(1878)、松平直温的《小学劝善本朝列女传》(1879)、白川琴水的《本朝彤史列女传》(1879)、林正躬的《大东列女传》(1884)以及山高儿之丞的《古今列女传》(1885)等。这些作品多是适应明治维新以来重视女子教育的现状而编撰的作品，其目的是为了彰显日本传统的妇德。正如《本朝列女传：插图》的序言中所言：“当今正值文明开化之秋，女子岂能无学？夫开化各国，均令女子自幼入学校学习，而后父母才许其婚姻。”①可见，作者是有感于西方各国重视女子教育的状况而编撰其书的。《大东列女传》序言亦曰：“王化始于闺阁，风俗基于妇女矣。然世人大率不知重女教。谓女子事在于中馈而已，不教而可能也吁。”②由此表明，作者林正躬对女子教育的重视。而且在他看来，“贵绅豪族或教之辞藻琴弦而不以裁织纺纫之事，遂累女德者多矣”，即重文艺才能而轻女工女德的教育并不可取。其所提倡的“女教”是适应“女子出嫁为妇、生子为母”的性别分工特点所施行的“贤母之教”。该书具体“分为四篇，曰母仪、曰节义、曰敬顺、曰才藻”，显然强调的是女性身为母亲的德行才智以及贞节柔顺的妇道，这与近代所倡导的良妻贤母主义教育是吻合的。

其三是介绍西方妇女事迹的作品。这类作品主要是在文明开化的背景下，为了开阔人们的眼界，增加对西方国家的了解，而翻译的介绍西方妇女故事的作品。主要有白势和一郎翻译的《泰西列女传》(1876)、宫崎嘉国翻译的《西洋列女传》(1879)等。其中《泰西列女传》据绪言所记载，该书是从“美国出版的英国史、法国史、万国史”等资料中“抄译的节妇、烈女、忠婢的言行”，希望“天下父兄将此书授予所钟爱的家嫒，以做学习之教材”。③ 而为此书作序的正是松本万年的女儿松本荻江。身为女子师范学校的教员，她认为母亲教育子女的效果和作用十倍于父亲，“人之才德母仪居多”，故而“闺范尤当谨矣”，“国家设置女子学校”也是出于重视女子教育的目的。而白势和一郎翻译的《泰西列女传》正是迎合了国家发展女子教育的需要，对于女子学习闺范德行多有裨益。《西洋列女传》是从英国人伊丽莎白所著的《妇人的高尚操行》中抄译的内容。作者在绪言中指出“母亲乃教育之本”，“妇女子之教育与邦国天下关系甚大”，因为母亲之于子女的教育作用非常大，“豪杰之子必有豪杰之母，豪杰之母必生豪杰之

---

① ［日］疋田尚昌编：《本朝列女传：插图》上卷，文昌堂 1875 年版，“序”第 1～2 页。

② ［日］林正躬：《大东列女传》，浪华文会 1884 年版，“序”第 1 页。

③ ［日］白势和一郎抄译：《泰西列女传》，白势和一郎藏 1876 年版，“绪言”第 1 页。

子”。出于教化女子的目的,作者编撰此书,分为孝行、贞操、友爱和慈母四个部分,希望女子能够阅读后“生孝行、贞操之心”,身体力行友爱、慈母之道“以尽妇女子之义务”。①

综上所述,在近代日本出现了形形色色的女训作品,这些作品大部分是以强调传统妇德为主旨的,也有诸如福泽谕吉的《新女大学》等借传统的女训体例批判封建道德、启发女性觉醒的作品。无论是哪一种,作者撰写其作品的初衷是出于关注女子教育的发展,希望女子能够通过阅读女训、接受教育,成为一个适应近代国家发展需要的良妻贤母。培养良妻贤母一直是近代日本女子教育的核心内容,而女训作品,尤其是占女训大多数的《列女传》类作品在近代良妻贤母主义教育中发挥了重要的作用。

二、《列女传》与女子教育

近代日本出现了很多模仿刘向《列女传》创作的作品。无论是以日本妇女事迹为题材的《列女传》,还是介绍西方妇女事迹的作品,作者撰写的目的多是出于对女子身为母亲职责的重视,适应了近代以来日本大力发展女子教育的需要。可以说,《列女传》是对近代日本女子教育影响最大女训作品。创作这些作品的多是关注女子教育的人士,如松本万年是明治初期的教育家、东京师范学校的教师,小嶋玄寿是橡水模范女学校的校长,而为此二人作品作序的正是明治初期著名的启蒙思想家、东京女子师范学校的校长中村正直。此外,借鉴《列女传》内容编撰而成的女子修身教科书《妇女鉴》,其作者西村茂树则是在掌管明治政府文教事业的文部省任职,负责编撰教科书等工作。他编撰《妇女鉴》是直接受命于当时日本的皇后。由此可见,《列女传》在近代日本女子教育中被沿用,主要得益于那些致力于发展女子教育的教育家们的推动,其中尤以中村正直和西村茂树的影响力为大。

1. 中村正直对《列女传》的倡导

中村正直是明治初期积极倡导女子教育的启蒙思想家之一,也是日本最早提出良妻贤母主义教育理念的教育家。他出生于江户的下级武士家庭中,从小接受的是被幕府奉为正统官学的儒家思想的教育,26 岁时成为幕府官学昌平坂学问所的儒学教官。在研究儒学的同时,他也对兰学等西洋学问发生了兴趣,并于 1866 年受幕府派遣赴英国留学。在留学期间,他深刻认识到了国家的兴亡、社会的盛衰都取决于女性智力水平的高低,女子教育的发达程度决定了一

① [日]宫崎嘉国译:《西洋列女传》,锦森堂 1879 年版,“绪言”第 1～2 页。

个国家竞争力的强弱。回国之后，中村正直便开始撰写《女子教育论》，向日本政府提出了开办官立女子学校的方案。1874 年，他开设同人社女子学部，积极投身于女子教育的实践。1875 年 11 月，受文部大辅田中不二麿的邀请，出任日本第一所官办女子师范学校——东京女子师范学校的校长。在东京女子师范学校成立的开学典礼上，他发表演讲时明确提出："唯望学习毕业者成为善妇以辅助丈夫，成为善母以教育儿女，生育优良人民，以助我国成为福祉安宁之邦。"①中村正直所倡导的良妻贤母观形成于明治初期的文明开化背景下，尤其重视女子文化知识方面的教育。为了培养出理想的"善母""良妻"，他甚至主张实现男女在教育方面的机会均等，提倡女子应该接受与男子相同的文化知识教育，因而被称为"男女平等教育论"者。作为一个积极致力于文明开化的启蒙思想家和教育家，中村正直关于女子知识教育的主张具有开时代风气之先的开明性和进步性；但是作为一个成长于幕末时期的儒学者，他在女子道德教育方面却依然坚持传统的妇道教育，对《列女传》等儒家女训的妇道教化功效十分赞赏。这集中体现在他为松本万年的《参订刘向列女传》(1878)和小嶋玄寿的《日本列女传》(1878)所撰的序言中，现将其在《参订刘向列女传》所写的序言摘录如下：

> 国之安乐由于家之安乐，家之安乐由于人之安乐，人之安乐由于心之安乐，心之安乐……乃由乐天安命而得之……人苟随其天赋之才能各尽其职分以自慊于其良心，则迨其久精神之乐生矣，是安乐之本也。至于家之安乐则妇人甚有关系……家者，妇人之所常居……故妇人有才德而其心能安乐，则其丈夫儿女以至于婢仆莫不分享其福，而一家则安乐矣。余请状中人之家安乐之景，丈夫每日出治职业，妇人统任家中之事，早起助婢女理庖厨……整顿家中百物，各有其所，居宅不务甚美，唯务清洁。衣服不必华丽，唯屡浣涤……夜则综算一日出入金钱，登之簿，务存盈余以备急需。裁缝之事，有暇则必躬亲之。子女教育之事，可得躬亲则亦为之。……此岂非安乐之家乎。而阖国之家皆如此，则虽曰安乐之国可也。松本万年先生作《列女传》，标注故事来历，一一梳明其吃紧为人之义，可谓厚矣。世之女子读而寻绎其意，则他日为安乐之妇人，以造成安乐之家其可得而期欤。遂不辞而叙之。

这里中村正直认为国家兴盛取决于"家之安乐"，而家庭的安乐幸福与一家之主妇有密切关系。因为"家者，妇人之所常居"，"妇人有才德而其心能安乐，则其

① [日]东京女子高等师范学校编：《东京女子高等师范学校六十年史》，东京女子高等师范学校 1943 年版，第 33 页。

丈夫儿女以至于婢仆莫不分享其福,而一家则安乐矣”。在他看来,所谓安乐之家就是遵照“男主外,女主内”的性别分工模式,“丈夫每日出治职业,妇人统任家中之事”。家庭主妇的职责是主理家政,教育子女,具体而言包括“早起助婢女理庖厨”,“整顿家中百物,各有其所”,浣洗衣物,清洁宅院,“夜则综算一日出入金钱,登之簿,务存盈余以备急需”,“裁缝之事,有暇则必躬亲之”,“子女教育之事,可得躬亲则亦为之”。显然,这样的女性正是中村正直所倡导的能够担当辅助丈夫、教育子女之责任的良妻贤母。而松本万年标注的《刘向列女传》阐明了“为人之义”,“女子读而寻绎其意”,将来便可成为“安乐之妇”“造成安乐之家”。也就是说,中村正直认为《列女传》对于培养近代国家所需要的良妻贤母是有所裨益的,因此便“不辞而叙之”。

如果说中村正直在《参订刘向列女传》的序言中,对于良妻贤母所应具备的妇德没有做明言的话,那么他在《日本列女传》的序言中,则对良妻贤母明确提出了节烈的要求。其序言曰:

> 余曾谓妇人平时为良妻为善母者,不幸遭祸则为烈妇为节母……盖境有顺逆,命有吉凶,良妻善母与烈妇节母非有二也,遭遇使然焉。……正直曰人生所遇盖不出于顺逆二境。且以妇女言之,幸而遇无事之日,则贞静持己,勤俭持家,为夫内助,为子仪范。不幸而当艰难之际,则坚刚心志,扶植品行,善耐辛苦,久忍艰难。此有识者之所望于世之妇女也。夫人居斯世,境遇百变,吉凶如昼夜,祸福相循环……唯有信天命以尽职分,从良心以应境遇之变而已。不为良妻则为烈妇,不为善母则为节母……小嶋玄寿君著《日本列女传》,余欲此种书之行于世,故喜而序之。

从上述序言中可以看出,中村正直认为“良妻善母之与烈妇节母非有二也”。对于女子而言,成为良妻贤母与成为烈妇节母是相通的,处在“无事之日”的“顺境”则为良妻贤母,要做到“贞静持己,勤俭持家,为夫内助,为子仪范”;如果处在“艰难之际”的“逆境”,则为烈妇节母,要做到“坚刚心志,扶植品行,善耐辛苦,久忍艰难”。而在小嶋玄寿所著的《日本列女传》中,正是辑录了具备贞静、坚强、忍耐等优良品质的妇女事迹,中村正直“欲此种书之行于世,故喜而序之”。

通过上述两篇序言可以看出,中村正直作为明治初期文明开化浪潮中致力于推动女子教育的开明派人士,他认为女子教育应该以培养欧式良妻贤母为目标,重视文化知识的培养,使女子能够成为丈夫之贤内助,承担其教育子女的职责。与此同时,他并没有将良妻贤母与传统妇道意义下的贞妇节母对立起来,而是主张即使是学习了文化知识的良妻贤母,也要具备贞静淑德的妇德。因而，他对于《列女传》等女训在妇德教育方面的功效持肯定的态度，并积极致力于推动其在近代社会的广泛传播。

2. 西村茂树对《列女传》的借鉴

西村茂树是明治时代提倡女子的道德教育应该回归传统妇道的复古派人物之一。他出生于幕末士族家庭，自幼受父亲影响，在儒学、诗文、兵学、洋学等各方面均有涉猎。1873 年起在文部省任职，先后任编书科科长、文部大书记官、编辑局局长等职，后来又兼任华族女子学校校长。明治初期，西村茂树曾作为明六社成员，积极宣传启蒙思想。在复古思想抬头后，他旋即改弦更张，率先打出了重振儒家妇道伦理的旗帜。他对女子教育，尤其是女子道德教育问题比较关心。曾发表了很多演讲和论文，批判欧式女子教育一边倒的倾向，倡导对女子进行儒家伦理道德的培养。1880 年 3 月，升任文部省编辑局局长之后，他主持编集了两卷本的《小学修身训》。该书被用作全国小学校修身课的教科书，其中专门有"教育女子之语"的内容，如在"修德"一节中写道："清闲贞静，守节整齐，行己有耻，动静有法，是谓妇德。择词而说，不道恶语，时然后言，不厌于人，是谓妇言……为女子者须心胜于容……唯以和顺贞节，委婉淑静为善。"[①]这显然是对《女诫》《女大学》等儒家女训的直接引用，体现了他以儒家妇道伦理来强化女子道德教育的立场。编撰修身教科书是出于其对女子道德教育的重视。在他看来，女德的废立与国家的存亡相联系，知识可以在学校获得，但是道德更有赖于家庭中的熏陶。女子的使命在于管理家庭、辅助丈夫、教育子女，因此女子的道德品质将直接影响全体国民的道德素养，进而关系到整个国家道德风尚的存亡。正因为如此，他主张女子教育的根本目的在于女德的涵养，女德教育"宜多采用儒家女教"。[②] 而《列女传》作为儒家女训的经典作品，自然也受到了他的推崇。在其主编的《妇女鉴》中就大量借鉴了《列女传》的内容。

《妇女鉴》是西村茂树奉当时皇后之命编撰的女子道德修身教科书，于 1887 年出版问世。全书共有六卷，其编撰目的，据"凡例"所言：

> 妇女仪兴淑德，于世道之关系甚多，此书不问和汉西洋，唯取古今妇人传记中言行嘉良、足做龟鉴者，以令妇女子知矜持妇行。[③]

显然，入选《妇女鉴》的都是在西村茂树看来"言行嘉良、足做龟鉴"的女性，可以作为女子道德模范的人。其中取自刘向《列女传》的传记共计 20 篇，具体如表

① ［日］片山清一：《近代日本的女子教育》，建帛社 1984 年版，第 21 页。

② 参见［日］片山清一：《近代日本的女子教育》，建帛社 1984 年版，第 21 页。

③ ［日］西村茂树编：《妇女鉴》，宫内省 1887 年版，"凡例"。

4-2 所示：

表 4-2　　《妇女鉴》中所载刘向《列女传》中人物故事统计

《妇女鉴》各卷	中国人物故事	出处
卷二	蔡人妻	《列女传·贞顺传》"蔡人之妻"
卷三	隽不疑之母	《列女传·续母仪传》"隽不疑母"
卷四	鲁季敬姜	《列女传·母仪传》"鲁季敬姜"
	邹孟轲母	《列女传·母仪传》"邹孟轲母"
	楚子发母	《列女传·母仪传》"楚子发母"
	魏芒慈母	《列女传·母仪传》"魏芒慈母"
	齐田稷母	《列女传·母仪传》"齐田稷母"
	齐义继母	《列女传·节义传》"齐义继母"
	王孙氏母	《列女传·续节义传》"王孙氏母"
卷五	齐桓卫姬	《列女传·贤明传》"齐桓卫姬"
	晋文齐姜	《列女传·贤明传》"晋文齐姜"
	曹僖氏妻	《列女传·仁智传》"曹僖氏妻"
	晋羊叔姬	《列女传·仁智传》"晋羊叔姬"
	鲁漆室女	《列女传·仁智传》"鲁漆室女"
	卫姑定姜	《列女传·母仪传》"卫姑定姜"
	赵将赵括之母	《列女传·仁智传》"赵将括母"
卷六	楚平伯嬴	《列女传·贞顺传》"楚平伯嬴"
	杨夫人	《列女传·续贤明传》"杨夫人"
	楚野辩女	《列女传·辩通传》"楚野辩女"
	齐女徐吾	《列女传·辩通传》"齐女徐吾"

从该表 4-2 中可以看出,《妇女鉴》中引用《列女传》最多的是《母仪传》,共有 7 篇,其后依次有《仁智传》4 篇、《贤明传》3 篇,《辩通传》《节义传》《贞顺传》各两篇。就这些人物故事的具体情节而言,大体可以分为三类。第一类是颂扬母亲教子、爱子之德的故事,这类故事出自《母仪传》和《节义传》,其中有 7 篇是讲述母亲教诲、纠正儿子错误言行的故事,分别是"隽不疑母""鲁季敬姜""邹孟轲母""楚子发母""齐田稷母""王孙氏母"和"卫姑定姜";还有两个讲述继母疼爱继子的故事,分别是"魏芒慈母"和"齐义继母"。第二类是赞扬女性聪慧仁智、

深明大义的故事。这类故事出自《仁智传》《贤明传》和《辩通传》。其中讲述妻子劝谏、辅助丈夫成就大业的故事有“齐桓卫姬”“晋文齐姜”“曹僖氏妻”“晋羊叔姬”和“杨夫人”;介绍女子通晓事理、能言善辩的故事有“鲁漆室女”“赵将括母”“楚野辩女”和“齐女徐吾”。第三类是倡导女子坚贞不移,保守贞节的故事,这类故事出自《贞顺传》,分别是“蔡人之妻”和“楚平伯嬴”。通过考查西村茂树所借鉴的《列女传》故事,可以看出他注重的是女子身为母亲的贤明之德和身为妻子的仁智、贞节之德,这与近代日本女子教育的核心理念良妻贤母主义思想正相吻合。

《妇女鉴》引用的《列女传》故事中,虽然只有两篇故事是宣扬贞顺之德的,但是这并不代表他轻视女子的贞节教育。1889 年 7 月,西村在日本弘道会女子部发表了题为《女子教育论》的演讲,充分肯定了儒家妇道伦理的重要性。他指出“世间轻薄者动辄云:东洋古来之女子教育极为卑屈固陋,宜速废弃之。此言实乃谬差。世所周知,东洋之女子教育以柔顺、贞操为主,乃国家风俗礼仪之本。此等教育亦造就出众多和汉之贤女节妇……余窃察本邦道德之教(男女皆同)与美术二者,诚可冠绝万国”[①]。这里西村针对传统女子教育遭到全盘否定的现状,高度夸赞以柔顺、贞节等儒家伦理为主要内容的女德教育的价值,认为女德教育“冠绝万国”。

值得注意的是,西村茂树并不是极端复古主义者,他在将儒家妇道伦理重新导入近代女子道德教育之时,并没有重唱“以夫为天”的旧调,而是通过论述男女性别分工的差异,来强调涵养妇德的重要性。西村认为“男子妇人,性既两种,事各专属”,“夫主外治,妇治内务。夫以礼仪待妇,妇以和顺待夫”。[②] 也就是说男主外,女主内是依据性别进行的分工,女子的职责在于管理好家庭内的事,为此有必要对女子进行“和顺贞静”的传统女德教育。在其《日本道德论》一书中,他甚至还批判了一夫多妻制和男尊女卑观念,指出“儒道之中男尊女卑之教甚多,论及男女之际难得其平,男子置妻妾数人不责其咎,而妇人却有‘夫死不可再嫁’之教。此与今后之时势相矛盾之处甚多”[③]。由此我们可以看出,西村茂树虽然提倡对女子进行传统的妇道教育,但是与封建社会里《女大学》等贱视女性的教育论着很大的不同。他既不赞成全面继承传统的儒家男尊女卑观念,也反对以欧美女性为参照的全盘欧化,而是企图通过将欧式的男女平等思想与儒家的柔顺、贞节等妇道伦理折中糅合在一起,来构建日本独有的妇女道德。《妇女鉴》中收了 121 名妇女的事迹,其中有日本人 36 名、中国人 35 名、法

① [日]片山清一:《近代日本的女子教育》,建帛社 1984 年版,第 48 页。

② [日]片山清一:《近代日本的女子教育》,建帛社 1984 年版,第 48 页。

③ [日]西村茂树:《日本道德论》,日本弘道会 1926 年版,第 31～32 页。

国人 16 名、英国人 10 名、美国人 5 名、其他欧洲国家的 19 名，这种和、汉、洋三类同在的编撰体例正是其折中主义女子教育观的体现。《妇女鉴》成书之后，便由日本的宫内省出版刊印，并由皇后下令颁赐给华族女子学校等教育机构，用作女子道德修身课的读物，《列女传》的影响也随着《妇女鉴》的广泛传阅得以进一步扩大。

综上所述，刘向的《列女传》在近代日本女子学校教育中依然有用武之地，它不仅被一些女子学校用作道德修身的教材，还受到一些致力于女子教育事业的教育家的关注，他们模仿其体例，借鉴其内容编撰了《列女传》类作品。《列女传》之所以能够在近代日本继续传播，一方面是因为其中所宣扬的贞节、柔顺的妇道伦理在近代日本依然受到重视；另一方面也是因为其中褒扬女性的教子之德、颂扬女性仁智贤明之德的内容具有一定的进步意义，与良妻贤母主义思想这一近代日本女子教育的核心理念有共通之处。正因如此，无论是主张欧式女子教育的开明派，还是要求回归传统妇德教育的保守派，都将其视作女子道德教育的必读教材而大力提倡。近代以来，《列女传》等儒家女训的道德训诫被继承下来，用于女子的道德修身教育，而随着近代女子教育的普及，良妻贤母观也成为近代日本主流的女性道德观。

参考文献

一、中文著作

(西晋)陈寿:《三国志》,中州古籍出版社1996年版。

(南朝宋)范晔:《后汉书》,中华书局1965年版。

(唐)长孙无忌等:《隋书经籍者》,中华书局1985年版。

(后晋)刘昫:《旧唐书》,吉林人民出版社1995年版。

(宋)欧阳修等:《新唐书》,中华书局1975年版。

(元)脱脱等:《宋史》,吉林人民出版社1995年版。

(清)张廷玉等:《明史》,中华书局1974年版。

《四库全书总目》,中华书局1987年影印版。

[日]福泽谕吉:《劝学篇》,商务印书馆1950年版。

[日]安万侣:《古事记》,邹有恒、吕元明译,人民文学出版社1979年版。

[美]赖肖尔:《日本人》,孟胜德、刘文涛译,上海译文出版社1980年版。

张萍:《日本的婚姻与家庭》,中国妇女出版社1984年版。

苏者聪选注:《中国历代妇女作品选》,上海古籍出版社1987年版。

杜芳琴:《女性观念的衍变》,河南人民出版社1988年版。

杨坚编:《二十五史精华》第1册,岳麓书社1989年版。

[日]安万侣:《古事记》,周作人译,国际文化出版公司1990年版。

张涛:《列女传译注》,山东大学出版社1990年版。

[日]尾藤正英:《日中比较文化论》,王家骅译,浙江人民出版社1992年版。

吴廷璆主编:《日本史》,南开大学出版社1994年版。

阎广芬:《中国女子与女子教育》,河北大学出版社1996年版。

李卓:《家族制度与日本的近代化》,天津人民出版社1997年版。

何志明、潘运告编:《唐五代画论》,湖南美术出版社1997年版。

高文汉:《中日古代汉文学比较研究》,山东教育出版社 1999 年版。
[日]紫式部:《源氏物语》,丰子恺译,人民文学出版社 1999 年版。
严绍璗:《汉籍在日本的流布研究》,江苏古籍出版社 2000 年版。
李卓主编:《家族文化与传统文化》,天津人民出版社 2000 年版。
[日]清少纳言:《枕草子》,周作人译,中国对外翻译出版公司 2000 年版。
李卓:《中日家族制度比较研究》,人民出版社 2004 年版。
王铁钧:《日本学研究史识二十五史巡礼》,江西高校出版社 2004 年版。
李卓主编:《日本家训研究》,天津人民出版社 2006 年版。
王向远:《中国题材日本文学史》,上海古籍出版社 2007 年版。
郑晓霞、林佳郁编:《列女传汇编》,北京图书馆出版社 2007 年版。
严绍璗编:《日藏汉籍善本书录》,中华书局 2007 年版。
李卓:《日本近现代社会史》,世界知识出版社 2010 年版。
《马克思恩格斯选集》第 4 卷,人民出版社 2012 年版。
陈戊国点校:《四书五经》(上),岳麓书社 2014 年版。
孙猛:《日本国见在书目录详考》,上海古籍出版社 2015 年版。
陈伯海主编:《唐诗汇评》(增订本),第五册,上海古籍出版社 2015 年版。
本书封面图像取自日本国立国会图书馆公开的网络电子资源:贝原益轩:《女大学》,柏原清右卫门 1848 年刊。

二、日文著作

疋田尚昌编:『本朝列女伝:插画』、文昌堂 1875 年版。
白勢和一郎抄訳:『泰西列女伝』、白勢和一郎 1876 年蔵版。
宮崎嘉国訳:『西洋列女伝』、錦森堂 1879 年版。
西村茂樹编:『婦女鑑』、宮内省 1887 年版。
女子之友記者编:『東洋女訓叢書』第 2、3 编、東洋社 1901 年版。
経済雑誌社编:『国史大系』第 14 卷、経済雑誌社 1901 年版。
田村美治编:『菊池文相講演九十九集』、大日本図書 1903 年版。
藤原兼実著:『玉葉』第二、国書刊行会 1907 年版。
同文館編輯局编:『日本教育文庫・孝義篇』下、同文館 1911 年版。
嘉悦孝子著:『女四書評釈』、日本女子商業学校 1911 年版
塚本哲三编:『古列女伝・女四書』、有明堂書店 1920 年版。
西村茂樹著:『日本道德論』、日本弘道会 1926 年版。
石橋尚宝著:『十訓抄詳解』、明治書院 1927 年版。
鈴木栄一郎著:『女訓乳母の文精義』、弘道館 1936 年版。

橋本実校:『武家法制:校訂』中世篇、雄山閣 1938 年版。
堀田璋左右著:『吾妻鏡標註:訳文』、東洋堂 1945 年版。
玉城肇著:『家族論』、三笠書房 1947 年版。
家永三郎著:『日本道徳思想史』、岩波書店 1961 年版。
会沢正志斉著:『新論』、岩波書店 1969 年版。
石井進ら校註:『日本思想体系 21 中世政治社会思想』、岩波書店 1972 年版。
石川謙、石川松太郎編:『日本教科書大系・往来編・第 15 巻・女子用』、講談社 1973 年版。
下田次郎著:『女子教育』、玉川大学出版部 1973 年版。
文部省編:『学制百年史』(資料編)、帝国地方行政学会 1975 年版。
『岩波講座日本歴史』第 1 巻、岩波書店 1975 年版。
『新訂増補国史大系・徳川実紀・第一篇』、吉川弘文館 1976 年版。
矢島玄亮著:『徳川時代出版者出版物集覧』、仙台万葉堂 1976 年版。
麻生磯次、富士昭雄訳注:『西鶴武家義理物語』、明治書院 1976 年版。
三井為友編:『日本婦人問題資料集成・第 4 巻・教育』、ドメス出版 1976 年版。
湯沢雍彦編:『日本婦人問題資料集成・第 5 巻・家族制度』、ドメス出版 1976 年版。
黒川真道編:『日本教育文庫・女訓篇』、日本図書センター 1977 年版。
志賀匡著:『日本女子教育史』、琵琶書房 1977 年版。
松本三之介編:『近代日本思想大系 31・明治思想集Ⅱ』、筑摩書房 1977 年版。
大竹秀男著:『家と女の歴史』、弘文館 1977 年版。
正宗敦夫編:『増訂蕃山全集』第 2 巻、名著出版社 1978 年版。
坂本太郎ら校註:『日本書記』、岩波書店 1978 年版。
山川菊栄著:『日本婦人運動小史』、大和書房 1979 年版。
山川菊栄著:『おんな二代の記』、平凡社 1980 年版。
深谷昌志著:『増補良妻賢母主義の教育』、黎明書房 1981 年版。
簗瀬一雄編:『校註阿仏尼全集増補版』、風間書房 1981 年版。
青山忠一編:『仮名草子女訓文芸研究』、桜楓社 1982 年版。
酒井欣著:『日本遊戯史』、第一書房 1983 年版。
藤原時平ら編:『日本三代実録』、吉川弘文館 1983 年版。
中嶌邦編:『近代日本女子教育文献・第 6 巻・教育大家教育論纂』、日本図書センター1983年版。
片山清一著:『近代日本の女子教育』、建帛社1984年版。
石川松太郎ら編:『講座日本教育史3・近代Ⅱ/近代Ⅲ』、第一法規1984年版。中山太郎著:『日本婚姻史』、パルトス社1985年版。
東京大学史料編纂所編:『大日本古文書』編年一、東京大学出版会1987年版。
池田利夫編:『蒙求古注集成』、汲古書院1988年版。
山口美代子著:『論争シリーズ4・資料明治啓蒙期の婦人問題論争の周辺』、ドメス出版1989年版。
高等女学校研究会編:『高等女学校資料集成・第10巻・修身教科書』、大空社1989年版。
高群逸枝著:『日本婚姻史』、至文堂1990年版。
女性史総合研究会編:『日本女性史・第2巻・中世』、東京大学出版会1990年版。
田端泰子著:『日本中世の女性』、吉川弘文館1991年版。
平田宗史著:『教科書でつづる近代日本教育制度史』、北大路書房1991年版。
田中隆昭著:『源氏物語——歴史と虚構』、勉正社1993年版。
石川松太郎:『女大学集』、平凡社1994年版。
井上光貞ら校註:『律令』、岩波書店1994年版。
女性史総合研究会編:『日本女性生活史・第2巻・中世』、東京大学出版会1995年版。
女性史総合研究会編:『日本女性生活史・第4巻・近代』、東京大学出版会1995年版。
『江戸時代の女性文庫36』、大空社1995年版。
山崎純一著:『列女伝』、明治書院1996年版。
浅見和彦校註・翻訳:『新篇日本古典文学全集51十訓抄』、小学館1997年版。
伊藤公雄、牟田和恵著:『ジェンダー社会学』、世界思想社1998年版。
尾藤正英編:『日本史B』、東京書籍1999年版。
新見吉治編:『家族・婚姻研究文献選集9:家族主義』、クレス出版1999年版。
総合女性史研究会:『史料から見る日本女性のあゆみ』、吉川弘文館2000年版。
成清弘和著:『日本古代の家族・親族』、岩田書店2001年版。

佐竹昭広、山田英雄ら校註:『万葉集 四』(新日本古典文学大系)、岩波書店2003年版。
小林保治訳:『唐物語全訳注』、講談社2003年版。
桑田忠親著:『武士の家訓』、講談社2003年版。
田中幸江ら訳:『完訳源平盛衰記』、勉誠出版2005年版。
小泉吉永著:『江戸の子育て十カ条』、柏書房2007年版。
金子幸子編:『日本女性史大辞典』、吉川弘文館2008年版。